艾思奇与
马克思主义哲学中国化研究

罗永剑 著

序

郭建宁

推进马克思主义中国化、时代化、大众化，发展 21 世纪马克思主义、当代中国马克思主义，是中国哲学社会科学的时代课题，是中国哲学社会科学工作者的历史使命。近日读了罗永剑博士的新著《艾思奇与马克思主义哲学中国化研究》，这是一本深入研究马克思主义哲学中国化的好书，是马克思主义哲学中国化研究的新成果，值得向广大读者推荐。

艾思奇是马克思主义哲学中国化的主要代表人物，艾思奇的哲学思想是马克思主义中国化特别是马克思主义哲学中国化研究的重要内容。艾思奇对中国马克思主义哲学有"三个第一"的开创性贡献：一是艾思奇的《大众哲学》是马克思主义哲学大众化的第一个具有广泛影响力的成功范例。哲学的大众化，是艾思奇哲学思想的基本观点，也是他毕生的追求。《大众哲学》以通俗易懂的方式、日常谈话的体裁、大众喜闻乐见的语言讲述哲学，把深刻的哲学融化在生动的故事里，使之贴近生活，贴近实际，易于为大众所理解和接受。二是艾思奇第一次提出了哲学中国化即马克思主义哲学中国化的任务和命题。艾思奇不仅最早做马克思主义哲学大众化的工作，也最先提出马克思主义哲学的中国化，他对马克思主义哲学大众化、中国化的贡献都是开创性的。1938年4月艾思奇在《哲学的现状和任务》一文中明确提出，现在需要来一个哲学研究的中国化、现实化运动。他这里讲的哲学研究的中国化、现实化，用我们今天的理解和表述就是马克思主义哲学的中国化，就是马克思主义哲学与中国实际相结合。三是艾思奇主编的《辩证唯物主义历史唯物主义》是新中国成立后我国通用的第一本马克思主义哲学教科书。20世纪50年代，我们还没有自己编写的通用的马克思主义哲学教科书，用的是苏联学者的哲学教材。比如《辩证唯物主义》是亚历山大洛夫的，《历史唯物主义》是康士坦丁诺夫的，《简明哲学辞典》则是罗森塔尔和尤金的。1959年底中央书记处决定编写哲学教科书，1960年2月开始编写，艾思奇主持并参与了编写的全过程，1961年11月艾思奇主编的《辩证唯物主义历史唯物主义》由人民出版社出版。该书十分重视教科书内容的中国化问题，紧密结合中国革命和社会主义建设阐述马克思主义哲学基本原理。从马克思主义哲学大众化的第一个成功范例，到第一次提出哲学中国化，再到新中国第一本马克思主义哲学教科书，艾思奇对马克思主义哲学大众化、中国化，教科书建设都做出了开创性的贡献。这"三个第一"，奠定了艾思奇在中国马克思主义哲学发展史上特别重要的地位。

永剑是我在北京大学哲学系指导的博士生，他在读博期间就读了许多艾思奇的书和相关研究成果，并把"艾思奇马克思主义哲学中国化思想"确定为博士论文选题。经过深入钻研和辛勤努力，他的博士论文获得答辩委员会委员的一致好评，顺利通过论文答辩并获得博士学位。一晃毕业已经七年多了，在这一期间永剑对艾思奇与马克思主义哲学中国化这一课题的研究并没有停止，而是持续关注不断深入，大家看到的《艾思奇与马克思主义哲学中国化研究》这本新著，就集中体现了他长期以来的思考，是他多年研究成果的

序

结晶，比起当年的博士论文又有了新的进展，大的提高。作为导师，我为他高兴，作为读者，我为他点赞。

《艾思奇与马克思主义哲学中国化研究》共有九章，其中第一至五章分别阐释马克思主义哲学中国化的提出，什么是马克思主义哲学中国化，马克思主义哲学为什么要中国化，马克思主义哲学怎样中国化，马克思主义哲学中国化思想的评价。环环相扣，层层递进，步步深入。第六章"《大众哲学》与中国化"，分析了苏联哲学教科书的"苏联风格"，强调《大众哲学》开创了"中国风格"，给人以启发。第七章"《大众哲学》与同时期著作比较"，内容涉及《哲学概论》《社会哲学概论》《现代哲学的基本问题》《新哲学体系讲话》《社会学大纲》《辩证法唯物论入门》等，这样的比较研究在过去艾思奇马克思主义哲学中国化思想研究中还不多见，体现了作者的开阔视野和研究功力，这样仔细地研究认真地做学问，对于青年学者尤为可贵，应该肯定，值得提倡。第八章"《辩证唯物主义历史唯物主义》与中国化"，进一步探讨了该书与苏联哲学教科书的关系及其在中国化方面的进展。第九章"对推进马克思主义哲学中国化研究的思考"，其中既有概念辨析，也有现状分析，既讲存在问题，又讲如何进一步推进，不乏真知灼见和思想火花。总之，《艾思奇与马克思主义哲学中国化研究》凝聚了作者多年的研究心血和心得，是一本深入研究马克思主义哲学中国化的好书，对于进一步促进马克思主义哲学中国化研究具有积极的推动作用，值得一读，值得学界关注。同时也希望永剑博士继续努力，在马克思主义哲学中国化研究这一重要领域重大课题方面，不断有新成果问世，对此我们抱有期待。

当代中国正经历着历史上最为广泛而深刻的社会变革，这是一个需要理论而且一定能够产生理论的时代，这是一个需要思想而且一定能够产生思想的时代。习近平总书记在哲学社会科学座谈会上的讲话既是对哲学社会科学工作者的殷切期望,也是对哲学社会科学工作者新的更高的要求。我国哲学社会科学的一项重要任务就是继续推进马克思主义中国化、时代化、大众化,使马克思主义结合中国实践、紧扣时代脉搏、贴近人民大众,在理论与实践的互动中发展21世纪马克思主义、当代中国马克思主义。这是中国哲学社会科学工作者的崇高使命和责任担当,让我们大家一起来努力。

前　言

本书是以艾思奇与马克思主义哲学中国化作为研究主题的专著，从理论和实践两个维度，探讨艾思奇对推进马克思主义哲学中国化做出的重要贡献。理论探析上，以艾思奇对"什么是马克思主义哲学中国化"、"马克思主义哲学为什么要中国化"、"马克思主义哲学怎样中国化"这些核心问题的认识为逻辑主线，系统研究和论述了艾思奇关于马克思主义哲学中国化的内涵、必要性、可能性和实现途径，及其思想产生的主客观条件、发展演变等；实践探析上，以《大众哲学》和《辩证唯物主义历史唯物主义》为重点，深入研究了艾思奇推进马克思主义哲学中国化的具体表现。该书在前人研究的基础上，试图在以下几个方面进一步推进相关研究：

第一，文本依据上有了大的拓展。本书以当前收集艾思奇文本最全的、人民出版社2006年出版的《艾思奇全书》8卷本，为研究的文本依据，克服了学者过去研究艾思奇马克思主义哲学中国化思想，文本依据过于单一的弊端，充分占有了文献。

第二，尝试提出了新的艾思奇马克思主义哲学中国化思想发展的阶段划分。与学界一般以1937年为界，把艾思奇马克思主义哲学中国化思想，分为上海时期的大众化、通俗化阶段和延安时期的中国化、现实化阶段的认识不同，我们根据艾思奇思想发展演变的逻辑，划分为中国化思想的初步发展、中国化思想的进一步发展、中国化思想的丰富和完善三个阶段。

第三，不赞同"毛泽东影响主导论"，论证了艾思奇马克思主义哲学中国化思想的独创性。通过认真的文本考证和扎实的思想研究，我们认为，艾思奇马克思主义哲学中国化思想，虽然深受毛泽东的影响，但其主要思想是内在一贯的，具有独立性，是自觉探索的产物。

第四，较为系统地挖掘、整理了艾思奇马克思主义哲学中国化思想，首次展现了许多以前学界很少注意到的思想。尤其是通过考证，我们认为，艾思奇对马克思主义哲学如何中国化，有着一条清晰的思路和非常具体的操作步骤，思想深刻细密。

第五，试图弥补学界对艾思奇思想提出的文化背景研究的不足，把其思想的产生放在了更加宽广的文化演变中考察。我们认为，近代中国文化发展经历了绝对肯定中国文化——完全否定中国文化——辩证看待中国文化的否定之否定的过程。期间伴随的是，中国从绝对主体性——完全丧失主体性——回复主体性的否定之否定的过程。到20世纪30、40年代，辩证地看待中西文化已成为当时的基本共识，艾思奇马克思主义哲学中国化思想，正是上述文化逻辑发展的必然产物。

第六，深入研究了学界很少涉及的主体条件问题，尝试分析了艾思奇思想提出的主观因素。笔者认为，艾思奇能提出如此丰富的马克思主义哲学中国化思想，是有着重要的主体条件的。通过对文献的深入研究，把艾思奇思想产生的主体条件主要归结为三个：一是其主体性的文化观；二是对一般和个别、理论和实践、抽象和具体关系的理论偏好及辩证把握；三是对马克思主义哲学的科学理解。

第七,实事求是地对待其思想,客观评价,指出其思想的不足。笔者本着实事求是的态度对待其思想,试图做出自己的研究评价和认识。笔者认为,艾思奇是马克思主义哲学中国化的重要开创者和奠基者,同时,由于受时代的限制,其思想还存在一些不足。这些不足也是我们今天应继续加强研究和注意克服的地方。

第八,放在思想发展的长河中,看待《大众哲学》和《辩证唯物主义历史唯物主义》,把它们与苏联哲学教科书、中国同时期同类著作做比较研究,较为全面地论述了它们与苏联哲学教科书、中国同时期同类著作的一致性与差异性,客观、辩证地评价了它们的创新和对中国化的推进。

目 录

导 论 ………………………………………………………… 1
  一、马克思主义哲学中国化研究不可或缺的重要人物 ……… 1
  二、艾思奇与马克思主义哲学中国化研究亟待深化 ………… 6
  三、用科学的方法和视角深化和推进相关研究 ……………… 14

第一章 艾思奇中国化思想提出的历史必然性和主体条件 ……… 18
  一、中国化思想提出的必然性 ………………………………… 18
  二、中国化思想提出的主体条件 ……………………………… 32

第二章 什么是马克思主义哲学中国化 …………………………… 40
  一、中国化思想基本概念的表述和变化 ……………………… 40
  二、艾思奇马克思主义哲学中国化的内涵 …………………… 45
  三、艾思奇马克思主义哲学中国化思想的发展 ……………… 55

第三章 马克思主义哲学为什么要中国化 ………………………… 67
  一、马克思主义哲学的本性要求 ……………………………… 67
  二、马克思主义哲学现实化的需要 …………………………… 74

三、应用实践马克思主义哲学"必须注意中国的特殊性" …… 77
四、"中国民族民主革命发展和完成的必要保证" ………… 79
五、马克思主义哲学中国化的可能性 ……………………… 81

第四章 马克思主义哲学怎样中国化 ……………………… 86
一、被人遗忘的珍贵思想：马克思主义哲学中国化的
总体思路 ……………………………………………… 86
二、马克思主义哲学中国化的具体步骤和做法 …………… 92

第五章 对艾思奇马克思主义哲学中国化思想的评价 …… 102
一、马克思主义哲学中国化研究的开创者、奠基者 ……… 103
二、艾思奇马克思主义哲学中国化研究达到了相当高
的水平 ………………………………………………… 104
三、艾思奇马克思主义哲学中国化思想的特点 …………… 107
四、艾思奇马克思主义哲学中国化思想的历史局限 ……… 115

第六章 《大众哲学》与中国化 …………………………… 124
一、苏联哲学教科书撰写的"苏联风格" ………………… 124
二、"苏联风格"迫切需要"中国化" …………………… 140
三、《大众哲学》开创的"中国风格" …………………… 147

第七章 《大众哲学》与同时期著作比较 ………………… 159
一、《大众哲学》与《哲学概论》《社会哲学概论》 …… 159

二、《大众哲学》与《现代哲学的基本问题》
　　《新哲学体系讲话》 …………………………………… 168
三、《大众哲学》与《社会学大纲》《辩证法唯物
　　论入门》 ………………………………………………… 175

第八章　《辩证唯物主义历史唯物主义》与中国化 ………… 186
　一、《马克思主义哲学原理》与30年代苏联哲学教科书 …… 186
　二、《辩证唯物主义历史唯物主义》与《马克思主义
　　哲学原理》 ……………………………………………… 195
　三、《辩证唯物主义历史唯物主义》中国化的表现 ………… 199

第九章　对推进马克思主义哲学中国化研究的思考 ………… 213
　一、马克思主义中国化与马克思主义哲学中国化辨析 ……… 213
　二、当前马克思主义哲学中国化研究的现状 ………………… 216
　三、当前马克思主义哲学中国化研究应注意的几个误区 …… 219
　四、推进马克思主义哲学中国化研究的几个关键问题 ……… 224

参考文献 ……………………………………………………… 233
后　记 ………………………………………………………… 242

导 论

一、马克思主义哲学中国化研究不可或缺的重要人物

1. 马克思主义哲学中国化研究空前火热

马克思主义哲学中国化研究，是当前我国学术界研究的热点和重点问题之一。这从以下两个方面可以得以印证和加以说明：一是有关马克思主义哲学中国化研究的论文、专著大量涌现。从20世纪90年代到目前，仅中国期刊网上有关马克思主义哲学中国化的研究文章，就多达18000多篇。这还不包括在报纸上发表的、大量的关于马克思主义哲学中国化的研究文章。有关马克思主义哲学中国化的研究专著，也将近有200部。二是中央的重视程度日益提升，把马克思主义哲学中国化研究摆上了更加突出的位置。国家已把"马克思主义中国化研究"列为"马克思主义理论"的二级学科，并审批通过了相当一批的马克思主义中国化研究的博士点和硕士点。另外，中央马克思主义理论研究和建设工程，还在马克思主义中国化研究方面设立了专门课题。"什么是马克思主义哲学中国化，马克思主义哲学为什么要中国化，马克思主义哲学怎样中国化"问题，是马克思主义哲学中国化研究的核心问题和关键问题。从某种意义上

说，对这个问题的研究水平，显示和代表着马克思主义哲学中国化研究的总体水平。综观这些研究文章和专著，我们会发现，学者大都抓住了这个核心问题和关键问题，并取得了许多喜人的研究成果，从而在一定程度上推进了马克思主义哲学中国化研究。但是，也应看到大量的研究对这个问题的思考重复雷同，很多论述并没有超越前人，特别是关于艾思奇对这个问题的研究，水平有待进一步提升。比如，当下学者一般从马克思主义哲学的本性、中国的特殊国情、外来文化发展的一般规律、实践的需要等方面，论证马克思主义哲学中国化的内在根据。其实这些论述，早在20世纪30、40年代艾思奇就提出过了。并且不止于此，他还提出了马克思主义哲学中国化，是马克思主义哲学现实化自身的必然要求等，更加深刻的思想。再如，目前学者一般把马克思主义哲学中国化的内涵，理解为马克思主义哲学与中国具体实践的结合，往往侧重强调马克思主义哲学与中国现实实际的结合。而艾思奇对马克思主义哲学中国化的理解，比较深入、丰富，有着更为开阔的视野。他既突出强调马克思主义哲学与中国实践、现实环境的结合，也认识到了马克思主义哲学与中国历史现实、中国传统文化的结合。他还指出马克思主义哲学中国化，应批判吸收包括自然科学在内的一切新时代的优秀思想文化成果。

2. 研究重要代表人物思想是推进中国化研究的基础

要深化马克思主义哲学中国化研究，必须对马克思主义哲学中国化思想史进行深入研究。尤其是要加强对马克思主义哲学中国化思想史上重要代表人物思想的深入研究，真正把握马克思主义哲学中国化研究在前人那里已经达到什么样的水平，哪些研究已经比较成熟，哪些问题还存在明显的不足。只有这样，才能在前人研究的基础上，找准研究的着力点和突破口，进一步推进马克思主义哲学中国化研究。否则，我们的研究往往会重复前人早已研究过的问题，造成"智力浪费"，很难提升研究的水平，也不可能真正推进马克思主义哲学中国化研究。艾思奇是我国提出"哲学中国化"命题的第一人，是马克思主义哲学中国化和马克思主义中国化研究的重要开创者和奠基者，对马克思主义哲学中国化和马克思主义中国化研究有很高的造诣，也为推进马克思主义哲学中国化和马克思主义中国化做出了重要贡献。他不但在理论上对马克思主义哲学中国化有着系统的思考，著作中蕴藏着丰富的有关"什么是马克思主义哲学中国化和马克思主义中国化，马克思主义哲学和马克思主义为什么要中国化，马克思主义哲学和马克思主义怎样中国化"问题的论述，而且也是知行合一、在实践上推进马克思主义哲学中国化的典范。他早期的著作《大众哲学》及新中国成立后主编的哲学教材《辩证唯物主义历史唯物主义》，都为实现马克思主义哲学中国化进行了很好的尝试和探索。因此，研究马克思主义哲学中国化，就必须对艾思奇与马克思主义哲学中国化进行深入探讨和研究，充分吸取、利用其提供的马克思主义哲学中国化和马克思主义中国化的思想滋养，以便我们在其认识的基础上更好地前进。这是选择艾思奇与马克思主义哲学中国化作为研究主题的重要原因。

3. 从理论和实践两个维度展开研究

艾思奇的思想是一个珍贵的宝藏，包含着十分丰富的内容，需要进行研究的课题、方向很多。本书的题目是艾思奇与马克思主义哲学中国化研究，就是从艾思奇推进马克思主义哲学中国化这个侧面，进行探讨和分析，展现他在这方面的独到见解和重要贡献。在研究上，我们主要从理论和实践相结合的双重维度展开：第一，从理论上探析、研究艾思奇如何认识、怎样看待马克思主义哲学中国化的思想。这主要包括他对马克思主义哲学中国化的内涵、必要性、可能性、实现的途径等内容的思考及其马克思主义哲学中国化思想的提出、发展等。第二，从实践上探析、研究艾思奇如何推进了马克思主义哲学中国化，实现了马克思主义哲学中国化，丰富和发展了马克思主义哲学，即其在马克思主义哲学中国化方面取得的具体成果、表现等。

4. 理论探讨主要集中在1932年到1947年

艾思奇（1910—1966年），云南腾冲人，著名的马克思主义哲学家、教育家和革命家，为马克思主义哲学在中国的传播和发展贡献了毕生的精力。学界一般把他的革命活动和哲学生涯分为三个主要时期：上海时期（1932—1937年）、延安时期（1937—1947年）和北京时期（1949—1966年）。艾思奇对马克思主义哲学中国化的系统探讨和深入思考，主要集中在1932年到1947年的上海时期和延安时期的文本中。艾思奇马克思主义哲学中国化思想的主要论述及产生、发展和完善，大都在这段时期。同时，这个时期，也恰好包括了艾思奇两个重要活动和研究生涯。北京时期，艾思奇虽然对马克思主义哲学中国化仍有思考，但其主要思想并没有超出上海时期和延安时期，所以我们把研究的侧重点就放在了这两个时期上。在艾思奇的文本中，既论述了马克思主义中国化的思想，又论述了马克思主义哲学中国化的思想。但从其思想的连续上来看，还是以马克思主义哲学中国化为主，所以研究的题目，从如实反映作者思想的角度，定为艾思奇与马克思主义哲学中国化研究。由于马克思主义中国化内在地包含着马克思主义哲学中国化，因此艾思奇有关马克思主义中国化的思想，也可看作是其马克思主义哲学中国化思想的重要表述。目前学界,对艾思奇有关马克思主义哲学中国化思想的系统整理、挖掘还不多,这方面的研究比较薄弱,亟待加强和深化。

5. 实践研究侧重《大众哲学》和《辩证唯物主义历史唯物主义》

艾思奇的一生,可以说是为推进马克思主义哲学中国化奋斗的一生。他不但对推进马克思主义哲学中国化的必要性和重大意义,有着系统而深刻认识,在理论上"鼓"和"呼"。而且还以这种理论认识指导自己的著作实践,亲身力行,推进马克思主义哲学中国化,把马克思主义哲学中国化真正落到了实处。这方面,他在20世纪30年代写成的传世佳作——《大众哲学》,和新中国成立后主编的马克思主义哲学教材《辩证唯物主义历史唯物主义》,是被学界普遍公认的马克思主义哲学中国化的代表之作。因此,我们从实践上研究艾思奇与马克思主义哲学中国化,重点就聚焦在了这两本书上。学界对《大众哲学》《辩证唯物主义历史唯物主义》怎样实现了马克思主义哲学中国化、怎样发展了马克思主义哲学,已经进行了一些比较深入的研究,取得了一些重要成果。卢国英、马汉儒等学者就是这方面研究的代表性人物。① 但是,以前的研究,还往往仅就这两本书本身进行研究,还没有把它们放在马克思主义哲学在中国传播、发展的历史长河中,通过把它们与苏联哲学教科书和中国同时期同类著作的对比,进一步展现其在推进思想表述"中国风格"的形成方面做出的重要贡献和具有的重大意义。加强《大众哲学》

---

① 他们的研究成果参见卢国英:《智慧之路——一代哲人艾思奇》,北京:人民出版社2006年版;马汉儒主编:《哲学大众化第一人——艾思奇哲学思想研究》,昆明:云南人民出版社2002年版。

《辩证唯物主义历史唯物主义》，与同时期国内外马克思主义哲学著作的比较研究，是亟待深化的一个重要方面。只有如此，我们才能在对比中，更加准确地把握它们实现中国化的所在及价值。本书就力图在前人研究的基础上，从这个角度进一步深化，提出新的认识和见解。

二、艾思奇与马克思主义哲学中国化研究亟待深化

1. 当前艾思奇与马克思主义哲学中国化研究的特点

伴随着中央对推进马克思主义中国化、时代化、大众化重视程度的不断提升，再加上艾思奇诞辰100周年和《大众哲学》出版80周年等重要纪念时间节点的先后到来，艾思奇思想研究、艾思奇马克思主义哲学中国化思想研究，一改过去的冷清局面，成为了关注的热点。近年来，相关研究不断升温，研究文章大量涌现。2000年以来发表的有关研究文章，超过了2000年以前发表的有关研究文章的总数，出现了很多比较有价值的研究成果，很好地推进了艾思奇与马克思主义哲学中国化研究。这种不断升温的研究局面，是马克思主义哲学中国化研究发展的必然逻辑结果，是与艾思奇在马克思主义哲学中国化发展史上的地位，与艾思奇在马克思主义哲学中国化思想史上的地位相称的。当下艾思奇与马克思主义哲学中国化研究取得的主要成果和特点有以下几个：

一是艾思奇马克思主义哲学大众化、通俗化（中国化的初步）研究是重点，研究已经比较深入。艾思奇与马克思主义哲学中国化研究的大部分文章，对研究艾思奇的马克思主义哲学大众化、通俗化思想，特别是对《大众哲学》的意义、贡献、启示等做了详细的

研究，取得了很大的进步。李今山主编的《常青的〈大众哲学〉》，可以说就是这方面研究重要成果的一个汇编。但也还存在着研究视角固定、单一，对《大众哲学》在思想表达形式上的"中国化"探讨不够等局限。

二是对艾思奇马克思主义哲学中国化思想提出的文化背景研究有新进展。有关艾思奇马克思主义哲学中国化思想提出的时代背景，长期以来学界一般是从实践与理论发展的角度展开，归结为抗日救亡的实践需要、马克思主义哲学中国发展内在逻辑、中国革命经验和教训总结的必然结果三个条件，几乎没有涉及提出的文化背景。近年来，有关提出的文化背景，一些学者做了深入的探讨。虽然这些研究文章，并非是直接研究艾思奇马克思主义哲学中国化思想产生的文化背景，大多是研究毛泽东马克思主义中国化思想提出的文化背景。但由于艾思奇马克思主义哲学中国化思想和毛泽东马克思主义中国化思想的提出，处于同一时代，并且二人的思想相互影响较大，因此，这些研究文章对于认识艾思奇马克思主义哲学中国化思想提出的文化背景，也具有十分重要的启发意义。许全兴的"马克思主义中国化命题的提出，是五四以来新文化运动发展的必然"①的观点；张静如的"马克思主义中国化命题的提出，是受五四以来思想界、学术界引进外国学说应该中国化思路影响的结果"②的观点，都是比较新颖的学术观点。

三是对艾思奇马克思主义哲学中国化的基本思想进行初步梳理和归纳，奠定了进一步深入研究的基础。一段时期以来，学界大

---

① 参见许全兴：《"马克思主义中国化"的提出与新文化运动》，载《毛泽东邓小平理论研究》2008年第3期。
② 参见张静如：《关于"中国化"》，载《党史研究与教学》2006年第5期。

多是从艾思奇对马克思主义哲学中国化的贡献的角度,展开其马克思主义哲学中国化思想研究的。这样的研究往往容易比较粗略,不能具体、深入。近几年来,欧阳小松、袁吉富等学者围绕何谓马克思主义哲学中国化、为何要马克思主义哲学中国化、怎样实现马克思主义哲学中国化这些核心问题,把艾思奇对马克思主义哲学中国化的内涵、必要性、可能性、具体途径等的认识做了初步的系统化。袁吉富关于艾思奇马克思哲学中国化内涵分为在中国应用马克思主义、在中国具体化马克思主义、在中国发展马克思主义的研究很有见地①。

2. 深化艾思奇与马克思主义哲学中国化研究的关键问题

与目前的研究取得的初步成果相比,艾思奇与马克思主义哲学中国化的研究还存在着很大的空间,有许多问题尚待深入探讨:

第一,关于研究的文本依据问题。文本是作者思想的载体,研究作者的思想必须掌握较为全面的文本,这是深入研究的基础和前提。目前学界研究艾思奇马克思主义哲学中国化思想的文本依据,相对过于集中、比较单一,许多很有价值的文本尚未被重视。目前学界研究所依据的文本主要有以下几个:1936年1月的《大众哲学》、1938年4月的《哲学的现状和任务》、1940年2月的《论中国的特殊性》。由于文本依据单一,导致研究内容大量重复,很难取得大的进展和突破。我们认为,艾思奇马克思主义哲学中国化思想研究的文本,从全面掌握的要求来说,主要应该是《艾思奇全书》第一、二、三卷(人民出版社2006年版);从重点研究的要求来说,

---

① 参见袁吉富:《艾思奇马克思主义哲学化观述评》,载《中国特色社会主义研究》2008年第3期。

也应该掌握以下几组：第一组主要是 20 世纪 30 年代中期的《大众哲学》，第二组是 1936 年 2 月的《民族解放运动的镜子》、1936 年 4 月的《民族解放和哲学》、1936 年 8 月的《民族解放与哲学》、1938 年 4 月的《哲学的现状和任务》；第三组是 1936 年 8 月的《如何研究哲学》、1939 年的《哲学"研究提纲"》、1939 年 8 月的《怎样研究辩证法唯物论》、1941 年 4 月《关于研究哲学应注意的问题》、1941 年 8 月的《抗战以来的几种重要哲学思想评述》、1941 年 9 月的《反对主观主义》、1942 年 4 月的《不要误解"实事求是"》、1942 年 9 月的《关于唯物论的几段杂记》和 1942 年 10 月的《怎样改造了我们的学习》。

第二，关于思想的发展演变问题。目前学界，对艾思奇马克思主义哲学中国化思想的研究，侧重于思想整理和概括，即把艾思奇的有关思想进行梳理、系统化，很少注意到其思想演变的内在逻辑和变化。即使注意到了其思想的发展，也只是局限于对艾思奇的思想从通俗化到中国化的粗线条了解。仅以 1937 年 10 月为界，认为上海时期主要是通俗化、大众化阶段，延安时期主要是中国化、现实化阶段。其实，从我们研究来看，其思想有个不断丰富发展的过程，大致有以下三个阶段：一是 1932—1935 年，《大众哲学》阶段，也是中国化思想的起步阶段，把中国化看作是把马克思主义哲学具体化到日常生活中，主要是介绍而不是发展马克思主义哲学；二是 1936—1938 年，中国化思想的进一步发展、命题的提出阶段，把中国化看作是把马克思主义哲学具体化到重大现实实践中（抗日救亡），重点是强调发展，但多是注意到了马克思主义哲学与现实重大问题的结合，对与历史、文化的结合问题几乎没有涉及；三是 1939—1947 年，中国化思想的丰富和完善阶段，从更加抽象、一般意义上论述中国化思想，强调把马克思主义哲学与中国历史和现实问题紧密结合起来，与中国传统文化紧密结合起来。总的来看，实践需要和理论发展的内在要求，是推动艾思奇思想发展的重要动力和条件。但具体来看，又有延安时期"新文化中国化"思潮的影响、个人对传统文化认识的转变、毛泽东思想的影响等多种因素，非常值得进一步深入研究。

第三，关于思想的系统性挖掘问题。艾思奇马克思主义哲学中国化思想主要蕴藏于上海时期和延安时期所发表的文本中，有着丰富的内容，围绕着"什么是马克思主义哲学中国化、马克思主义哲学为什么要中国化、马克思主义哲学怎样中国化"这些问题形成了一个较为丰富、严密的理论系统。目前的研究者由于受研究文本的局限，对艾思奇马克思主义哲学中国化思想的研究，还显得比较简单和零散。比如，关于对中国化内涵的认识，艾思奇的思想有多个方面：从层次方面来看，他认为有高低之分，低的层次是马克思主义哲学具体化而发展少，高的层次是马克思主义哲学具体化而以发展为主；从过程来看，是具体化和发展化的统一，是马克思主义哲学"化"中国与中国"化"马克思主义哲学的统一，并且是一个不断推进的开放过程。比如，关于如何实现马克思主义哲学中国化，他认为，有几个步骤：首先是学习马克思主义哲学基本知识，掌握其真精神。具体怎样学习马克思主义哲学，读什么书，他还做了详细的介绍；怎样算是掌握了马克思主义哲学的真精神，他还在不同的文章里提出了多个具体的判断标准。其次是调查研究，全面掌握中国社会发展的具体规律。具体怎样才算是做到了实事求是，他又非常详细地谈到了应避免的种种误区。再次是以马克思主义哲学为指导，批判继承一切优秀的思想成果。最后是研究中国传统哲学的表达形式，消化规律性的认识和其他思想成果，形成中国化的马克思主义哲学。总的来看，艾思奇马克思主义哲学中国化思想就像沉睡的矿床一样，静静地躺在其文本里，期盼着我们去发现、去开掘，期盼着我们多发现、多开掘！

第四，关于思想的自主性和独创性问题。目前学界一般认为，艾思奇马克思主义哲学中国化思想，是受毛泽东思想影响主导而产生的。有意或无意地贬低艾思奇马克思主义哲学中国化思想的独创性和自主性。我们认为，这一看法不符合事实，有待商榷。通过认真的文本考证和扎实的思想研究表明，艾思奇马克思主义哲学中国化思想虽然深受毛泽东的影响，但其主要思想是内在一贯的，具有独立性的，是自觉探索的产物，绝不是毛泽东的主导影响才导致艾思奇走向了马克思主义哲学中国化的研究。我们发现，艾思奇关于马克思主义哲学中国化内涵的表述前后是一致的，都是强调要坚持马克思主义哲学基本原则，并在实践中把马克思主义哲学基本原则具体化和发展马克思主义哲学，并没有因受毛泽东的影响而放弃自己的核心观点。另外，值得高度重视的是，艾思奇马克思主义哲学中国化思想强调实践性、时代性、民族性和世界性的有机统一，超越了毛泽东对时代先进文化吸收问题重视不够的局限，思想更为深刻和开阔。再加上，艾思奇较毛泽东更早地明确提出了马克思主义哲学中国化问题，因此，其对毛泽东马克思主义中国化思想提出的影响也不应低估。

第五，关于思想产生的历史背景问题。学界一般从抗日救亡的时代需要、马克思主义哲学中国发展的内在逻辑，论述艾思奇马克思主义哲学中国化思想提出的客观性和必然性，而对其思想产生、提出的文化大背景注意不够，很少加以深入探讨。即使论述抗日救亡的时代需要和马克思主义哲学发展的内在要求，也往往主观臆断、一般性论述多，缺乏必要的依据。我们依据艾思奇的有关文本，仔细考察了当时抗日救亡的形势和人们的种种反应及各种哲学的具体表现，比较贴近历史地论证了艾思奇马克思主义哲学中国化思想产生的特殊时代背景。同时，对马克思主义哲学中国化进程及代表人物和他们的思想做了基本的考察，勾勒了马克思主义哲学从通俗化到中国化的内在逻辑。我们还把其思想放在当前学界一般很少论及的文化背景下进行研究，试图找出其思想产生的大的文化背景和逻辑。我们认为，近代文化发展经历了绝对肯定中国文化——完全否定中国文化——辩证看待中国文化的否定之否定的过程，期间伴随的是中国从绝对主体性——完全丧失主体性——回复主体性的否定之否定的过程，到 20 世纪 30、40 年代，辩证地看待中西文化已成为当时的基本共识，艾思奇马克思主义哲学中国化思想正是上述文化逻辑发展的必然产物。

第六，关于思想提出的主体条件问题。令人感到诧异的是，虽然学界对艾思奇马克思主义哲学中国化思想提出的客观必然性，做了较为深入的探讨，却几乎还没有人涉及思想提出的主体条件问题。我们认为，虽然其思想的提出有历史的必然性，但必然性通过偶然性开辟道路、表现自己，因此，之所以是艾思奇，而不是他人，能提出如此丰富的马克思主义哲学中国化思想，是有着重要的主体条件的，必须对艾思奇提出马克思主义哲学中国化思想的主体"资质"进行深入研究。笔者通过文献的深入研究，认为其思想产生的主体条件主要有三个：一是其主体性的文化观；二是对一般和个别、理论和实践、抽象和具体关系的理论偏好及辩证把握；三是对马克思主义哲学的科学理解。

第七，关于思想评价的问题。当前学界对艾思奇马克思主义哲学中国化思想一般多为正面评价，很少有人能客观指出其思想存在的不足。我们认为，对艾思奇思想进行客观评价，是笔者继承、发展其思想的前提，不能回避对其思想历史局限性的探讨。笔者本着实事求是的态度对待其思想，试图做出自己的研究评价和认识：一方面认为艾思奇是马克思主义哲学中国化的重要开创者和奠基者，其马克思主义哲学中国化思想把坚持和发展马克思主义哲学有机统一、吸收世界文明成果和民族优秀文化有机统一、实践主导和理论提升有机统一，内容丰富深刻，是我们推进马克思主义哲学中国化不可忽视的、难得的宝贵精神资源。同时，我们认为，由于受时代限制，其思想还存在一些不足，主要表现为：主体性的文化观不利于对文化的科学评价；对如何吸收传统文化探讨不足。这些不足也是我们今天应该继续加强研究和注意克服的地方。

第八，关于思想对比研究问题。在实践上，艾思奇推进马克思主义哲学中国化主要表现在《大众哲学》和《辩证唯物主义历史唯物主义》两本著作中。两本著作究竟在哪些方面实现了中国化，其意义和价值究竟应该如何认识，只有把它们放在历史的长河中，与同时期国内外同类著作做对比研究，才能把握得准确、理解得深刻。可是，目前学界还很少从对比的角度展开探讨，还没有比较分析《大众哲学》《辩证唯物主义历史唯物主义》与苏联哲学教科书、20世纪30年代中国人自己撰写的马克思主义哲学著作之间的异同，进而展现前者在推进马克思主义中国化方面的重大意义。本书较深入地把《大众哲学》和苏联早期的哲学教科书，《大众哲学》与《哲学概论》《社会学大纲》《新哲学体系讲话》等同时期的中国人自己撰写的马克思主义哲学著作，《辩证唯物主义历史唯物主义》与苏联的《马克思主义哲学原理》，进行了对比研究，论述它们各自的特点与不同，分析了《大众哲学》《辩证唯物主义历史唯物主义》实现中国化的具体体现。

三、用科学的方法和视角深化和推进相关研究

1. 全面掌握文本,严格从作者的本意出发

当前研究艾思奇与马克思主义哲学中国化有了一个非常便利的条件,那就是艾思奇的所有著作,已在 2006 年由人民出版社汇集出版,这就是《艾思奇全书》8 卷本。《艾思奇全书》,每卷 60 万至 70 万字,7000 多页,530 多万字。《艾思奇全书》的出版为全面、系统地研究艾思奇马克思主义哲学中国化思想提供了可能。本书的研究,就是以《艾思奇全书》,特别是以《艾思奇全书》前 3 卷为依据,笔者原原本本地研读和把握艾思奇的马克思主义哲学中国化思想,力求最真实地反映作者的思想,从而避免当下研究中往往从二手资料出发,不见作者的本意,经常出现以讹传讹的弊端。同时,深入研读了《辩证法唯物论教程》《新哲学大纲》《辩证唯物论与历史唯物论》《马克思主义哲学原理》等苏联哲学教科书和《哲学概论》《社会哲学概论》《新哲学体系讲话》《现代哲学的基本问题》《社会学大纲》《辩证法唯物论入门》等同时期的中国人自己撰写的马克思主义哲学著作。

2. 抓住重点,以逻辑构建为核心

艾思奇的马克思主义哲学中国化思想非常丰富,研究可以从多个侧面展开。本书突出重点,在理论探讨上,主要是抓住艾思奇马克思主义哲学中国化思想的一个核心问题,即他是如何看待"什么是马克思主义哲学中国化,马克思主义哲学为什么要中国化,马克思主义哲学怎样中国化",来深入挖掘其马克思主义哲学中国化思

想。并以这个核心问题为逻辑主线,从所有文本中横向提取、研究,建构其马克思主义哲学中国化思想的逻辑体系,力求在广度和深度上拓展和推进其思想研究。在实践探讨上,主要是把《大众哲学》《辩证唯物主义历史唯物主义》与其他著作进行对比研究,进而概括它们的成就和贡献。

3. 逻辑与历史结合,考察艾思奇思想的内在变化

注重从艾思奇思想本身的演变来考察其思想发展轨迹,考察其中国化思想的萌芽、丰富和发展的历史过程,分析其思想变化的内在动因,具体展现不同历史时期其思想的变化和不同,并给予适当的评价和分析。同时,从时代背景、文化因素、个人主体条件等相结合的多个角度,揭示其思想提出的内在必然性,从而认识其思想在整个马克思主义哲学中国化思想史上的地位和作用。

4. 述评结合,理论研究和现实关照结合

本书一方面原原本本研究艾思奇本人思想,把其思想的丰富性和深刻性充分展示出来,另一方面又不完全局限于其思想,试图用自己的思考对其思想进行合适的评价,既充分肯定其思想的合理性和价值所在的一面,又实事求是地指出其思想的历史局限和后人应该进一步深入的地方,以便把其思想对当前马克思主义哲学中国化研究的启示意义全面揭示出来。同时,围绕着当前马克思主义哲学中国化研究的热点、难点问题,结合对艾思奇思想的研究,给出自己的思考,就进一步深化马克思主义哲学中国化研究提出具体的建议和对策。

本书加上绪论一共十章,分为两大部分:第一——六章,主要是从理论上探究艾思奇的马克思主义哲学中国化思想,从艾思奇马

克思主义哲学中国化思想产生的主客观条件、中国化思想的主要内容、中国化思想的评价等角度进行论述；第七—九章，主要是从实践上论述艾思奇推进马克思主义哲学中国化的具体表现，从《大众哲学》与苏联早期哲学教科书、《大众哲学》与同时期中国同类著作、《辩证唯物主义历史唯物主义》与苏联的《马克思主义哲学原理》的对比中，进行揭示。本书的最后一章，从艾思奇的马克思主义哲学中国化思想出发，对深化当前马克思主义哲学中国化研究做细致的思考。

具体章节安排如下：导论部分，介绍研究的缘起、解析论题、介绍研究现状和研究方法等。第一章，探讨艾思奇马克思主义哲学中国化思想提出的内在必然性和主体条件。从抗日救亡的实践需要、马克思主义哲学在中国传播和发展的内在逻辑、近代以来新文化运动发展的必然结果等方面分析其思想产生的客观必然性。从其主体性文化观，对理论和实践、抽象和具体、一般和个别关系特别关注的理论品格和对马克思主义哲学科学理解等方面，阐述其思想产生的主体条件。第二章，主要论述艾思奇的"什么是马克思主义哲学中国化"的思想及其思想的发展，揭示艾思奇马克思主义哲学中国化的内涵，考察其对内涵认识的历史变化，并根据这个变化划分其思想的发展阶段。第三章，论述艾思奇的"马克思主义哲学为什么要中国化"思想，阐释其关于马克思主义哲学中国化的必要性、可能性、提出的意义等基本思想，重点从马克思主义哲学的本性、中国的特殊国情、马克思主义哲学自我现实化等方面展开。第四章，揭示艾思奇的"马克思主义哲学怎样中国化"思想，论述艾思奇关于马克思主义哲学中国化实现具体途径的丰富思想。第五章，客观评价艾思奇的马克思主义哲学中国化思想，揭示其思想的现代启示。从坚持与发展的有机统一、世界性和民族性的有机统一、理论研究和实践关注的有机统一等方面评价其思想的价值，并指出其文化观不利于合理评价文化的价值、忽视对中国传统文化独特思想的汲取、缺乏对中国化马克思主义哲学学术表现形式的研究等方面的不足。第六章，把《大众哲学》与苏联早期哲学教科书进行对比研究，探讨了苏联早期哲学教科书撰写风格的具体表现，重新评估《大众哲学》的贡献，深入论述了该书突破苏联哲学撰写风格、开创表述的"中国风格"的原因所在、主要特点及对后人的影响等，以比较新的角度推进《大众哲学》研究。第七章，把《大众哲学》与同时期中国同类著作进行对比研究，较为深入地论述了学界很少关注的同类著作的主要思想、特点及不足等，进一步探究《大众哲学》在同时期同类著作中能脱颖而出的必然性和客观原因。第八章，把《辩证唯物主义历史唯物主义》与苏联的《马克思主义哲学原理》，从整体结构、主要内容安排、撰写风格等方面，进行系统对比研究，全面把握二者的同与不同，客观评价《辩证唯物主义历史唯物主义》的历史贡献。第九章，结合艾思奇思想，对推进当前马克思主义哲学中国化研究做深入的思考。从艾思奇与马克思主义哲学中国化探究转向马克思主义中国化研究的现状，指出了当前研究的基本特点。认为当前的研究存在着马克思主义中国化与马克思主义哲学中国化不分、民族化的形式化和复古化等倾向和误区，并提出了进一步推进当前马克思主义哲学中国化研究的几个关键问题，如文本、翻译、主体性、具体性及大众化等问题。

第一章　艾思奇中国化思想提出的历史必然性和主体条件

艾思奇是马克思主义哲学中国发展史上第一个明确提出"马克思主义哲学中国化问题"的著名马克思主义哲学家和教育家。他对"什么是马克思主义哲学中国化"、"马克思主义哲学为什么要中国化"、"马克思主义哲学怎样中国化"等问题有着缜密的思考,其马克思主义哲学中国化思想非常丰富和深刻。在研究艾思奇丰富的马克思主义哲学中国化思想之前,首先要对其马克思主义哲学中国化思想产生的历史背景、主客观条件等加以深入揭示和研究。

一、中国化思想提出的必然性

艾思奇马克思主义哲学中国化思想的提出和发展并不是偶然的,而是有着历史文化发展的内在必然性及其自身主观条件的。我们认为,其思想提出的历史必然性和客观依据从个别、特殊、一般角度来分,主要有以下几个:一是 20 世纪 30、40 年代抗日救亡迫切需要;二是马克思主义哲学在中国发展逻辑的内在要求;三是近代中国文化发展演变的必然结果。当然正如世界上没有绝对的必然性,必然性要靠偶然性表现自己、开辟道路一样，仅有必然性还不能说明为什么恰恰是艾思奇提出如此丰富、深刻的马克思主义哲学中国化思想，而不是他人，因此，艾思奇提出马克思主义哲学中国化思想又有偶然性，艾思奇之所以能把握必然性提出如此丰富而深刻的思想，这是与其自身所具有的一些主体条件密不可分的。这些主体条件主要体现为：一是主体性的文化观；二是对理论和实践、抽象与具体和一般与个别关系的理论兴趣、偏好及其对这些辩证关系的深刻把握；三是对马克思主义哲学的科学理解。正是这些主体条件使艾思奇具备了提出如此丰富而深刻的马克思主义哲学中国化思想的"内在素质"，使他能超越前人提出如此丰富而深刻的马克思主义哲学中国化思想。

目前学界对艾思奇马克思主义中国化思想提出的历史必然性和客观依据做了比较深入的研究，但往往局限于抗日救亡的需要、马克思主义在中国发展的内在逻辑，很少讲思想提出的文化背景。更令人不可思议的是，人们只是强调了思想提出的必然性，却对思想提出的主体条件——这个非常重要的条件，无人问津。这一章，笔者将在前人研究的基础上，深化有关研究，就艾思奇马克思主义哲学中国化思想提出的必然性和主体条件做一探讨。

1. 文本考察思想产生的具体历史情势：抗日救亡实践的迫切需要

艾思奇马克思主义哲学中国化思想的提出是与时代的发展要求密不可分的，是20世纪30、40年代抗日救亡迫切需要的必然产物。学界大都注意到了这个客观依据，并做了探讨，为深入认识艾思奇马克思主义哲学中国化思想产生的时代背景，提供了许多有益的看法。但不足的是，大家一般对这个时代背景勾画得比较宏观，很难让人了解艾思奇马克思主义哲学中国化思想提出的具体历史情势如何。笔者试图结合艾思奇在其文本中对历史背景的具体论述，较为详细地描述艾思奇马克思主义哲学中国化思想提出的客观情势，阐述其思想产生的客观必然性。

20世纪30、40年代抗日救亡是时代主题和时代任务。1931年，日本发动"九·一八"事变，开始武力侵略中国，中国抗日救亡的主题从此展开。此后日本步步蚕食我国领土，民族危机也步步加重，至1936年民族危机开始发生质的变化，日本"集中一切军事、外交、经济、文化各方面的力量来对中国作全面的侵略"①，"民族的危难已到了最后的生死关头"②。1937年，日本制造了"七七"事变，发动全面侵略中国的战争，暴露了企图把中国变为其殖民地的野心，中国陷入前所未有的民族灾难中，开始了持续多年的民族解放和民族救亡的抗战和奋斗……面对民族空前的灾难，我们该怎么办？抗战的前途和性质是什么？抗战不抗战？又该怎样抗战？是摆在当时人民面前的迫切需要解决的重大问题。围绕着这些问题，一些错误的认识纷纷"登台"，对全民抗战形成了严重的干扰。在文本中，艾思奇对当时的一些错误认识进行了分析、批判，通过艾思奇的这些分析、批判，我们可以从侧面看到当时人们对解决民族危亡问题的不同态度，归纳起来主要有以下几个：一是"悲观论"。"他们以为不抗战固然是死，抗战也不一定有生路。"③ 二是"内部矛盾论"。"他们的见解是，在内部矛盾存在的时候，就说不上统一的抗战。"④ 三是"外交论"。他们认为，挽救民族灭亡的根本方法，是利用和平外交手段停止敌人的野心。四是"唯武器论"。他们认为，

---

① 《艾思奇全书》第1卷，北京：人民出版社2006年版，第713页。
② 《艾思奇全书》第1卷，北京：人民出版社2006年版，第713页。
③ 《艾思奇全书》第1卷，北京：人民出版社2006年版，第723页。
④ 《艾思奇全书》第2卷，北京：人民出版社2006年版，第72页。

"敌人有充足的新式武器来进攻我们。那样的武器全然不是人所能抵抗的东西。中国没有这种武器只好屈服。"① 五是"节操论"。"有些人以为中国的汉奸多,全是这般人没有良心,做军人的不能抵抗全是因为他们没有爱国心,没有民族的气节,所以民族的出路,就是要设法向这些人有一个什么表示,把他们的良心激发出来,或者来一个'节操运动'或'自觉运动',使一般人有'民族的气节'。"② 六是"均衡论"。他们"认为中国不能作独立的民族战争。要抵抗敌人们,一定要得到英国或美国的帮助,使力量相称才行"③。七是"马达救国论"。他们"以为只要把外国的马达搬进来,中国就可以不亡"④。八是"科学救国论"。"他们以为提倡自然科学知识是中国的唯一出路。"⑤ 艾思奇指出,上述这些错误思想的出现,关键在于没有掌握马克思主义哲学的世界观和方法论,是由唯心主义的世界观和形而上学的方法论导致的。要么是不从民族危机的具体事实分析入手,只知道援引空例子在头脑里断案,犯了观念论的错误;要么是不用全面的、矛盾的、辩证的观点来看待民族危机的事实,犯了形而上学的错误。

面对民族危亡带来的种种重大问题,面对人们对民族危亡的错误认识,迫切需要把哲学尤其是马克思主义哲学"结合在民族解放的任务上"⑥。用马克思主义哲学的科学立场和方法,来"认清中国

---

① 《艾思奇全书》第 1 卷,北京:人民出版社 2006 年版,第 615 页。
② 《艾思奇全书》第 1 卷,北京:人民出版社 2006 年版,第 613 页。
③ 《艾思奇全书》第 1 卷,北京:人民出版社 2006 年版,第 616 页。
④ 《艾思奇全书》第 1 卷,北京:人民出版社 2006 年版,第 650 页。
⑤ 《艾思奇全书》第 1 卷,北京:人民出版社 2006 年版,第 650 页。
⑥ 《艾思奇全书》第 1 卷,北京:人民出版社 2006 年版,第 552 页。

民族解放运动的发生、发展以及方向和前途"①，来"决定我们在救亡中的战术和策略"②，去"批判一切危害民族抗争的错误理论"③。然而，当时"哲学无用论"流行，再加上，哲学研究脱离实际和滥用公式的研究现状，又让哲学特别是马克思主义哲学很难担当如此重任。艾思奇在文本中对"哲学无用论"的表现做了介绍，并批判了这种观点。"哲学无用论"主要是认为，"哲学是空理论，在国难时期，应该只注意实际问题"④，没有必要"把精神耗费到理论研究上"⑤。而艾思奇认为，哲学并不空洞，它能指导我们"正确地观察社会"，帮助我们去变革生活，打破现状。正确的哲学是正确的世界观和方法论，同时又是理论斗争的武器，所以为了抗日救亡，就必须研究哲学尤其是马克思主义哲学，用马克思主义哲学来研究民族解放的一切问题，决定正确的路线和道路。关于哲学尤其是马克思主义哲学当时的研究现状，艾思奇在《哲学的现状和任务》《现代哲学读本》中也做了揭示，主要表现为："一种是使哲学完全和现实绝缘，使它变成书斋里的纯理论公式，使研究者从战斗中的队伍退到逻辑的天国里来。一种是表面上装着对于现实非常关心的样子，带着非常前进的外貌，用社会内部斗争的教条来抹杀了当前最重要的救亡任务。"⑥

　　总之，从艾思奇文本中，我们可以看到其马克思主义哲学中国化思想提出的具体历史情势。抗日救亡的时代主题，迫切需要马克

---

① 《艾思奇全书》第1卷，北京：人民出版社2006年版，第637页。
② 《艾思奇全书》第1卷，北京：人民出版社2006年版，第677页。
③ 《艾思奇全书》第1卷，北京：人民出版社2006年版，第678页。
④ 《艾思奇全书》第1卷，北京：人民出版社2006年版，第678页。
⑤ 《艾思奇全书》第1卷，北京：人民出版社2006年版，第54页。
⑥ 《艾思奇全书》第2卷，北京：人民出版社2006年版，第290页。

思主义哲学与时代任务相结合，批判错误思想，研究实际问题，解决抗战难题。然而人们却轻视哲学，哲学的研究现状又不能适应时代发展的需要，艾思奇在洞观时代的需要和准确把握马克思主义哲学当时的研究现状的基础上，提出了自己的马克思主义哲学中国化思想。抗日救亡实践的迫切需要，既是艾思奇提出马克思主义哲学中国化思想的重要起因，又是推动其思想不断发展的动力。同时，抗日救亡实践的迫切需要也是整个马克思主义哲学发展走向中国化的重要原因和助力。

2. 双重梳理马克思主义哲学中国发展史和中国化思想史：马克思主义哲学发展逻辑的内在要求

抗日救亡实践的迫切需要，是艾思奇马克思主义哲学中国化思想提出的重要动因，但这种动因之所以发挥作用，还与马克思主义哲学在中国传播、发展的内在规律有关系。马克思主义哲学传播、发展到达从通俗化向中国化的转换阶段，恰好配合、适应了这种动因作用的发挥。艾思奇马克思主义哲学中国化思想，是在总结马克思主义哲学在中国发展的规律、继承前人关于马克思主义哲学与中国实际相结合思想的基础上产生的。在艾思奇、毛泽东等提出马克思主义哲学中国化和马克思主义中国化之前，学界一般认为，马克思主义哲学在中国的传播、发展大体上经历了陈独秀、李大钊的初步传播阶段，瞿秋白的全面传播阶段，李达的系统传播阶段，以艾思奇《大众哲学》为代表的大众化、通俗化阶段。① 在初步传播阶段，陈独秀、李大钊重点是传播了马克思主义哲学的唯物史观，而

---

① 参见郭建宁：《20世纪中国马克思主义哲学》，北京：北京大学出版社2005年版；王守常等：《马克思主义哲学在中国》，北京：首都师范大学出版社2002年版。

几乎很少涉及辩证唯物主义的内容。瞿秋白是马克思主义哲学发展史上,第一个全面地传播辩证唯物主义和历史唯物主义的人,他在1923年和1924年,先后出版了《社会哲学》《现代社会科学》和《社会科学概论》三本书,比较全面地介绍了马克思主义哲学的辩证唯物主义和历史唯物主义。继瞿秋白以后,李达则是全面、系统传播马克思主义哲学的重要代表人物。他的《社会学大纲》是中国人自己撰写的第一部马克思主义哲学教科书,在书中从唯物论、辩证法、认识论、唯物史观等多个方面、多个维度阐释了马克思主义哲学。在没有到达通俗化、大众化阶段之前,马克思主义哲学在中国传播、发展的主要特点,是以纯理论的形式介绍马克思主义哲学,很少用中国政治、经济、社会生活的现实例子来阐释马克思主义哲学的基本观点和基本原理。这个缺点导致马克思主义哲学的传播和发展还多局限于少数知识分子中间,很难深入到大众。何干之、陈伯达等在20世纪30年代就很深刻地指出了上述不足。何干之指出:"1927年以来,新哲学登场了,但那时只偏重哲学原理的输入……不过大家翻来覆去,仍跳不出原理的圈子。"① 陈伯达说:"中国新哲学者,大部分(即使倾向很好的)关于哲学的写作中,也没有很好地和现实的政治结合起来,没有很好地用活生生的中国实例来阐释辩证法,使唯物辩证法在中国问题中具体化起来,更充实起来(一般说来,《读书生活》是最为努力向这点接近的)。"② 作为无产阶级世界观的马克思主义哲学,它要完成使命、发挥力量,就必须"把握大众,变成物质力量",这就要求其必须贴近中国人民群众的文化

---

① 丁守和:《中国近代启蒙思想》(下),北京:社会科学文献出版社1999年版,第182页。
② 丁守和:《中国近代启蒙思想》(下),北京:社会科学文献出版社1999年版,第156页。

水平、生活实际，真正成为人民群众改造世界的思想武器。30 年代初、中期，随着"文艺大众化"、"社会科学大众化"、"科学大众化"运动的开展，马克思主义哲学通俗化和大众化成为当时马克思主义学者的共识，推动着马克思主义哲学在中国的传播和发展走向了大众化的阶段。虽然，人们认识到了马克思主义哲学大众化、通俗化的重要性，但在现实中人们还是轻视大众化、通俗化写作，"没有人尝试过，甚至没有人屑于这样尝试的"①。艾思奇首先进行了尝试，他的《大众哲学》就是大众化、通俗化著作的代表。在该著作中，他用群众熟知的语言、谈话体裁的生动形式，把马克思主义哲学具体化到人民群众的日常生活中，打破了哲学历来神秘的观点。继艾思奇后，沈志远、陈唯实、胡绳等一批马克思主义学者也纷纷加入哲学通俗化的阵营来，从而使 20 世纪 30 年代中期形成了一个马克思主义哲学通俗化和大众化的运动，对马克思主义哲学中国化做了初步的探讨。"然而在基本上，整个是通俗化并不等于中国化现实化。"② 因为，它还没有充分注意到中国的特殊国情，还没有把马克思主义哲学基本原理、基本观点灵活地应用到重大实践问题上来，研究中国的特殊规律，正确地指导实践。当时还主要是以教条主义的方式对待马克思主义哲学基本原理，"但把前人的理论死板板的嵌在一切上去"。

艾思奇正是充分把握了马克思主义哲学从通俗化、大众化向中国化转变的内在逻辑要求，提出了需要一个"哲学研究的中国化和现实化的运动"③ 的口号，并自觉地为推动马克思主义哲学中国化而努力，形成了丰富的马克思主义哲学中国化思想。如果从马克思

---

① 《艾思奇全书》第 1 卷，北京：人民出版社 2006 年版，第 594 页。
② 《艾思奇全书》第 2 卷，北京：人民出版社 2006 年版，第 491 页。
③ 《艾思奇全书》第 2 卷，北京：人民出版社 2006 年版，第 491 页。

主义哲学发展逻辑上来讲，仅单单地把艾思奇马克思主义哲学中国化思想的提出，归结为是马克思主义哲学从"通俗化"到"中国化"的必然要求的话，这样的理解还只是说出道理的一部分。其实从"通俗化"到"中国化"之所以可能，是与马克思主义哲学在中国传播、发展过程中，一些学者始终关注马克思主义哲学"中国化"问题有关。虽然，他们并没有明确提出"中国化"的这个概念，虽然这种关注还不是研究的重心，但这种重视马克思主义哲学与中国实际结合的传统却被继承并不断发展了下来，成为了马克思主义哲学在中国的发展从"通俗化"阶段走向"中国化"阶段的思想积淀和条件，以至于到了20世纪30年代中后期，马克思主义哲学中国化已经成为学界的共识。艾思奇马克思主义哲学中国化思想的提出，也正是继承发展这个传统的必然结果。早在马克思主义哲学在中国的初步传播阶段，李大钊就注意到了马克思主义哲学中国化的问题。1919年8月，李大钊在给胡适的回信中指出："大凡一个主义，都有理想和实用两面。例如民主主义的理想，不论在哪一国，大致都很相同。把这个理想适应到实际的政治上去，那就因时、因所、因事的性质情形不同，有些不同。社会主义亦复如是。……我们只要把这个那个主义，拿来做工具，用以为实际的行动，他会因时、因所、因事的性质情形生一种适应环境的变化。"① 早期的马克思主义者恽代英同样注意到了马克思主义哲学中国化的问题。1924年，恽代英在《列宁与新经济政策》中指出："解决中国的问题，自然要根据中国的情形，以决定中国的办法。"② 1926年，蔡和森在《中国共产党史的发展（提纲）》中指出：马克思主义列宁主义"应用到各国去，应用到实际上去才行，要在自己的争斗中把列宁主义形成自己

---

① 《李大钊文集》第3卷，北京：人民出版社1999年版，第3页。
② 《恽代英文集》（上卷），北京：人民出版社1984年版，第480—481页。

的理论武器,即以马克思主义列宁主义的精神来定出适合客观情形的策略和组织才行。"①

全面传播马克思主义哲学的瞿秋白也较早地注意到了这个问题,还明确地提出了中国国情的概念。1927年2月,他在《瞿秋白文集》的自序中明确地提出了,"革命的理论永不能和革命的实践相离","应用马克思主义于中国国情的工作,断不可一日或缓"② 的论断。系统传播马克思主义哲学的李达,在著作中同样对马克思主义哲学中国化问题给予了关注。他说:"中国何时能发生革命?中国的社会革命究竟采用何种范畴的社会主义,大概也是按照国情和国民性决定的。未能实行的时候,我们也不能预见到,所以不敢说中国应实行多数主义,却又不敢说中国一定不适合多数主义。"③ 20世纪30年代,何干之在《论新启蒙运动》一文中说:"哲学虽是一种方法……而必须把这一方法和道理,应用中国实际生活的各个方面。"④

3. 深入阐释文化发展的影响作用:近代文化发展演变的必然结果

实践的迫切需要和马克思主义哲学发展的内在逻辑,揭示了艾思奇马克思主义哲学中国化思想产生的客观必然性,但是这种客观必然性在某种意义上还是一种比较具体的必然性,它的形成及发挥作用更离不开一般的社会文化发展的必然性的配合,不从一般的文化演变角度来考察这种必然性,这种必然性就成了无源之水、无本

---

① 《蔡和森的十二篇文章》,北京:人民出版社1980年版,第21页。
② 《瞿秋白选集》,北京:人民出版社1985年版,第317页。
③ 《李达文集》第1卷,北京:人民出版社1980年版,第6页。
④ 丁守和:《中国近代启蒙思想》(下),北京:社会科学文献出版社1999年版,第182页。

之木。也就是说，作为一般的近代中国文化发展演变"中国化"的历史必然，深刻影响了作为文化"个别"的马克思主义哲学发展向中国化阶段的跃进，"一般"文化在中国的发展演变为马克思主义哲学在中国的发展演变提供了宏大的社会文化背景和思想资源。因此，要深入认识艾思奇马克思主义哲学中国化思想提出的必然性，就必须了解整个当代文化发展演变的必然性，把握其背后发挥潜移默化影响作用的一般文化思潮。可喜的是，近年来，张静如、许全兴、李方祥等对马克思主义哲学中国化思想提出的文化背景给予了深入的挖掘，取得了很大的成果。比如，张静如认为，五四前后我国学界已形成共识，引进外国学说必须接近实际；许全兴认为，马克思主义中国化是五四以来新文化运动发展的必然结果，特别是五四以来反思对中国传统文化认识的必然结果；李方祥认为，20世纪30年代的"学术中国化"思潮为马克思主义中国化的提出准备了思想条件等。① 笔者在继承这些学者的观点的基础上，对艾思奇马克思主义哲学中国化思想提出的文化背景做一探讨。

如何看待近代文化发展演变问题，不同的学者有不同的看法。我们认为，近代文化发展演变中贯穿的一个中心问题，就是如何看待和认识东西方文化问题，这个问题的背后则是中国主体性失落和回归的问题。1840年鸦片战争，动摇了大清帝国雄傲天下的绝对主体性，人们意识到要立足民族之林、免受侵略欺凌，就必须向西方学习。至五四前，中国先后从器物、制度两个层面上学习西方，然

---

① 参见张静如：《关于"中国化"》，载《党史研究与教学》2006年第5期；李方祥：《二十世纪三十年代"学术中国化"与"马克思主义中国化"的思潮互动》，载《中共党史研究》2008年第2期；许全兴：《"马克思主义中国化"的提出与新文化运动》，载《毛泽东邓小平理论研究》2008年第3期。

而仍旧没有能挽救中国破败的命运。"中体西用"是五四前期文化发展的主流。随着"西欧文化价值一天比一天显露出来"①，人们开始把中国落后的根本原因归结为文化的不如人，中国的主体性低落到深渊。为了冲破旧文化的重重束缚，让新文化在中国扎根发展，五四新文化运动"以彻底的方法向传统作最后的猛攻"②。1922年，亲历了近代社会发展变革风风雨雨的梁启超总结了近五十年来中国文化发展演变的三个阶段：第一个时期先是从器物上感觉不足；第二个时期是从制度上感觉不足；第三个时期是从文化上感觉不足。虽然，五四新文化运动有着多面的景象，并不是所有的人都要彻底地否定中国传统文化。如李大钊说："宇宙的进化，全仗新旧二种思潮，互相挽进，互相推演，仿佛像两个轮子运着一辆车一样，又像一个鸟仗着两翼，向天空飞翔一般。我确信这两种思潮都是人群进化必要的，缺一不可。"③ 但从总体上来看，这个时期人们多是把中西文化绝对对立了起来，认为二者是性质上的差别，立新就要破旧，对西方文化完全崇拜而对中国文化则根本否定。新文化运动的著名代表人物陈独秀的看法，就颇能反映当时人们对中西文化的一般态度。陈独秀指出，"东西洋民族不同，而根本思想亦各成体系，若南北之不相并，水火之不容也"④，"妄欲建设西洋式之新国家，组织西洋式之新社会，以求适应今世之生存，则根本问题，不可不首先输入西洋式社会国家之基础，所谓平等人权之信仰，对于与此新国家新信仰不可相容之孔教，不可不有彻底之觉悟，猛勇之决心，否

---

① 《艾思奇全书》第1卷，北京：人民出版社2006年版，第115页。
② 《艾思奇全书》第2卷，北京：人民出版社2006年版，第115页。
③ 《李大钊全集》第2卷，石家庄：河北教育出版社1999年版，第218页。
④ 《陈独秀文章选编》（上），北京：生活·读书·新知三联书店1984年版，第105页。

则不塞不流，不止不行。"① 正是这种对中国主体性的彻底打倒，盲目崇拜西方的文化之风在当时非常流行，致使各种思潮不加选择地大量引进，中国境内一时"'万花缭乱'"②。正当人们对西方文化高唱赞歌的时候，第一次世界大战的爆发暴露了西方文化的不足，给学界极大的震撼，中国文化的优点再次引起关注，人们认识到不能盲目引进西方文化，无论引进任何学说都要和中国实际结合起来。同时，第一次世界大战也造成思想的分裂，战后马克思主义者、自由主义者、东方文化派各领风骚、并驾齐驱。③ 五四以后中国社会的发展情势是"日甚一日的破产"④，"而世界的资本主义恐慌也一天天地增大起来"⑤，同时俄国的发展却风景这边独好，这几个因素加起来，导致1927年后马克思主义哲学便"狂风暴雨似的披靡了整个哲学界"⑥。五四文化运动的短期性，导致新文化没有得到完整的建设，旧的文化不断死灰复燃，到20世纪30年代初期，国内统治者和日本侵略者还不断利用封建文化作为奴役人民的工具。鉴于此，出于强烈爱国心的陈序经，提出了"全盘西化论"。他认为，文化是一个整体，文化的全部并非像一间旧房子那样让"我们可以毁拆他，看看那几块石或木料可以留用"⑦，要采纳西方文化就必须全部采纳。王新命、何炳新等不同意陈序经的看法，1935年提出了要建设

---

① 《陈独秀文章选编》（上），北京：生活·读书·新知三联书店1984年版，第148页。
② 《艾思奇全书》第1卷，北京：人民出版社2006年版，第110页。
③ 参见郑师渠：《论欧战后中国社会文化思想的变动》，载《近代史研究》1997年第3期。
④ 《艾思奇全书》第1卷，北京：人民出版社2006年版，第112页。
⑤ 《艾思奇全书》第1卷，北京：人民出版社2006年版，第112页。
⑥ 《艾思奇全书》第1卷，北京：人民出版社2006年版，第112页。
⑦ 陈序经：《中国文化的出路》，北京：商务印书馆1936年版，第82页。

"此时此地的需要"的中国本位文化。认为中国文化建设原则应是"不守旧,不盲从,根据中国本位,采取批评态度,应用科学的方法,来检讨过去,把握现在,创造将来"。"中国本位文化"建设纲领虽然实质上复古、守旧,企图开历史的倒车,并受到了当时进步人士的一致批评,但也从一定的侧面,反映了20世纪30年代在民族危亡的大背景下,学者对中国主体性的再次强调和对民族文化肯定和认同的倾向,以增强民族自信心,抵抗日本的侵略。随后一年多,"全盘西化"派和"中国本位"派双方展开了激烈的争论,并吸引了大批学者的参与,形成了继五四以后的又一次中西文化大论战。据郑太华等学者的研究,论战形成了理论共识,当时人们已经开始辩证地看待中西文化,形成了科学分析的态度。承认传统文化的优点,不再全盘否定,对西方文化,不再全盘搬来。并且对中国主体意识更加强调,指出文化吸取必须满足中国的需要,适应中国的国情。① 随着民族危机的日益加深,1936—1937年,艾思奇、陈伯达、张申府、何干之等在上海、北京等国统区开展了以爱国主义为直接目的的新启蒙运动。新启蒙运动继承了"全盘西化"和"中国本位"论争的文化成果,它也以理性的态度对待中西文化,充分肯定中国传统文化的价值,这尤其是以张申府的观点最为代表。他指出,"新启蒙运动应是综合的。""新文化运动所要造的文化,不应该只是毁弃中国传统文化,而接受外国文化;当然更不应固守中国文化,而拒斥西方文化;乃应是各种现有文化的一种辩证的或有机的综合。"② 由于抗战的爆发,新启蒙运动仅持续两年左右时间。但随着周扬、李初梨、陈伯达、艾思奇等人转移到延安,延安文化

---

① 参见郑太华:《30年代的"本位文化"与"全盘西化"的论战》,载《湖南师范大学学报》2004年第5期。
② 《张申府文集》第1卷,石家庄:河北人民出版社2005年版,第189页。

界进一步发挥了新启蒙运动精神，形成了新文化要中国化的思想共识。

从上面的论述可以看出，近代中国文化的发展走过了一个否定之否定的路程：从全面肯定中国传统文化，到五四时期的全面否定中国传统文化，再到20世纪30年代的辩证看待中西文化。与此相适应的是中国主体性从旁落，又到重新发现、确立。近代中国文化发展的内在规律，导致20世纪30年代出现了"学术中国化"思潮。可以说，艾思奇马克思主义哲学中国化思想，就正是这种"学术中国化"思潮社会文化背景下的产物。通过阅读文本，我们发现艾思奇还是比较注意"全盘西化"和"中国本位"争论的，他的文本中有关于这次论战的论述。比如，他在1935年8月《抽象名词和事实》中，批评中国本位文化"此时此地的需要"空洞无用，没有说清楚究竟什么是"此时此地的需要"。他在1940—1941年的《什么是辩证法》中，分析全盘西化的方法论时指出，其方法论是诡辩论。而新启蒙运动和延安的文化运动，他都直接参与了其中。所以，20世纪30年代的"学术中国化"思潮对他影响极大，这也是他能辩证地看待中西文化，理性地看待马克思主义哲学，进而提出马克思主义哲学中国化思想的一个重要原因。

二、中国化思想提出的主体条件

我们在上面从抗日救亡实践的迫切需要、马克思主义哲学在中国发展的内在逻辑、近代文化发展演变的必然结果，分析了艾思奇马克思主义哲学中国化思想提出的历史必然性。但历史必然性仅提供了一种可能性，而要把这种可能性变成现实，靠的就是艾思奇本

第一章　艾思奇中国化思想提出的历史必然性和主体条件

身具备的主体条件。目前学界对艾思奇马克思主义哲学中国化哲学思想提出的主体条件，几乎没有进行探讨。主体条件包括的内容很多，比如艾思奇的生活经历、爱国品质、理论酷爱等等。这些当然也很重要，但笔者在这里，重点是从艾思奇所具备的理论素质方面做一些分析。笔者认为，艾思奇的主体性文化观，对理论和实践、抽象与具体、个别与一般辩证关系的深刻把握，对马克思主义哲学的科学理解等几个方面，是艾思奇能够提出马克思主义哲学中国化思想的重要主体条件。

1. 主体性文化观的内在决定

主体性文化观，是笔者对艾思奇的文化观的概括。所谓主体性文化观，就是强调人在文化面前是主体、是主人，文化是为人服务，所以人在文化面前就必须有主体自我意识，对文化有理性的评判，不能盲目地屈服；文化的引入和学习是为了满足人的需要，解决人的问题，所以文化的引入、学习必须以自己的接受能力为限，文化必须适应自己的情况。笔者认为，艾思奇之所以能理性地对待马克思主义哲学，不以教条式的方式看待它，并把马克思主义哲学中国化，从根本讲就是这种文化观指导下的必然产物。艾思奇的这种文化观的形成，也是近代文化发展演变的产物和结果。

艾思奇的这种文化观，在其文本中表现得非常明显。比如，他在《从"洋八股"说起》中说："文化是人们的武器。问题是什么人在使用武器和谁是真能使用武器的人。"① 他又指出："枪炮的输入，是给中国人来施放，INK 的输入，是要拿来写中国字。拿到中国来施放时，要看清在中国的施放对象。用来写中国字时，要顾虑

---

① 《艾思奇全书》第 1 卷，北京：人民出版社 2006 年版，第 39 页。

着怎样写得像。我们不反对把多克特某某的话拿来引用，'他山之石'常有裨益于自己的'玉'。然而引用他人的话是为的要解决自己的问题，因此也得以自己的问题为基调，对自己的这一方面的深思熟虑是最必要的。"① 他在《读经吗？读外国书吗？》中指出，读书"必须要以能够帮助我们解决问题为标准"，"读书是要针对这现实的社会问题上的需要，因此对于外国书我们要选择着读，对于中国今日的出版物，也可以从其中选取很好的粮食"。② 很明显，在上面的引文中，艾思奇强调的是，文化是人的工具，是为了自己的需要、帮助解决问题而学习的，学习的文化必须适应自己的情况，并以研究自己的问题为主。他在《怎样养成判断力》中认为，读书最重要的是融会贯通，如果没有充分的融会能力，读再多的书也没有益处。他打比方说："譬如吃东西，菜肴无论怎么可口，里面的滋养无论怎么丰富，如果胃的消化能力根本脆弱，吃下去对于身体是没有益处。要想使吃下去的东西充分发挥滋养，第一件要紧的事就是要使胃肠强健，要想在读书中得到益处，首先就要注意融会的能力……"③ 很明显，艾思奇在引文中强调接受文化，必须要以自己具有的接受能力为限，并指出要不断地提高自己的接受能力，使文化、知识变为自己的能力。这个比喻，艾思奇还在其他文本中反复使用，可见艾思奇对此的重视。他在《如何研究哲学》中谈到为何要建立自己的哲学时指出："至于那盲从别人，把别人的东西当作没有丝毫活用余地的天经地义来死死奉守着，那是所谓的公式主义，我们特别要提出'建立自己的哲学'的话，表示反对任何公式主义，

---

① 《艾思奇全书》第1卷，北京：人民出版社2006年版，第39页。
② 《艾思奇全书》第1卷，北京：人民出版社2006年版，第372页。
③ 《艾思奇全书》第1卷，北京：人民出版社2006年版，第167页。

表示任何正确的哲学,都不能把它死死板板地照抄下来。"① 他认为,建立自己哲学必须吸收前人的优良成果,但要紧的是能够活用前人的成果,而不是"奴隶式地遵守"②。不要奴隶式地遵守,艾思奇在这里再明确不过地强调了人在文化、理论面前的主人地位,指出人在文化、理论面前要有自我意识,有判断力,不能盲目地对待各种文化和理论。

2. 对一般和个别、抽象和具体、理论和实践辩证关系的深刻把握

如果说主体性文化观,是从主观条件的一般来谈艾思奇马克思主义哲学中国化思想产生的主体条件的话,那么对一般和个别、抽象和具体、理论和实践辩证关系的深刻把握,则是艾思奇马克思主义哲学中国化思想提出的更为具体的主体条件。其实,从实质上来讲,马克思主义哲学中国化的关键问题,就是如何正确认识一般和个别的辩证关系。艾思奇对研究一般和个别、抽象和具体、理论和实践的关系,有着一种特别的理论兴趣和爱好。他把对这几个关系的研究,当作了自己理论研究的中心,并为之奉献了自己的大量精力。他的第一篇哲学研究文章《抽象作用和辩证法》讲的就是如何辩证处理抽象与具体、个别与一般的关系。还专门把自己的理论研究专集起名为《实践与理论》,他的多数哲学研究文章的主题就是论述一般与个别、抽象与具体、理论和实践的辩证关系。一般与个别、抽象与具体、理论和实践问题贯穿其理论研究终生,正是因为这种理论偏好和对这些辩证关系的正确理论把握,才使他能不同于别人,推进马克思主义哲学中国化,并能拥有如此丰富的马克思主义哲学

---

① 《艾思奇全书》第1卷,北京:人民出版社2006年版,第104—105页。
② 《艾思奇全书》第1卷,北京:人民出版社2006年版,第105页。

中国化思想。由于其文本对一般和个别、抽象与具体、理论和实践的关系做了多次的论述，我们不再全部研究，而是择其主要做一介绍。

对于一般和个别关系的高度关注，也与艾思奇与叶青的论战有关。叶青等认为中国不符合历史发展一般规律，中国的发展是"外烁"的。艾思奇反对叶青等的这种观点，他批判利用的工具就是一般与个别的辩证关系。认为没有离开一般的个别，也没有不表现为个别的一般，中国发展既有自己的特殊规律，又符合世界发展的一般道路。对叶青"外烁"论的批判，几乎贯穿了艾思奇革命和哲学生涯的上海和延安两个重要时期。艾思奇对一般和个别的辩证把握，主要是利用列宁的有关理论资源，即"对立物（'个别的'与'一般的'对立着）是同一的；'个别的'只有在导向'一般的'的关联之中，方才存在。'一般的'只在'个别的'之中，只有依着'个别的'方才存在。每一'个别的'都是（在某种方式上）'一般的'，一切'一般的'都形成'个别的'的一部分或一方面或本质，一切'一般的'都只是近似地包括着一切'个别的'对象。一切'个别的'都不完全地进入'一般的'等等。"①

关于抽象与具体的关系，在《抽象作用和辩证法》一文中，他就做了正确的处理。他认为，概念是抽象作用在特殊性中抽出的较为一般的东西，概念来源于个别，并随着事物变化而变化，所以概念与个别事物不可分离，尤其不能与个别事物的发展之运动分离。"离开了个物的概念是空洞无意义的。"② 因此，他指出，不能把概念绝对化，不能仅仅依靠概念进行推理，那样只会流于空谈。科学的研究，便是"把抽象作用与具体事物的变化联系地

---

① 转引自《艾思奇全书》第2卷，北京：人民出版社2006年版，第773页。
② 《艾思奇全书》第1卷，北京：人民出版社2006年版，第16页。

把握起来"①。

理论和实践的关系,他的主要观点是:一是理论指导实践,必须重视理论。他认为,理论指示我们做的目的和步骤,没有目的和步骤是盲动,不是做事。他把理论比作地图,指出旅行愈远,地图的重要性愈大;做事愈大,也就更需要正确的理论指导。因此,"忽视理论,是不对的。"② 二是理论来源于实践,必须正视理论的局限性和不足。他指出,理论的用处,我们不能过分夸大。理论从实践中产生,是以事实为基础的。前人的实践和理论,是建筑在前人所遇见的事实的基础上的。但我们现在实践常常可以发现许多新的实例,而为旧的理论中所不能包括在内。同时,理论一般是从静止的状态反映事物,而事物是不断发展变化的,再加上理论一般是从一个方面反映事物,而事物是具体的,因此我们不能丢开具体的新事件,而"把理论当作一个万能的图式来应用"③。三是理论是实践的要素,服役于实践。他指出,理论和实践的关系不仅是理论来源于实践,理论反过来指导实践的关系,关键是"理论就是实践的一个要素。理论是为了实践,服役于实践,而且也一定以实践的立场为立场的"④。四是理论和实践交互作用,相互促进。他指出,从事实中产生理论,理论又指导我们走进新的事实。这是交互作用的统一,但这交互作用中,又以事实为决定的基础。

---

① 《艾思奇全书》第1卷,北京:人民出版社2006年版,第22页。
② 《艾思奇全书》第1卷,北京:人民出版社2006年版,第328页。
③ 《艾思奇全书》第1卷,北京:人民出版社2006年版,第330页。
④ 《艾思奇全书》第1卷,北京:人民出版社2006年版,第495页。

3. 对马克思主义哲学的科学理解

上面我们分别从"一般"和"具体"的角度,分析了艾思奇马克思主义哲学中国化思想产生和发展的主体条件,那么对马克思主义哲学的科学掌握,则可以说是艾思奇马克思主义哲学中国化思想提出的"个别"角度的主体条件。通观全部文本,我们可以毫不夸张、实事求是地说,艾思奇是一位真正掌握了马克思主义哲学精髓的、真正的马克思主义者。他对马克思主义哲学的实践性、发展性、方法论本性等都有深刻而全面地把握,真正认清了马克思主义哲学实质之所在。他反对仅仅满足于背诵马克思主义哲学的名词、公式和原理,强调要领会马克思主义哲学的真精神,用马克思主义哲学的立场、观点和方法来研究具体问题,找出事物规律,推动实践发展,并以身作则推动马克思主义哲学中国化。这充分表明,他已经把抽象的马克思主义哲学知识,融进了自己的血液,化为了自己身体的有机的一部分,成为了指导行动的智慧。像他这样,能如此科学地把握了马克思主义哲学真精神的人,在其同时代并不多见,就是在今天也不多见,这也正是其能拥有如此丰富的马克思主义哲学中国化思想的重要原因。

艾思奇对马克思主义哲学实质的理解,既准确到位,又表达充满个性。比如他在《略说新唯物论》中说:"新唯物论就是'能干'的哲学,它把客观世界看做基础,认为主观的一切只是从这基础上产生的;但主观对客观,又有很大反作用。"① 把马克思主义哲学称作"能干"的哲学,很好地突出了马克思主义哲学的实践性,其对"能干"哲学的具体阐释,又把马克思主义哲学和唯心主义哲学、机

---

① 《艾思奇全书》第1卷,北京:人民出版社2006年版,第400页。

械唯物主义的区别,说得简单明了。他在《哲学讲话》中认为,马克思主义哲学是"吃了亏的人的哲学"①,这种哲学是为吃了亏的人打算的,是站在吃了亏的人的党派上来说话的。马克思主义哲学是吃了亏的人的哲学,既充分说明了马克思主义哲学的阶级性,又通俗易通,能迅速拉近马克思主义哲学与群众的关系。他在《理知和直观之矛盾》中说:"实践是辩证法唯物论的理论之核心。……辩证法唯物论是这样地看重实践,而别的哲学者所最不能理解的也就是实践。"② 他在《民族解放与哲学》中指出:"新哲学本来是实践的哲学。它的主要问题在于不是'说明世界',而是要'变革世界',它要跟着人们的实践的进步,而提起新的问题,获得新的内容"③。上面的两段引文准确地把握了马克思主义哲学的实践性,并指出了马克思主义哲学与其他哲学的最大区别,说明了马克思主义哲学对实践的依赖性。他在《现代哲学》读本中说:"新哲学是发展的哲学,它主张一切事物都在斗争中发展起来,同时它本身也在斗争(和形而上学唯物主义,观念论两条线上的斗争)中发展起来。"④ 从辩证法的本质要求,说明了马克思主义哲学的发展本性。他在著作中对马克思主义哲学本性谈得最多的,大概应算"马克思主义哲学不是教条,而是行动指南"这个思想,强调要领会马克思主义哲学的真精神。《怎样研究辩证法唯物论》《关于哲学研究中应注意的问题》《反对主观主义》等著名的文章就是专门讲这个问题的。

---

① 《艾思奇全书》第2卷,北京:人民出版社2006年版,第8页。
② 《艾思奇全书》第1卷,北京:人民出版社2006年版,第99页。
③ 《艾思奇全书》第2卷,北京:人民出版社2006年版,第58页。
④ 《艾思奇全书》第2卷,北京:人民出版社2006年版,第288页。

第二章 什么是马克思主义哲学中国化

前一章，我们对艾思奇马克思主义哲学中国化思想提出的历史文化背景及主体条件做了具体研究。接下来，我们将依据其对"什么是马克思主义哲学中国化"、"马克思主义哲学为什么要中国化"、"马克思主义哲学怎样中国化"这些核心问题的认识为主线索，阐释其丰富的马克思主义哲学中国化思想，并对其思想的发展演变作具体的划定。要把握其马克思主义哲学中国化思想及思想的发展变化，首先应分析和把握相关的一些重要概念。

一、中国化思想基本概念的表述和变化

1. 艾思奇的马克思主义哲学概念

要把握艾思奇是如何认识马克思主义哲学中国化内涵的，首先应对艾思奇的马克思主义哲学的概念有个了解。通读文本，我们发现艾思奇对马克思主义哲学概念的理解有个变化的过程，在其不同时期的文本中，强调的侧重点有所不同。大概地说，从1932年到1947年间，艾思奇所理解的马克思主义哲学概念，大致等同于我们现在所说的辩证唯物主义，还较少论及我们现在常说的历史唯物主

义。这在其1937年3月所写的《现代哲学读本》中,可以很明显地看出来。他指出:"新哲学就是辩证法唯物论的哲学,也即是卡尔主义的哲学。"① "新哲学只是卡尔主义的一部分,它的发展是和整个的主义分不开的。在1848年以前的批判和格斗中,马恩两人不是只建立了新哲学,同时也完成了整个主义的各部分(经济、政治、历史等各方面)的理论。"②

从1948年以后,他所理解的马克思主义哲学的概念,开始与我们现在的理解趋于一致,外延包括辩证唯物主义和历史唯物义。这种理解,首先出现在其在1948年7月写的《反对经验主义》一文中。"……学习马克思列宁主义的理论,学习哲学(辩证唯物论,特别是历史唯物论)……"③ 因此,从1932年到1947年间,在他文本中,并没有明确地出现"马克思主义哲学"这个概念。他往往是用其他概念,来表述马克思主义哲学的含义。他文本中的马克思主义哲学概念,主要有以下几个:新唯物论、新哲学、辩证唯物论、辩证法唯物论、哲学。其中,常用的是新唯物论、新哲学、辩证法唯物论,而辩证唯物论和哲学只是偶尔使用。大概在1935年前,他常用的是新唯物论这个概念,在写于1934年到1935年间的重要著作《大众哲学》中使用的就是新唯物论。诸如,"新唯物论不只是承认数量的变化,也承认性质的变化"④、"新唯物论,打败了客观的观念论"⑤……提法非常多。在1936年到1937年间,他经常使用的概念是新哲学,最具代表性的例子是,他把在1937年写的、介绍

---

① 《艾思奇全书》第2卷,北京:人民出版社2006年版,第195页。
② 《艾思奇全书》第2卷,北京:人民出版社2006年版,第198页。
③ 《艾思奇全书》第2卷,北京:人民出版社2006年版,第549页。
④ 《艾思奇全书》第1卷,北京:人民出版社2006年版,第467页。
⑤ 《艾思奇全书》第1卷,北京:人民出版社2006年版,第468页。

马克思主义哲学的著作，直接就命名为了《现代哲学读本》，其中所用的概念就是新哲学。诸如，"新哲学就跟着时代的进展而成长起来"①、"新哲学的诞生"②、"新哲学的建立"③ 等提法几乎遍布全书。到了 1937 年以后，他经常使用的概念是辩证法唯物论，并且较为固定地使用了下来。这从这一时期其写的文章的题目上就可以看出来。比如，写于 1937 年 7 月的《辩证法唯物论概论》、写于 1939 年 8 月的《怎样研究辩证法唯物论》等等。正是因为艾思奇所理解的马克思主义哲学概念，与我们现在所理解的马克思主义哲学概念存在不同，所以我们必须明确地指出，他所说的马克思主义哲学中国化与现在所说的马克思主义哲学中国化，在概念上还是略有区别的。

2. 艾思奇的马克思主义哲学中国化概念

从 1932 年到 1947 年间，在艾思奇的文本中，和没有明确地出现过"马克思主义哲学"概念一样，也没有明确地出现过"马克思主义哲学中国化"这个概念。在文本中，他的马克思主义哲学中国化内涵，是通过以下几个概念来表达的，按出现的时间先后顺序分别是：（1）哲学中国化、现实化，这个概念出现得最早，出现在 1938 年写的《哲学的现状和任务》一文中；（2）马克思主义中国化，这个概念出现在 1940 年 2 月写的《论中国的特殊性》一文中；（3）辩证法唯物论中国化，这个概念出现在 1940 年 6 月写的《哲学是什么》一文中；（4）辩证法唯物论在中国的具体应用、辩证法唯物论的实际应用、辩证法唯物论的具体应用、辩证唯物论的运用。

---

① 《艾思奇全书》第 1 卷，北京：人民出版社 2006 年版，第 196 页。
② 《艾思奇全书》第 2 卷，北京：人民出版社 2006 年版，第 202 页。
③ 《艾思奇全书》第 2 卷，北京：人民出版社 2006 年版，第 202 页。

这几个概念相对出现得比较晚，出现在1941年写的《抗战以来的几种重要哲学思想评述》一文中。上述几个概念中，辩证法唯物论中国化、辩证法唯物论在中国的具体应用、辩证法唯物论的实际应用、辩证法唯物论的具体应用、辩证唯物论的运用，实际上就是艾思奇的马克思主义哲学中国化概念的不同表述。很明显，艾思奇的"马克思主义中国化"概念与"马克思主义哲学中国化"概念还是有区别的，艾思奇在多数文本中区别了这两个概念的不同。从他的表述来看，他认为二者的区别主要是外延上的区别，也就是中国化包含的内容和重点的不同。例如，他在《论中国的特殊性》一文中说："在中国应用马克思主义，或使马克思主义中国化，就是要坚决地站在马克思主义的观点上，在马克思主义基本原则和基本精神上，马克思恩格斯所奠定了的、辩证法唯物论的和政治经济学的科学方法，来具体地客观地研究中国社会经济关系，来决定中国无产阶级在中国民族革命斗争中的具体任务及战略策略"。① 而他在《抗战以来的几种重要哲学思想评述》一文中说："……辩证唯物论的实际应用，也不外就是依据充分的中国的具体事实来进行辩证法的分析研究，而这也是科学的研究。"②从举例来看，他的马克思主义中国化和马克思主义哲学中国化（辩证法唯物论的实际应用）概念的内涵是基本一致的，都强调用马克思主义的方法来研究具体问题，差别也就在前者比后者多了"政治经济学的方法"。关于他对马克思主义中国化与马克思主义哲学中国化内涵一致的认识，我们还可以在以下的表述中得到证实。比如，他在《抗战以来的几种重要哲学思想评述》一文中说："辩证唯物论的发展，在抗战后的第一个表现，是提出马克思主义中国化和辩证法唯物论在中国的具体应用问题，同时这也

---

① 《艾思奇全书》第2卷，北京：人民出版社2006年版，第774页。
② 《艾思奇全书》第3卷，北京：人民出版社2006年版，第251页。

是抗战以来辩证唯物发展上的一个最基本的问题。"① 马克思主义中国化和辩证唯物论在中国的具体应用，是"一个最基本的问题"，可见二者实质是一致的。有的时候，艾思奇又不加以区别，在同样的意义上使用这两个概念。比如，他说："关于辩证法唯物论的运用（或一般地马克思主义的中国化）问题，不但进行……理论的争论，而且抗战以来已经有了不少的实际应用和中国化的成果。"②

学界目前普遍认为，艾思奇"哲学中国化、现实化"命题中的"哲学"，其实就是指"马克思主义哲学"，并由此认为艾思奇是我国提出"马克思主义哲学中国化"命题的第一人。③ 笔者认为，此种观点值得商榷。我们知道，1938年4月，为了反对脱离现实的"空理论"和滥用公式的哲学，艾思奇号召："现在需要一个哲学研究的中国化、现实化的运动。"④ 他指出："这一个运动自然也应该有它的中心，没有中心就说不上运动。这中心就是对新哲学、辩证法唯物论的研究。我们说把辩证唯物论做运动中心，意思就是，在这样的运动里，也并不排斥其他种类哲学思想的围绕。"⑤ 如果仔细研究上述这两段引文，我们就会很明白地发现，艾思奇的哲学研究中国化、现实化的号召，并非是专对马克思主义哲学的，而是以马克思主义哲学为中心、面对所有哲学的一般性号召。所以，这里的"哲学中国化"的命题，还不能想当然地把它看作是"马克思主义哲学中国化"的命题。其实，如果我们联系历史背景来理解艾思奇

---

① 《艾思奇全书》第3卷，北京：人民出版社2006年版，第248页。
② 《艾思奇全书》第3卷，北京：人民出版社2006年版，第251页。
③ 此观点可参见王伟光：《艾思奇对马克思主义哲学中国化的贡献》，载《哲学研究》2008年第7期；马汉儒主编：《哲学大众化第一人——艾思奇哲学思想研究》，昆明：云南人民出版社2002年版，第228页。
④ 《艾思奇全书》第2卷，北京：人民出版社2006年版，第491页。
⑤ 《艾思奇全书》第2卷，北京：人民出版社2006年版，第491页。

的这个号召的话，就能更确定这是个面向所有哲学的一般性号召。抗日救亡的时代任务，要求必须采取联合的统一战线，发挥各种文化的力量，所以"不能、而且也无法绝对加以排斥"① 各种各样的理论，就需要号召各种哲学"以抗战的实践为依归"② 来进行研究，并且"容许"为了促进抗战实践的哲学论争。但毕竟是以马克思主义哲学为中心提出的，因此，也可以说是艾思奇第一次明确地提出马克思主义哲学中国化的问题，第一次间接地提出马克思主义哲学中国化命题。据笔者考证，艾思奇真正意义上、明确提出的"马克思主义哲学中国化"命题，是"辩证法唯物论中国化"。该命题出现在1940年6月的《哲学是什么》一文中。但究竟这个命题，是不是中国第一个明确提出的马克思主义哲学中国化的命题，由于笔者知识浅薄，不敢妄加定论。

综上所述，艾思奇的马克思主义哲学中国化概念，是通过马克思主义中国化、辩证法唯物论中国化、辩证法唯物论在中国的具体应用、辩证法唯物论的实际应用等概念来具体表述的，所以我们在研究艾思奇的马克思主义哲学中国化思想时，就当然地把这些具体表述当作可利用、可依赖的思想资源。

二、艾思奇马克思主义哲学中国化的内涵

马克思说："人体解剖对于猴体解剖是一把钥匙。反过来说，低等生物身上表露的高等动物的征兆，只有高等动物本身已被认识之

---

① 《艾思奇全书》第2卷，北京：人民出版社2006年版，第57页。
② 《艾思奇全书》第2卷，北京：人民出版社2006年版，第492页。

后才能理解。"① 为了更好地考察艾思奇马克思主义哲学中国化的内涵及其思想的变化，我们首先从其马克思主义哲学中国化思想比较完善的时期入手研究，并以比较完善时期的思想为标准，来具体阐释、关照其思想的发展演变。我们认为，从1939年到1947年间，是其马克思主义哲学中国化思想的丰富和完善时期，以下的研究主要就是建立在1939年到1947年间的文本上。

艾思奇在1941年写的《抗战以来的几种重要哲学思想评述》中，对马克思主义中国化的内涵做了一个明确的定义。他说："马克思主义中国化，就是在于把马克思主义精神，马克思主义的基本原则，应用到中国的具体问题上，就是在中国的现实地盘上来把马克思主义加以具体化，加以发展。"② 由于马克思主义中国化内在地包含着马克思主义哲学中国化，所以这个定义同样适用于马克思主义哲学中国化。这样，我们就可以看出，艾思奇所指的马克思主义哲学中国化，实质就是把马克思主义哲学的基本原则、基本精神，应用到中国的具体问题上，并把其加以具体化，加以发展。从定义中看，艾思奇的马克思主义哲学中国化的内涵，有三个基本内容和要求。

1. "尤其要站稳马克思主义的立场"

在艾思奇看来，马克思主义哲学中国化不过是马克思主义哲学的基本原则、基本精神在中国的具体应用，前提是坚持马克思主义哲学的基本原则、基本精神，而不是否定马克思主义哲学的基本原则和基本精神。这是因为，艾思奇认为，一方面，马克思主义哲学是"关于世界全体的一般规律的最正确的认识"③，"是从社会历史

---

① 《马克思恩格斯选集》第2卷，北京：人民出版社1995年版，第23页。
② 《艾思奇全书》第3卷，北京：人民出版社2006年版，第250页。
③ 《艾思奇全书》第2卷，北京：人民出版社2006年版，第232页。

发展的事实中概括出来"①的客观真理认识。"这些规律对于我们的行动指导上,是非常有用的,而且也是绝对必要的"②,因此,必须坚持马克思主义哲学的基本原则、基本精神。另一方面,艾思奇认为,"一般的东西都常常在各种各样特殊的形式上表现出来,特殊的东西,也常常是某种一般的东西的特殊化。丢掉了一般规律,就无所谓的特殊把握。"③"正因为要把握特殊,所以我们就尤其要了解一般,坚持一般规律。"④所以要把马克思主义哲学中国化,要把马克思主义哲学具体地应用到"中国的现实的特殊条件上来"⑤,"我们尤其要站稳马克思主义的立场"⑥,"就尤其要坚持马克思主义的基本原则和基本方法"⑦。

艾思奇之所以强调要坚持马克思主义哲学的基本原则、基本精神,这归根于他对"中国化"的理解,特别是对"化"字的理解。如何看待"中国化"问题,在20世纪30、40年代曾发生过激烈争论。叶青⑧等认为,"中国化"的"化"是"带有改作和创造的性

---

① 《艾思奇全书》第2卷,北京:人民出版社2006年版,第235页。
② 《艾思奇全书》第2卷,北京:人民出版社2006年版,第235页。
③ 《艾思奇全书》第2卷,北京:人民出版社2006年版,第773页。
④ 《艾思奇全书》第2卷,北京:人民出版社2006年版,第773页。
⑤ 《艾思奇全书》第2卷,北京:人民出版社2006年版,第773页。
⑥ 《艾思奇全书》第2卷,北京:人民出版社2006年版,第773页。
⑦ 《艾思奇全书》第2卷,北京:人民出版社2006年版,第773页。
⑧ 叶青,1895年生,四川南充人。原名任卓宣,曾赴法勤工俭学。入中共旅欧支部。又去莫斯科中山大学深造。1926年回国后在广东、湖南一带作党的宣传工作,次年在长沙被捕叛变。后极力反对共产主义,宣扬法西斯,受到蒋介石赞赏,是国民党著名的政治理论家。曾任三青团中央常务干事、国民党"中央宣传部"副部长。新中国成立前去台湾。

质"①,"所谓的中国化就是要依据中国自己的特殊国情把外国的东西加以根本修改,使它变成另外的东西"②,所以马克思主义哲学中国化就必须把马克思主义哲学"变更形式,有如新的东西,中国的东西,与原来的东西不同"③。由此他认为,"理解、精通、继承、宣传、应用、发挥……都不是化"④,当然理解、精通、应用、继承、发挥马克思主义不是把马克思主义中国化了,"唯物辩证法仍旧是唯物辩证法,丝毫没有中国化"⑤。艾思奇反对叶青的这种认识,他认为,叶青的这种看法,是"要把马克思主义丢掉,变成另外的非马克思主义的东西"⑥。实质上是用中国的特殊性,否定马克思主义对中国的一般适用,是从根本上"取消马克思主义中国化运动"⑦。与叶青的认识不同,艾思奇更多是在"理解、应用"马克思主义的角度,及马克思主义与中国实践结合、解决中国实践问题的维度上理解"化"字。他认为,马克思主义哲学中国化,不过就是马克思主义哲学的基本原则在中国的正确理解、继承和应用,"化"的根本是在马克思主义哲学的基本原理指导下解决实践问题,推进社会进步。他说:"其实真正能'理解精通……马克思主义'也就是真正能马克思主义中国化,也正是有着创造作用了,因为马克思主义原是和实践分不开的,马克思主义者所谓精通马克思主义,不仅指马克思主义的理论研究,而同时是指在一定的具体环境下实践

---

① 转引自《艾思奇全书》第2卷,北京:人民出版社2006年版,第774页。
② 转引自《艾思奇全书》第3卷,北京:人民出版社2006年版,第249页。
③ 转引自《艾思奇全书》第3卷,北京:人民出版社2006年版,第249页。
④ 转引自《艾思奇全书》第2卷,北京:人民出版社2006年版,第774页。
⑤ 转引自《艾思奇全书》第3卷,北京:人民出版社2006年版,第249页。
⑥ 《艾思奇全书》第3卷,北京:人民出版社2006年版,第250页。
⑦ 《艾思奇全书》第3卷,北京:人民出版社2006年版,第249页。

马克思主义,在一定国家的特殊条件之下来进行创造马克思主义事业。这里就有'化'的意思,也就有'创造'的意思。所以中国化决不是丢开马克思主义立场的意思,相反地愈更要能够中国化,就是指愈更能够正确地实践马克思主义立场的意思,愈更能创造,就是指愈能够开展真正马克思主义的意思。"①

2. "把马克思主义加以具体化"

艾思奇认为,马克思主义哲学是关于世界一般规律的最正确的认识,"它指示我们社会发展的总的方向,对于我们的行动,给予一般的指导原则"②。但仅有马克思主义哲学的基本原则还不够,还不能发挥马克思主义哲学的指导作用,因为"马克思列宁的著作中的一切个别结论和原理,都是在一定的环境和条件之下的事变发展规律之认识"③。而中国有自己的具体环境和条件,"不一定能简单适用这些原理的论点"④,还必须把马克思主义哲学的基本原理具体化。艾思奇所说的具体化主要有两层意思:一是寻找、探求马克思主义哲学的一般原理、规律在中国的具体表现形式,即把握中国发展的特殊规律。艾思奇认为,"特殊和一般原是分不开的,在现实世界的一切事物发展中,没有绝对的特殊,也没有绝对的一般,一般东西都常常是在各种各样特殊形式上表现出来"⑤,所以没有抽象的马克思主义,只有具体的马克思主义。"在世界上还有着各种各样民族和国家的界限的现在,马克思主义是不能不依着各民族的不同的

---

① 《艾思奇全书》第2卷,北京:人民出版社2006年版,第774—775页。
② 《艾思奇全书》第3卷,北京:人民出版社2006年版,第249页。
③ 《艾思奇全书》第3卷,北京:人民出版社2006年版,第287页。
④ 《艾思奇全书》第3卷,北京:人民出版社2006年版,第287页。
⑤ 《艾思奇全书》第2卷,北京:人民出版社2006年版,第773页。

发展条件而采取不同的表现形式"①，马克思主义必须通过民族的形式才能实现。因此，马克思主义哲学中国化的关键问题，"是在于正确地研究和把握中国社会的客观现实"②，"对于中国现实环境和历史现实"③ 做 "深刻细密的研究工作"④，把握中国革命的一切规律，"使我们的理论当中，包含着丰富的中国社会环境和中国历史规律的知识，而不只是一些仅仅与外国社会有关的结论和原理的把握"。⑤

二是要把原则性、规律性的知识转化为指导中国实践的具体的方法规则。艾思奇认为，马克思主义者的认识，"是为着实践，为着改变事件的目的，我们不需要为认识而认识，但揭发事实，并不是我们的目的"⑥。"所以在揭发事实理解事实的时候，同时要伴随着一套解决事实问题的方法。"⑦ 他指出，必须把 "理论原理的知识"⑧ 的 "学" 具体化为、具体应用为，指导实践行动的一些具体的方法规则的 "术"⑨。他说："科学的理论对于实践的能动的指导作用，就在于它不停止在于抽象的理论，而要由理论具体化为各种术的方法规则，就在于要通过'术'而与实践结合起来，就如马克思主义的理论原理通过战略策略（当然战略，策略也不简单只是术），而与

---

① 《艾思奇全书》第2卷，北京：人民出版社2006年版，第779页。
② 《艾思奇全书》第2卷，北京：人民出版社2006年版，第249页。
③ 《艾思奇全书》第3卷，北京：人民出版社2006年版，第244页。
④ 《艾思奇全书》第3卷，北京：人民出版社2006年版，第244页。
⑤ 《艾思奇全书》第3卷，北京：人民出版社2006年版，第288页。
⑥ 《艾思奇全书》第3卷，北京：人民出版社2006年版，第298页。
⑦ 《艾思奇全书》第3卷，北京：人民出版社2006年版，第298页。
⑧ 《艾思奇全书》第3卷，北京：人民出版社2006年版，第256页。
⑨ 《艾思奇全书》第3卷，北京：人民出版社2006年版，第256页。

无产阶级的革命运动结合起来。"① 他指出,"如果说学对术不起决定作用"②,"理论对于实践无从发生能动作用"③,"即使有科学理论的存在,对于革命运动也没有什么决定意义"④。

综上分析,艾思奇马克思主义哲学的具体化有两个层次内容,一是把马克思主义哲学的基本原理具体化为中国的特殊规律,二是把马克思主义哲学原理具体化为思想方法、工作方法。当然这种区分并非截然分开的,其实这两个具体化是内在统一的,是"你中有我"、"我中有你"的关系。艾思奇在1940年发表的《论中国特殊性》一文中的一段话,最能体现其关于马克思主义哲学具体化的思想。他说:"在中国应用马克思主义,或使马克思主义中国化,就是要坚决地站在马克思主义的观点上,在马克思主义基本原则和基本精神上,来具体地客观地研究中国经济关系,来决定中国无产阶级在中国民族革命中的具体任务和战略策略。"⑤

3. "把马克思主义加以发展"

艾思奇认为,马克思主义哲学在中国具体化的过程,实质也是在中国发展马克思主义哲学的过程,把握中国的"特殊规律"规程,就是依据中国的特殊规律,把马克思主义哲学的一般规律"加以补充"⑥,加以发展,加以具体化的过程。由于叶青等攻击中国共产党只是在中国应用马克思主义哲学,并没有实现马克思主义中国化,

---

① 《艾思奇全书》第3卷,北京:人民出版社2006年版,第256—257页。
② 《艾思奇全书》第3卷,北京:人民出版社2006年版,第257页。
③ 《艾思奇全书》第3卷,北京:人民出版社2006年版,第257页。
④ 《艾思奇全书》第3卷,北京:人民出版社2006年版,第257页。
⑤ 《艾思奇全书》第2卷,北京:人民出版社2006年版,第774页。
⑥ 《艾思奇全书》第2卷,北京:人民出版社2006年版,第236页。

没有形成自己的马克思主义哲学著作。所以,艾思奇非常强调马克思主义哲学中国化的发展内涵,非常强调在中国发展马克思主义哲学和马克思主义事业的重要性。他说:"马克思主义的创造的概念和资产阶级及其他统治阶级思想代表者所谓的创造的概念是完全不同,前者的创造,是在不变的正确的基础原则上的新的理论和事业的创造,是'马克思主义的总宝库放进一些……新贡献。'然而后者的所谓创造,则是抛弃了一切既有的正确原则和科学方法的之凭借的绝对的'创造',抽象的'创造',空想的'创造'……"①从他在1941发表的《抗战以来的几种重要哲学思想评述》一文中,对抗战以来中国辩证法唯物论发展的评价上,同样可以看到他对在中国发展马克思主义哲学的注重。他认为,抗战以来辩证法唯物主义在中国是更进一步向着"联系实际"和"具体化"的方向走过来的,"已经不是以介绍性质的研究为主,而是想根据中国自己的现实材料,在中国自己的地盘上,来发展辩证法唯物论的世界观,使它能够成为改造中国、争取中华民族独立的锐利的方法论武器"。②

如上所述,艾思奇把马克思主义哲学中国化看作是马克思主义哲学基本原理、基本精神在中国的应用、具体化和发展。坚持马克思主义基本原则、具体化马克思主义基本原则、发展马克思主义基本原则是其马克思主义哲学中国化过程中内在统一的三个方面,相互依赖,相互贯通,不可分割。但是,他又依据马克思主义哲学中国化过程中是以"具体化"为主,还是以"发展"为主的标准,把马克思主义哲学中国化分为两个层次,一个是中国化、现实化的初步,即把马克思主义哲学基本原理、基本精神具体化到日常生活中,

---

① 《艾思奇全书》第3卷,北京:人民出版社2006年版,第236页。
② 《艾思奇全书》第3卷,北京:人民出版社2006年版,第259页。

以"介绍性质的研究为主"① 的马克思主义哲学通俗化、大众化运动；另一个就是具体化到中国现实的各个方面，以建立自己的观点为主的完全意义上的马克思主义哲学中国化。他认为，这两个层次，相互区别，相互渗透、相互依赖、相互促进。首先，二者相互区别，大众化、通俗化还没有很好地把马克思主义哲学与中国社会现实和文化结合起来，还只是介绍马克思主义哲学的基本原理，而马克思主义哲学中国化、现实化则与中国现实和文化紧密结合，并提出了自己的独特观点。其次，二者相互依赖，相互渗透、相互促进。大众化、通俗化是马克思主义哲学中国化、现实化的先声、基础和准备，没有大众化、通俗化就不可能真正实现马克思主义哲学的中国化、现实化，而马克思主义哲学中国化、现实化是马克思主义哲学大众化、通俗化的发展、继续和提升。马克思主义哲学只有实现了中国化、现实化才可能有真正意义上的马克思主义哲学大众化、通俗化，才能使马克思主义哲学大众化、通俗化健康发展。马克思主义哲学大众化、通俗化之所以成功就在于初步做到了中国化、现实化，然而在基本上，"整个通俗化并不等于中国化、现实化"②，"而另一方面，因为整个并没有做到中国化、现实化，所以也不够充分的通俗化。"③ 实践的需要和理论发展的内在逻辑必然要求马克思主义哲学从大众化、通俗化的阶段走向中国化、现实化的阶段，并再从中国化走向大众化。大众化——中国化——大众化循环往复，层层上升，不断推进马克思主义哲学在中国的发展。他早在1938年4月写的《哲学的现状和任务》一文中，就完整地表达了马克思主义哲学大众化、通俗化与中国化、现实化的这种辩证关系。他指出：

---

① 《艾思奇全书》第3卷，北京：人民出版社2006年版，第259页。
② 《艾思奇全书》第2卷，北京：人民出版社2006年版，第491页。
③ 《艾思奇全书》第2卷，北京：人民出版社2006年版，第491页。

"现在需要一个哲学研究的中国化、现实化的运动。过去的哲学只是做了一个通俗化的运动,把高深的哲学用通俗化的词句加以解释,这在打破从来哲学的神秘观点上,在使哲学和人们的日常生活接近,在使日常生活中的人们也注意哲学思想修养上,是有极大意义的,而且也是中国化、现实化的初步,因为如果没有几分(虽然很少),做到了中国化现实化,是不能够获得相当成果的。然而在基本上,整个通俗化并不等于中国化现实化。因为它也没有适应这激变的抗战形势的力量,而另一方面,因为整个并没有做到中国化现实化,所以也不够充分通俗化。"①

艾思奇认为,马克思主义哲学中国化从实质上讲就是马克思主义哲学联系中国现实、"实际"的问题,"辩证法唯物论与中国的实际革命运动"② 结合的问题。马克思主义哲学与中国实际(实践、现实)的结合是一个马克思主义哲学中国化和中国化马克思主义哲学双向的互动过程:一方面以马克思主义哲学为指导,解决中国现实问题,促进中国发展;另一方面马克思主义哲学吸收中国民族内容,被具体化和发展了。他说:"我们只要把唯物辩证法的原则正确地掌握了,这样来研究中国的现实问题,就能够在实际上把握客观规律,认识斗争的方向,而在哲学本身上,就能够把唯物辩证法的方法加以具体化,加以发展。"③

同时,他认为,马克思主义哲学与中国实际的结合是一个开放的过程,马克思主义哲学中国化永无止境。他说:"把原理作为方法来应用,就是要把既知的较一般的规律作为研究具体问题的向导,就必须依据新的实践条件来把既知的规律加以补充和发展,就是要

---

① 《艾思奇全书》第2卷,北京:人民出版社2006年版,第491页。
② 《艾思奇全书》第3卷,北京:人民出版社2006年版,第249页。
③ 《艾思奇全书》第3卷,北京:人民出版社2006年版,第252—253页。

把握更具体的新的规律和新的理论原理。同时,新的规律的发现,又可以反过来作为新的方法原则,引导我们研究更新的具体的规律。这样,理论和方法的作用互相推移,我们对于事物的认识也就可以不断地更新,不断地发展。"①

那么马克思主义哲学如何实现中国化呢,这一时期,他在1939年的《哲学"研究提纲"》、1941年的《进一步认识中国的现实》《抗战以来的几种重要哲学思想述评》和《反对主观主义》等文章中做了大量的描述,尤其是《哲学"研究提纲"》的表述最为代表。他指出,"在中国研究辩证法唯物论的哲学,是要站在民族的基础上的:要综合抗日民族统一战线的实践经验,作为辩证法唯物论的基础;同时要用辩证法唯物论去研究、解决现实的问题,只知道把外国的现成的成果拿来运用,是不够的;要联合、学习和发扬中国民族哲学传统中优秀的一切成分;要反对危害民族的一切方法。"② 在这段话中,很明显他主要强调了马克思主义中国化必须与中国历史现实和社会现实结合,必须与中国传统文化结合。

三、艾思奇马克思主义哲学中国化思想的发展

1. 毛泽东影响主导还是自主探索的产物:艾思奇中国化思想独创性论证

从上面我们对艾思奇1939年—1947年完善时期马克思主义哲学中国化的内涵及其思想的论述中,可以看出他的认识深受毛泽东的

---

① 《艾思奇全书》第3卷,北京:人民出版社2006年版,第10页。
② 《艾思奇全书》第2卷,北京:人民出版社2006年版,第547页。

影响，其中很多用语、提法直接是来自毛泽东的。他曾在《论中国的特殊性》《反对主观主义》等文章中，多次引用毛泽东在1938年10月对中国化下的定义："马克思主义必须和我国的具体特点相结合并通过一定的民族形式才能实现。马克思列宁主义的伟大力量，就在于它是和各个国家具体的革命实践相联系的。对于中国共产党说来，就是要学会把马克思列宁主义的理论应用于中国的具体环境。成为伟大中华民族的一部分而和这个民族血肉相连的共产党员，离开中国特点来谈马克思主义，只是抽象的空洞的马克思主义。因此，马克思主义的中国化，使之在每一表现中带着必须有的中国的特性，即是说，按照中国的特点去应用它，成为全党亟待了解并亟待解决的问题。洋八股必须废止，空洞抽象的调头必须少唱，教条主义必须休息，而代之以新鲜活泼的、为中国老百姓所喜闻乐见的中国作风和中国气派。"① 同时，艾思奇强调马克思主义与中国现实、历史和传统文化相结合的思想，也吸收了毛泽东的看法。实际上，可以说延安时期，尤其是1939年后，艾思奇自己主动承担起了宣传、阐释毛泽东马克思主义中国化思想及其全部思想的重任。比如，《进一步认识中国的现实》《反对主观主义》《"有的放矢"及其他》《不要误解实事求是》等文章，很明显是为宣传、阐释毛泽东思想而写的。由此可见毛泽东对这一时期艾思奇马克思主义哲学中国化思想发展的影响。国内学术界，普遍从毛泽东对艾思奇的影响出发，认为艾思奇马克思主义哲学中国化思想是从延安开始的，把1938年的《哲学现状和任务》作为其中国化思想的发轫，进而把艾思奇的思想分为上海时期的通俗化和延安时期中国化两大阶段。以下两个例子是这种观点的主要代表：一个例子是："艾思奇同志1937年底来到延

---

① 《毛泽东选集》第2卷，北京：人民出版社1991年版，第534页。

安工作,这对他来说是一个重要转折点。如果说,在没有到延安前,他主要致力于宣传马克思主义理论,着力于哲学的通俗化……那么到了延安以后则主要致力于哲学的中国化。"① 另一个例子是:"正是在毛泽东的指引下,艾思奇致力于马克思主义哲学的中国化,使自己的哲学理论活动大大地上了一个台阶。"② 上述的观点,我们可以把它称之为"毛泽东影响主导论"。这种观点对艾思奇马克思主义哲学中国化思想发展时期的划分、强调毛泽东对艾思奇马克思主义哲学中国化思想的影响,从一般意义上来讲,是对的。但是值得商榷的是,这种观点几乎否定了艾思奇马克思主义哲学中国化思想的独立性,没有看到艾思奇马克思主义哲学中国化思想发展的自主逻辑、内在变化,没有看到社会思潮对艾思奇马克思主义哲学中国化思想发展的影响。

如果我们仔细阅读艾思奇的文本就会发现,注重对马克思主义哲学中国化思想的探讨,是艾思奇一贯的理论追求,是自己思想发展的必然结果,绝不仅仅是毛泽东的影响。艾思奇马克思主义哲学中国化思想发展有其内在的逻辑,并不仅仅是从延安时期开始的,而早在1936年2月的上海时期,艾思奇就已经开始了马克思主义哲学中国化的探讨;不能只研究毛泽东的影响,而忽略时代背景、社会文化思潮对其思想发展的影响。但是,我们也不能因此就否定毛泽东对艾思奇马克思主义哲学中国化思想的影响。实际上艾思奇马克思主义哲学中国化思想的丰富发展和完善,就是在毛泽东思想影响下完成的。

---

① 李今山主编:《常青的〈大众哲学〉》,北京:红旗出版社2001年版,第395页。
② 马汉儒主编:《哲学大众化第一人——艾思奇哲学思想研究》,昆明:云南人民出版社2002年版,第161页。

我们认为，艾思奇自觉地开始注意到马克思主义哲学中国化问题，把马克思主义哲学与中国重大实践问题联系起来，最早可以追溯到1936年2月的《民族解放运动的镜子》一文。这可以说是艾思奇马克思主义哲学中国化思想的起点。随后1936年4月的《民族解放和哲学》、1936年6月的《哲学研究提纲》、1936年8月的《民族解放与哲学》、1936年11月的《思想方法论》和1937年3月的《现代哲学读本》等主要文章，进一步发展了其马克思主义哲学中国化的思想。到了1938年4月的《哲学的现状和任务》，思想有了大的发展，在1936年以来中国化思想发展的基础上，首先提出了哲学中国化命题，也把马克思主义哲学中国化问题明确地提了出来。马克思主义哲学中国化内涵，在上述文本中表述大体一致，就是一个重要的表现和根据。正如上面论证的那样，艾思奇在思想成熟时期把马克思主义哲学中国化内涵，看作是马克思主义哲学基本原则在中国的应用、具体化和发展，实质上就是强调马克思主义哲学与中国实际结合，并在具体实践中发展马克思主哲学。此观点同样在1936年到1938年的文本中贯彻始终，不但实质贯彻始终，而且连具体用词也贯彻始终：艾思奇在1936年2月的《民族解放运动的镜子》中指出：哲学应该成为民族解放运动的镜子，这镜子"必须把社会生活的变化前途告诉我们，把我们目前做事的方法指示给我们。如果它不能把社会生活的变化前途告诉我们，我们就不要谈它"①。"要成为这样一面好镜子，我们的哲学就不能是只讲空话的哲学，这哲学要切切实实地研究我们的社会和生活……"② 他在1936年4月《民族解放和哲学》中说："虚伪的'新物质论者'以为把哲学应用到实际问题的解决上，就会降低了它的理论性，以为解决实际问题

---

① 《艾思奇全书》第1卷，北京：人民出版社2006年版，第613页。
② 《艾思奇全书》第1卷，北京：人民出版社2006年版，第613页。

的哲学只是政治政策的哲学,而不是'纯理论的'哲学。其实哲学正是要有了实际的丰富的新内容,它的理论才能够具体化,才能够有现实性,也就是才能够提高、发展。"① 艾思奇在1936年7月的《哲学研究大纲》中指出:"哲学所研究的世界发展的一般根本法则,在民族解放运动里,当然也有它的具体变化,我们研究哲学,就是要根据着世界发展的这一般的法则去考察民族解放运动是怎样发生和发展,去看出它的方向和前途。"② 他在1936年8月的《民族解放与哲学》中说:"我们把新哲学从属在民族解放的实践问题上来研究,并不会降低了新哲学的'纯理论'性,反而是可以发展它的理论的。半殖民地解放的实际经验:一定有许多新的宝物可以让新的哲学去发掘的。我们一方面要用新哲学来帮助解决民族解放运动的'变革'问题,另一方面,这些问题也就反过来帮着新哲学向前发展。"③

艾思奇在1936年11月的《思想方法论》中说:"在内容上(指的是《思想方法论》一书。——作者注),我努力应用了现实的例子,努力想把理论和中国的民族解放为题联系起来,我相信这种具体的应用,对于理论的发展(至少对于理论的阐明)是很重要的。"④ 他又说:"我们可以'抄袭'的只是基础理论,拿到中国来'复说'时,我们又要把它应用到中国的现实问题上,在这些具体的应用上,我们就不能单纯抄袭,而需要种种的具体发展了。"⑤

他在1937年3月的《现代哲学读本》中说:"这样,新哲学在

---

① 《艾思奇全书》第1卷,北京:人民出版社2006年版,第637页。
② 《艾思奇全书》第1卷,北京:人民出版社2006年版,第677页。
③ 《艾思奇全书》第2卷,北京:人民出版社2006年版,第58页。
④ 《艾思奇全书》第2卷,北京:人民出版社2006年版,第185页。
⑤ 《艾思奇全书》第2卷,北京:人民出版社2006年版,第185—186页。

中国的任务,是很重要很迫切的。它必须和种种公式的形而上学斗争,给目前激变中的民族救亡实践行动找出正确的道路。在这样的条件下面来钻研新哲学,一方面可以根据许多新的实践经验来展开新哲学本身的内容,另一方面它可以成为指导实践的哲学,帮着完成中国民族救亡的任务。"①

他在1938年4月的《哲学现状和任务》中指出:"现在需要一个哲学研究中国化、现实化的运动。"②"这一个运动需要全国前进的,对于哲学理论有兴趣的战士们来共同努力,这不是书斋课堂里的运动,不是滥用公式的运动,是从各部门的抗战动员的经验中吸取哲学的养料,发展哲学的理论,然后才把这发展的理论拿来应用,指示我们的思想行动,我们要根据每一时期的经验,不断地来丰富和发展我们的理论,而不是要把固定了的哲学理论,当作支配一切的公式。"③

从以上的引证中我们可以看出,在1936年到1937年的上海期间,艾思奇马克思主义哲学中国化内涵的基本内容已经有了雏形,1938年4月提出的哲学中国化命题,应该说是前一时期思想发展的必然结果。从而也说明,艾思奇的马克思主义哲学中国化思想是一贯的,具有独立性的,是自觉探索的产物,绝不仅仅是毛泽东的影响,才导致艾思奇走向马克思主义哲学中国化的研究。

2. 从通俗化直接跳到了中国化吗?艾思奇中国化思想发展具体阶段新论

我们认为,不能粗线条地把艾思奇的马克思主义哲学中国化思想划分为:上海的通俗化时期(中国化初步)和延安的中国化时期。

---

① 《艾思奇全书》第2卷,北京:人民出版社2006年版,第291页。
② 《艾思奇全书》第2卷,北京:人民出版社2006年版,第491页。
③ 《艾思奇全书》第2卷,北京:人民出版社2006年版,第491页。

这种划分，不利于考察其思想的内在变化。我们认为，根据他对马克思主义哲学中国化问题思考的抽象程度和自觉程度，可以把其思想划分为三个时期：第一个时期，中国化思想初步发展阶段，时间从 1932 年到 1935 年。这个时期的主要特征是，从实践上看，已经自发地表现出中国化的初步，把马克思主义哲学应用到了最具体的日常生活，但由于受各种因素的影响，还没有把马克思主义哲学中国化作为重点，自觉地提出马克思主义哲学中国化问题。第二个时期，从 1936 年到 1938 年，中国化思想的进一步发展阶段。这时期的主要特征是，明确地提出了马克思主义哲学中国化问题，把马克思主义哲学与抗日救亡的具体实践结合起来，中国化内涵初具，但马克思主义中国化的思考还处于感性阶段，只把马克思主义哲学中国化局限于具体的实践。第三个时期，从 1939 年到 1947 年，中国化思想的丰富和完善阶段，从更加一般、抽象的层次思考马克思主义哲学中国化问题，中国化不再局限于具体的实践，开始与中国的一般实际，即历史实际和现实实际结合起来，尤其是与中国传统文化结合了起来。

  第一个时期，马克思主义哲学中国化思想的初步发展阶段。艾思奇马克思主义哲学中国化思想的初步发展阶段，主要指的是他在上海时期开展的马克思主义哲学通俗化、大众化的运动。期间写成了标志性著作——《大众哲学》。《大众哲学》原名"哲学讲话"，最早在上海出版的《读书生活》杂志上连载（1934 年 11 月至 1935 年 10 月），1936 年 1 月结集出版单行本。同年 6 月出第 4 版时，改为《大众哲学》。《大众哲学》曾得到了大家的普遍欢迎，新中国成立前仅《读书生活》杂志就出过 32 版，影响巨大。"在抗战前直到解放前，在这本书的指引下一批又一批青年走上革命的道路。"① 艾思奇在1936年《我怎样写成〈大众哲学〉》一文中，就从事通俗化的运动原因做了说明。指出，"大家都知道它的重要性"，而又轻视通俗化工作，自己率先进行了尝试、实践。《大众哲学》体现的马克思主义哲学中国化主要有两个方面：一是把马克思主义哲学与人们的日常生活结合起来，"软化理论"②，"把理论活用到大众的生活事实中去"③，对人们的生活给予指示，"打破从来哲学的神秘观点"④。二是在探索马克思主义哲学中国表达的民族形式上做了很好的尝试。《大众哲学》用大众熟悉的语词、典故、话语，表达马克思主义哲学的基本内容，浅显易懂，贴近群众文化实际。《大众哲学》的不足，作者本人非常清楚。他在1947年的《〈大众哲学〉重改本例言》中对这本书做了客观的评价："写作方法只是以外国书本上的某些通俗知识的通俗解释为主，而不能把解决中国革命的实际问题作为根本的着眼点。"⑤

第二个时期，马克思主义哲学中国化思想的进一步发展阶段。艾思奇之所以在1936年从通俗化运动转向更深入的中国化思想研究，有主客观两方面的原因。从主观上说，是作者主动把握理论发展趋势，自觉选择理论研究方向的结果。艾思奇在1936的《新哲学论集·序》中指出："自新文字提倡以来，通俗化的运动得要一个转向了。我希望趁此把自己的通俗化工作渐渐减轻一点而在更深的理

---

① 《人民的哲学家——艾思奇纪念文集》，昆明：云南人民出版社1997年版，第83页。
② 《艾思奇全书》第1卷，北京：人民出版社2006年版，第364页。
③ 《艾思奇全书》第1卷，北京：人民出版社2006年版，第364页。
④ 《艾思奇全书》第2卷，北京：人民出版社2006年版，第490页。
⑤ 《艾思奇全书》第1卷，北京：人民出版社2006年版，第609页。

论钻研上。"① 从客观上讲，是1936年民族危机空前加强的客观迫切需要。1936年民族危机出现新的形式，"半殖民地的中国已经就要被东方帝国主义全殖民地化了"②，"整个民族的生存已到了生死关头"③。新的形势要求马克思主义哲学和民族解放的运动结合起来，"根据世界发展着的这一规则去考察民族解放运动怎样发生和发展，去看出它的方向和前途"④，"帮助我们解决民族解放的一切认识上和战略上问题"⑤。然而当时的哲学研究却不能承担此任务，或者是脱离实际的空谈理论，或者是滥用公式。随着民族危机形势的发展及全面抗日战争的展开，从1936年到1937年，艾思奇的马克思主义哲学中国化思想进一步发展。从文本上看，在艾思奇离开上海前，马克思主义哲学中国化的内涵已经大略具备，以命题的形式表现出来已经呼之欲出。因而，在1938年4月，艾思奇提出哲学中国化的命题，可以说是上海时期（1936—1937年）理论发展的直接产物。但是为什么在上海时期没有明确提出命题，而到延安之后才提出呢？可能的解释是，到了延安后，由于受到了其他因素的深刻影响，艾思奇的马克思主义哲学中国化思想有了一个大的提升，大的进步，所以才提出命题。那么这种影响是主要来自毛泽东呢，还是来自其他的影响呢？笔者认为，应该是其他的影响，因为此时期毛泽东的马克思主义中国化思想尚未形成。那么其他的影响是什么？笔者认为，许全兴的观点非常有启发。他通过考证有关文献，得出结论认为，在1937—1938年，"新文化的中国化"问题已经成为延

---

① 《艾思奇全书》第1卷，北京：人民出版社2006年版，第642页。
② 《艾思奇全书》第1卷，北京：人民出版社2006年版，第712页。
③ 《艾思奇全书》第1卷，北京：人民出版社2006年版，第612页。
④ 《艾思奇全书》第1卷，北京：人民出版社2006年版，第677页。
⑤ 《艾思奇全书》第1卷，北京：人民出版社2006年版，第677—678页。

安文化界的一种共识。"新文化中国化"的主要思想是，强调客观评价中国传统文化，继承中国传统文化，实现文化的民族化、大众化、中国化，并明确提出了"新文化中国化"命题。① 艾思奇到延安后之所以能提出哲学中国化的命题，笔者认为，可能就是受了这种文化思潮的影响。

第三个时期，马克思主义哲学中国化思想的丰富和完善时期。1939年后，艾思奇的马克思主义哲学中国化思想进入了丰富和完善时期。这一时期区别于前两个时期的最大特征，在于更一般、更抽象的意义上思考马克思主义哲学中国化问题，提出了马克思主义哲学与中国历史和现实的结合，尤其提出了要把马克思主义哲学与中国传统文化结合起来。这些思想的形成，无疑是受到了毛泽东的很大影响。同时，也是自己思想发展的必然结果。这从艾思奇对传统文化认识态度的转变上，就能很好地加以说明。通读文本我们会发现，艾思奇对中国传统文化的认识有个发展的过程，可以分为以下几个时期：

约在1933年到1935年间，艾思奇对中国传统文化的态度是肯定的少，否定的多。比如，在1934年10月的《中庸观念的分析》中，他较为客观地评价了中庸观念的合理一面，认为"如果把中庸当作存在的原理来看，说事物的存在各有其中，各有其量的限度，是有一面的真理性"②。再如，在1934年5月《连环画还大有可为》中，他肯定作为民族文化形式的"连环图画"的存在、利用的价值；又如，在1934年11月的《形式与内容》中，强调了利用旧形式的重要性，认为"利用旧形式与探求新形式绝对不是两件绝对对立的

---

① 许全兴:《"马克思主义中国化"提出的文化背景》，载《西南民族大学学报》2008年第2期。
② 《艾思奇全书》第1卷，北京：人民出版社2006年版，第151页。

而不相干的事,利用旧形式也就是探求新形式的开端,前者实在是要达到后者所必经的阶段"①。以上的举例,可以看出这一时期艾思奇还是肯定了传统文化的一些合理性,但总体上他对中国传统文化的认识是不够科学的。例如,如何对待文学遗产问题,他在1934年的《形式与内容》中认为,《四库全书》是"千年以前的垃圾"②。评价可谓极其偏激和极端。在对文字的认识问题上,在1935年的《教育的反作用在哪里?》中认为,汉字对大众教育的进行是很大的障碍,所以"最好的改革方案,就是拉丁化"③。汉字是中国传统文化和思想的载体,完全把汉字取消,完全拉丁化,此主张也不是理性之举。在1935年的《读经吗?读外国书吗?》中认为,"我们读书必须要以能够帮助我们解决现实问题为标准,我们坚决反对读古书,是因为古书已完全失去了这种作用"。④ 对中国化传统文化的贬低态度,可见一斑。

约在1936年到1937年间,他对传统文化的态度发生了很大的转变,强调要利用中国的优秀文化传统。但在这个时期,他更多是用实用主义的态度来评价传统文化,还没有认清传统文化自身的内在价值。例如,在1936年8月的《中国目前的文化运动》中指出,目前的文化运动与五四特别着重反封建的特点不同,"现在要集中一切有爱国意义的文化成果,不管是旧的也好,新的也好,一致地去发挥对付外敌的作用,而不单是在自己内部做反封建的工作"。⑤ 在1937年3月的《新启蒙运动和中国的自觉运动》中,在论述新启蒙

---

① 《艾思奇全书》第1卷,北京:人民出版社2006年版,第173—174页。
② 《艾思奇全书》第1卷,北京:人民出版社2006年版,第174页。
③ 《艾思奇全书》第1卷,北京:人民出版社2006年版,第351页。
④ 《艾思奇全书》第1卷,北京:人民出版社2006年版,第372页。
⑤ 《艾思奇全书》第1卷,北京:人民出版社2006年版,第745页。

的运动性质时,他说:"这一个新启蒙运动不是五四时代的单纯反封建文化的运动,而是要把一切文化应用到有利于民族生存的方面。国难紧迫,也不容许我们完全推翻什么或建立什么,我们只能随时随地采取一切可用的工具去应付国难。"①

约在1937年前后,他对中国传统文化的认识形成了科学的态度,强调要继承和发展中国优秀的文化传统。反映这种转变的第一篇文章,可能就是他1937年8月的《再论批判》一文。他在文章中认为:"批判自然不能不包含反对,但在反对中,需要指出一些积极的因素。"②"简单否定在表面上是'透彻'否定了旧文化,实际上是阻止了新的前进。"③ 从上述引文中可以看出,艾思奇已经开始辩证地看待中国传统文化问题。在随后的文本中,这种辩证认识一直贯穿始终。比如,在1938年2月的《抗战文艺的动向》、1938年9月的《共产主义者与道德》、1939年9月的《哲学研究提纲》中,都有对中国传统文化辩证认识的表述。

从上面的论述中,可以看出,艾思奇对中国传统文化认识的改变,是其后期格外重视马克思主义哲学与传统文化结合的重要思想动因。从影响其态度转化的外因来看,主要有四个:一是抗日救亡任务迫切需要利用传统文化来加强民族自信和自觉。二是新启蒙运动中张申府、陈伯达重视传统文化的影响。三是延安新文化中国化、民族化的影响。四是毛泽东思想的直接影响。

---

① 《艾思奇全书》第2卷,北京:人民出版社2006年版,第302页。
② 《艾思奇全书》第2卷,北京:人民出版社2006年版,第424页。
③ 《艾思奇全书》第1卷,北京:人民出版社2006年版,第612页。

第三章 马克思主义哲学为什么要中国化

上一章，我们分析论述了艾思奇的"什么是马克思主义哲学中国化"思想及其发展。与"什么是马克思主义哲学中国化"紧接着的问题就是"马克思主义哲学为什么要中国化"，即马克思主义哲学中国化的内在根据和必要性问题。艾思奇对这个问题也做了深刻的分析和论述，有着丰富的内容。他认为，马克思主义哲学的本质特性、马克思主义哲学现实化自身、中国的特殊国情、正确实践的需要等，都要求马克思主义必须中国化。

一、马克思主义哲学的本性要求

艾思奇认为，马克思主义哲学要实现中国化，首先是马克思主义哲学本性的必然体现和要求。马克思主义哲学的发展本性、实践本性、方法论本性，就要求马克思主义哲学必须中国化。

1. "新哲学是发展的哲学"

艾思奇指出，马克思主义哲学的方法论是唯物辩证法。"这种方法是要把一切都当作运动发展来看的"①,"主张一切事物都是运动的过程,任何事物没有永久保守的根据"②。这种方法论要求"就是唯物论本身也得有它的发展"③,"新哲学是发展的哲学"④。因此,它不像别的哲学,要建立起自足的体系,"而是随着人类历史的实践发展而发展,因着时代的任务而展开的"⑤。他批判形而上学哲学者那种企图构建绝对体系的错误,认为形而上学把事物看作不变的、凝固的东西,因此"形而上学的哲学者也企图建立永远静止的、一次完成的体系"⑥,并指出就是主张辩证法的黑格尔也不能避免,以为自己的哲学是"绝对的体系"。他认为,新哲学本身是在斗争中发展起来的,是马克思恩格斯综合当时的无产阶级实践经验及包括自然科学在内的人类一切先进思想的产物。他指出,马克思主义哲学的根本原则虽然被创始者奠定了,然而它的许多侧面、契机,需要在承继者出来以后,才得到具体化和发展的。他在批判当时以马克思主义哲学继承者自居、并企图建立绝对体系的叶青时说:"我们并不反对新唯物论有一贯的理论系统,但如果说新唯物论会在什么人的身上最后完成,那是天大的笑话。"⑦ 马克思主义哲学之所以发展到列宁阶段,就在于列宁把新哲学适用于新时代的缘故,"列宁综合了无产阶级革命的经验(以1905年及1917年为主),自然科学的成果,并与当时的机会主义的哲学(主要的发现了唯心论)作斗争,

---

① 《艾思奇全书》第1卷,北京:人民出版社2006年版,第631页。
② 《艾思奇全书》第2卷,北京:人民出版社2006年版,第567页。
③ 《艾思奇全书》第1卷,北京:人民出版社2006年版,第631页。
④ 《艾思奇全书》第1卷,北京:人民出版社2006年版,第288页。
⑤ 《艾思奇全书》第1卷,北京:人民出版社2006年版,第291页。
⑥ 《艾思奇全书》第1卷,北京:人民出版社2006年版,第292页。
⑦ 《艾思奇全书》第1卷,北京:人民出版社2006年版,第632页。

这样发展了马克思主义哲学,辩证法唯物论。"① 他认为,中国一些人之所以"想把新哲学当作书斋来研究,拼命地要把它弄成一些贫弱的死的纯理论公式"② 的重要原因,"一方面是由于不了解新哲学和实践发展的不可分性,另一方面也是没能够深深地理解到它的创始者和承继者是怎样把它结合在时代实践问题上,怎样采取了自然科学的新成果和实践的丰富经验来展开它的内容的各个层面"③。他说,列宁告诉我们,运动、发展是新哲学的绝对因素,忘记了发展,就是忘记了新哲学。由此,他指出:"凡是不能根据历史的实践的新任务来推进,展开和充实新哲学内容的人,凡是把新哲学当作停滞了的死的公式,当作纯理论纯逻辑来研究的人,即使以新唯物论自命,也要在许多问题上表现着后退的倾向。"④

如上所论,艾思奇把"发展"作为了马克思主义哲学的一个重要本性,认为与时俱进是马克思主义哲学的重要理论品格。由此,他认为,马克思主义哲学作为发展的哲学,作为随着时代发展而发展的哲学,这种发展的本质特点要求马克思主义哲学在中国,就必须实现马克思主义哲学中国化,随着新的时代、新的条件、新的中国革命实践的发展而发展,增加新的丰富内容。他指出,马克思主义哲学发展的时代条件,无非是吸取时代实践经验和批判继承一切思想的优秀成果。所以,马克思主义哲学在中国,"首先要以中国的无产阶级的实践任务为基础"⑤,综合吸收中国革命的实践经验,批判继承包括中国传统文化在内的一切思想成果而发展。

---

① 《艾思奇全书》第2卷,北京:人民出版社2006年版,第546页。
② 《艾思奇全书》第2卷,北京:人民出版社2006年版,第292页。
③ 《艾思奇全书》第2卷,北京:人民出版社2006年版,第292页。
④ 《艾思奇全书》第2卷,北京:人民出版社2006年版,第288页。
⑤ 《艾思奇全书》第2卷,北京:人民出版社2006年版,第547页。

2. "新哲学本来是实践的哲学"

艾思奇在其文本中多次引用、阐发马克思在《马克思论费尔巴哈》中的"哲学家们只是用不同的方式解释世界，而问题在于改变世界"① 这句话，来强调马克思主义哲学的实践本性。他说："新哲学本来是实践的哲学。它的主要问题不是要'说明世界'，而是要'变革世界'"。② "哲学不能单只是说得好听的东西，还要能指导我们做事。它的'重要的问题是在于改变世界'！"③ 他指出，不是冒牌的新哲学，绝不会把离开人的"纯理论"作为研究对象，它要跟着人们实践的进步，而提起新问题，获得新内容。马克思主义哲学就是"跟着现代最前进的人们的实践活动而发展起来的"④。马克思主义哲学之所以能发展到列宁阶段，就是因为，列宁处理了许许多多马恩时代所没有出现过或没有明显遭遇过的变革世界的实际问题，才使新哲学获得了更新的、更具体的面貌而发展起来。他认为，哲学是有它的时代任务的。每一个时代的每一派哲学，都有一定的人们的行动做它的基础。它配合着这些人们的实践基调，发生着一定作用。他认为，明白地站在大众立场上的前进哲学，把"改变世界"和推进社会进步的问题，当作主要的研究课题，这自然是"具有着最高的实践性，尽着最大的时代任务的"⑤。

艾思奇认为，马克思主义哲学的实践性，必然要求马克思主义哲学在中国把解决中国革命的实践问题作为重要任务，研究中国实

---

① 《马克思恩格斯选集》第1卷，北京：人民出版社1995年版，第61页。
② 《艾思奇全书》第2卷，北京：人民出版社2006年版，第58页。
③ 《艾思奇全书》第1卷，北京：人民出版社2006年版，第450页。
④ 《艾思奇全书》第2卷，北京：人民出版社2006年版，第56页。
⑤ 《艾思奇全书》第1卷，北京：人民出版社2006年版，第637页。

际，解决中国问题，把自己"中国化"了，并通过解决问题而获得新内容新发展。但以叶青为代表的所谓"新物质论"者却相反认为，马克思主义哲学主要是纯理论研究，解决实际问题的哲学只能是政治政策哲学。如果把马克思主义哲学应用到实际问题的解决上，就会降低马克思主义哲学的理论性。艾思奇批判这种观点时指出："其实哲学正是要有了实际的丰富的新内容，它的理论才能够具体化，才能够有现实性，也就是才能够提高发展。反过来说，如果忽视了实际问题的解决，妄想着去组织最后完成的什么体系，那结果所得到的'纯理论'，其实只是一些'空理论'只是一些死公式。"① 他指出："倘若我们所学到的理论，仅仅能够对世界作一片天花乱坠的解释而不能指导我们去改变世界，它对于革命自然就没有任何意义。"② 他说，哲学主要问题在于改变现状，"我们研究哲学，主要的问题也在于改变现状，改变我们的屈辱的被压迫的民族地位。我们的哲学一定要帮助我们解决民族解放的一切认识上或战略上的问题，这才是它的最重要的意义"③。艾思奇认为，马克思主义哲学要给中国的革命实践以正确的指导，要给中国的革命实践制定正确的策略和路线，就必须研究中国实际，掌握中国的具体规律，因为"要改变世界，改变社会，改变每一个事物，都必须依据它们本身的这些规律"④。

---

① 《艾思奇全书》第 2 卷，北京：人民出版社 2006 年版，第 547 页。
② 《艾思奇全书》第 3 卷，北京：人民出版社 2006 年版，第 282 页。
③ 《艾思奇全书》第 1 卷，北京：人民出版社 2006 年版，第 677 页。
④ 《艾思奇全书》第 3 卷，北京：人民出版社 2006 年版，第 284 页。

3. "辩证法是我们研究活的事实的线索和引导"

艾思奇认为，马克思主义哲学不但是科学的世界观，研究世界及思维的一般发展规则，也是科学的方法论，是我们的行动和思想的方法论。艾思奇指出，马克思主义哲学作为科学的方法论，"就是一方面要把握住先进的科学者所奠定的正确的原则、理论，而另一方面要根据这些原则来具体地客观地研究当前的问题"①。也就是说，在真正的马克思主义者看来，马克思主义哲学的基本原理不是教条，而是研究问题的方法，是研究问题的引导，"它帮助我们看出一个大体上应该走的原则方向"②。他认为，看定方向是研究的开始，而不是研究的结果，公式主义的错误在于把开始定的方向当作了研究的结果，忘了更进一步就事实本身去作具体分析。公式主义不去研究问题的具体内容，而是牵强附会地拿公式去硬套，歪曲事实以迁就公式。"正确的辩证法唯物论的研究，是在于依据这大方向的线索去仔细分析事物本身的内容。"③他强调，辩证法不是使事物千篇一律化的印版模型，不是固定了的公式，而是我们研究活的事实的线索和引导。他指出，事物的变化发展是具体的、多种多样的，因此也有多种多样的具体规则。虽然，马克思主义哲学的基本法则，反映了事物变化的最普遍最根本的一面，但它们往往是从静止和片面的角度反映事物，却不能完全包括事物许多具体的个别方面。如果单单抓住唯物辩证法一个或几个法则，"以为事物的一切只是这么一个理论公式而已，那么无论怎么高谈辩证法，而实际上仍要落进

---

① 《艾思奇全书》第2卷，北京：人民出版社2006年版，第777页。
② 《艾思奇全书》第2卷，北京：人民出版社2006年版，第723页。
③ 《艾思奇全书》第2卷，北京：人民出版社2006年版，第724页。

了观念论的陷阱"①。由此,他认为,作为行动和思想方法论的马克思主义哲学,必然要依着行动和思想的发展中遇到的新事实,而不断采取新的表现形式。他指出,一个新哲学者如果不能根据客观世界的形式,来推进他的方法,结果就会自然地失去了辩证法的真精神。

"马克思主义哲学不是教条,是行动的指南"。从马克思主义哲学方法论的本性出发,他认为,我们要充分认识到马克思主义哲学原理产生的条件性。学习马克思主义哲学不是背诵文字和原理,而是要把握它的实质,掌握它的立场和方法,来解决中国的具体问题。他多次强调说:"研究哲学的目的,并不仅在于熟读书本和熟记哲学名词和公式,而更在于解决实际问题的时候,能保持正确的态度和方法。"② 他批评指出:"如果只以引用过去新哲学建立者和发展者的文句为能事,而不能根据新的事实给新哲学展开新内容,那至多只能成为一个考证者,而不是真正的新哲学者。"③ 马克思主义哲学是方法不是教条,就要求马克思主义哲学在中国必须认真研究中国的具体情况,依据中国的实际,把马克思主义哲学的原则在中国具体运用,并依据中国的特殊条件发展马克思主义哲学。他说:"在不同的条件下,马克思主义理论可以有不同的表现。在中国的新的条件之下,我们应该掌握一些新的原理和论点,新的规律知识来丰富马克思列宁主义的内容,而不应该只是墨守一些既成的概论式的原理和论点。"④

---

① 《艾思奇全书》第2卷,北京:人民出版社2006年版,第422页。
② 《艾思奇全书》第2卷,北京:人民出版社2006年版,第288页。
③ 《艾思奇全书》第2卷,北京:人民出版社2006年版,第289页。
④ 《艾思奇全书》第3卷,北京:人民出版社2006年版,第288页。

二、马克思主义哲学现实化的需要

艾思奇认为，没有抽象的马克思主义哲学，只有具体的马克思主义哲学。抽象的马克思主义哲学是空洞的，只有民族的马克思主义哲学才是实存的。马克思主义哲学要发挥自己的全部真理性，必须具体化、现实化自己，而具体化现实化自己的重要途径就是和中国传统文化、中国现实结合。

1. "真理性只有在具体应用的时候才会出现"

艾思奇认为，马克思主义哲学基本原理，是从社会历史发展的事实中概括出来的，所以是客观真理。这些基本原理指示了社会发展的总的方向，给予了我们行动的一般指导原则。这些基本原理虽是一般真理，但并不是完全的真理。它们的应用范围虽然很普遍，"但同时也很空洞，或者只能抓着事实的一方面"①。一般通过个别而存在，这些一般法则在现实中有各种各样的具体表现形态。"没有抽象的真理，真理都是具体"，每个事物都有自己的存在条件和关系，把握每一件事物，必须要从每一件事物的具体情形的分析着手，把握特殊规律。需找出一般规律在事物中的具体表现形式，用特殊规律对一般原则加以补充，加以发展，这些一般原理的指导作用才能真正发挥。由此，艾思奇认为，作为以一般原理构建的逻辑体系的马克思主义哲学，其真理性处于一种可能状态，"有成为真理的可

---

① 《艾思奇全书》第2卷，北京：人民出版社2006年版，第40页。

能、也有不是真理的可能"①。如果,我们应用这些法则时,能根据当前的社会形势加以分析,使它得到一种具体的新的形态,那它就成为了真理;如果我们只靠这些抽象法则,想来说明一切,而不顾时代,不顾每一个社会的特殊具体形式,那么任何正确的法则都会变成空洞无聊的公式,都不会有丝毫的真理性。他指出:"法则在孤立的时候,是不会有真理性的,真理性只有在具体应用的时候才会出现。"② 这就是说,作为抽象体系的马克思主义哲学没有独立的实在性,它只有在应用过程中,否定自己,把自己化为特殊的形态,现实化了,它才有实在性,才能展现自己的价值和意义。故而抽象、一般的马克思主义哲学是不能够独立存在的,能够独立存在的只是包含一般的诸多个别的马克思主义哲学。艾思奇引用毛泽东的话说,"没有抽象的马克思主义,只有具体的马克思主义"。

艾思奇认为,马克思主义哲学要取得实存性,展现自己的全部真理性,必然要与具体结合,必然要现实化自己,所以马克思主义哲学在中国必然就要中国化,就要和中国的特点结合起来,探寻和实现自己在中国的独特表现形式,化为具体的、中国化的、带着中国民族特性的马克思主义哲学形态。艾思奇指出,马克思主义哲学在中国要实现其现实性,关键在于"要应用马克思主义的基本原理来研究中国社会中国革命的一切发展规律,就必须使我们的理论当中,包含着丰富的中国社会环境和中国历史规律的知识"③。

---

① 《艾思奇全书》第2卷,北京:人民出版社2006年版,第182页。
② 《艾思奇全书》第2卷,北京:人民出版社2006年版,第184页。
③ 《艾思奇全书》第3卷,北京:人民出版社2006年版,第288页。

2. "毁灭的东西常是新生的东西的发展基础和出发点"

艾思奇认为,马克思主义哲学要在中国现实化才能取得实存、显现自己的真理性。作为异己者、作为外来文化,它只有与中国传统文化结合,批判并继承其优良传统,才能存在、才能发展。艾思奇说:"一个民族要建立自己的新文化,必须根据它的实际任务,发展自己民族文化中的优秀传统,不是依靠外来文化的模仿才能成功。"① 他认为,输入外来文化与建立自己的文化存在着辩证的关系:一方面输入外来文化的真正意义是建立自己的文化,同时输入外来文化又能帮助建立自己的文化,"可以刺激光明战胜黑暗和促进新的民族文化的发展"②。他把输入外来文化与建立自己民族文化的关系,比作湿气、阳光、肥料等对于植物的关系。同时,他又强调指出,外来文化之所以能帮助自己民族文化的发展,关键在于前者必须是后者所需要的,能被后者所同化的东西。同样,马克思主义哲学在中国的真正意义,就是要建立中国自己的马克思主义哲学,而建立中国的马克思主义哲学就必然要借助中国文化的优良传统。因此,就要求马克思主义哲学客观地评价和认识新和旧的关系,不能因为中国传统文化是旧的而全部否定。艾思奇指出,毁灭的东西常是新生的东西的发展基础和出发点,而且给新的东西提供营养。在形态、性质,以及整个的构成上,被否定的东西是被毁灭的东西。但作为营养物,被毁灭的东西在另一个方面又可以说是被保存在新生的东西里。所以,艾思奇说:"简单的否定在表面上是'透底'

---

① 《艾思奇全书》第 3 卷,北京:人民出版社 2006 年版,第 682 页。
② 《艾思奇全书》第 3 卷,北京:人民出版社 2006 年版,第 682 页。

否定了旧文化,实际上是阻止了新的前进。"①

艾思奇指出,"中国的自己的哲学中有着丰富的自然发展的辩证法唯物论遗产,这表明中国也有着辩证法唯物论传统"②。中国传统文化中早就有着马克思主义的种子。马克思主义哲学在中国实现自己,必须借助中国传统文化,必须中国化。艾思奇强调,马克思主义哲学必须要加强对中国固有文化的研究,发扬中国哲学史上的唯物论和辩证法的因素,批判中国的形而上学和唯心论思想,通过"向中国过去民族中好的传统学习,使自己的理论丰富和发展起来"③。

三、应用实践马克思主义哲学"必须注意中国的特殊性"

1. "客观事实是公式的基础"

艾思奇指出,马克思主义哲学的公式、法则是从客观的事实发展中抽取出来的,客观事实是公式、法则的基础。应用马克思主义哲学的公式,要由客观事实本身来决定,不得任意摆弄公式的花枪。事物本身不允许某一公式、法则应用时,就不能随便用出来。他说:"客观事实是公式的基础,把客观事实忘记了,就等于忘记基础,空中悬楼阁,无论你标榜什么新特质,仍然是观念论。"④ 由此,艾思奇认为,中国有自己独特的环境和条件,中国政治经济文化的特殊

---

① 《艾思奇全书》第2卷,北京:人民出版社2006年版,第425页。
② 《艾思奇全书》第3卷,北京:人民出版社2006年版,第554页。
③ 《艾思奇全书》第2卷,北京:人民出版社2006年版,第545页。
④ 《艾思奇全书》第1卷,北京:人民出版社2006年版,第782页。

国情，要求马克思主义哲学必须中国化，必须分析研究中国的一切实际情况，努力去找出中国革命运动中的各个方面的规律。他说："马克思主义者一方面坚持马克思、恩格斯所发现的关于社会发展的基本的科学规律，承认它有一般的指导作用，而同时却一刻也不能忘记，这些规律在不同的国家，不同民族间，因着客观条件的差异，而有着各种各样特殊的表现形式。因此，当我们在中国的社会里来应用来实践马克思主义的时候，也必须注意中国的特殊性，也必须具体地了解社会。"①

他说，"要反对那种不顾中国具体国情，把马克思主义作死的公式运用的错误"②。他指出，马列著作中的一切个别结论和原理，都是在一定的环境和条件之下对事变发展规律的认识，而中国有自己的特殊条件和环境，所以在运用这些结论和原理时，必须和它产生的环境条件联系起来，必须注意到，在中国的情形下面，不一定能简单适用这些原理。他说："仅仅从外国学来的原理和知识，在外国的条件下无论怎样正确，拿到中国来时，如果不与中国具体环境相结合，则无论在它基本原则上是怎样正确，实际上仍是会变成错误的。"③

2. 马克思主义思想是"不完全适合中国土壤的"

艾思奇指出，中国马克思主义和辩证唯物论的建立，并不是对中国自己过去的思想遗产加以批判发展的结果。相反，"马克思主义思想，在中国，最初确实是从外国输入的，最初凭着介绍学习到

---

① 《艾思奇全书》第 2 卷，北京：人民出版社 2006 年版，第 771 页。
② 《艾思奇全书》第 2 卷，北京：人民出版社 2006 年版，第 285 页。
③ 《艾思奇全书》第 3 卷，北京：人民出版社 2006 年版，第 285 页。

的"①。这是中国的马克思主义和辩证法唯物论产生的特点。他认为，就是因此，"这就不容否认，所学来的东西，必有多方面是不完全适合中国的土壤的，必然是比较肤浅的"②。"中国无产阶级革命初期在战略策略指导上的许多严重错误，中国的马克思主义理论在各方面的学术研究之比较低的水准，就是这一个缺点使然的。这就是为什么到了今天，我们要提出马克思主义中国化、辩证唯物论中国化的口号的原因。"③

四、"中国民族民主革命发展和完成的必要保证"

1. 革命实践经验教训的重要启迪

艾思奇指出，革命实践发展的历程表明，正确地应用了马克思主义和辩证法唯物论，革命实践就能成功；反之，革命实践就要遭到挫折。没有能够正确地应用马克思主义和辩证法唯物论，是错误和挫折出现的根本原因。革命实践正反两方面的教训表明，正确地应用马克思主义和辩证唯物论，"是中国民族民主革命发展和完成的必要保证"④。因此，为了"使中国化的努力成为一个有意识的普遍的运动，使中国更多更广泛的人能够来学习掌握马克思主义和辩证法唯物论，使革命斗争的最锐利的思想武器成为广大群众都能够使用的工具，使中国的革命运动更能够不因为遭遇到错误和挫折而延

---

① 《艾思奇全书》第3卷，北京：人民出版社2006年版，第50页。
② 《艾思奇全书》第3卷，北京：人民出版社2006年版，第51页。
③ 《艾思奇全书》第3卷，北京：人民出版社2006年版，第51页。
④ 《艾思奇全书》第3卷，北京：人民出版社2006年版，第52页。

迟了发展的保证,更能够迅速完成"①,就必须"强有力地"提出马克思主义哲学中国化的口号,这也是马克思主义哲学中国化口号提出的意义之所在。

2. "马克思主义的中国化是一个发展的过程"

艾思奇指出,虽然在革命的初期,我们党也注意到理论与现实的联系问题,但由于"马克思主义的中国化是一个发展的过程,辩证法唯物论与中国的实际革命运动的结合,不能一开始就能完全合拍"②。所以,在抗日战争前,理论研究与实践斗争相脱离的现象比较普遍,理论研究基本上限制在"介绍性质的、书本式的、通俗化性质的活动范围内"③。革命斗争中的某些错误,就是因为不能正确掌握马克思主义哲学方法论的缘故。他认为,教条主义是导致早期革命实践失败的重要原因,并分析了教条主义的主要表现:"单纯看重书本的知识,而对于中国的实际情况不喜欢研究,因此在解决问题的时候,常常简单地从书本上某些词句出发,而不是依据中国的实际情况,把马克思主义的原则在中国具体应用。"④他指出,形而上学的思想方法是教条主义产生的根本原因,"片面的观察事物和理解事物,把事物某一方面的现象孤立起来,夸大起来,忽视了它和周围其他事物的联系"⑤。

他指出,自从中国共产党成立以来,我们党始终在实际斗争中努力去掌握马克思主义理论。特别是抗战以后,党中央正确地用这

---

① 《艾思奇全书》第3卷,北京:人民出版社2006年版,第53页。
② 《艾思奇全书》第3卷,北京:人民出版社2006年版,第249页。
③ 《艾思奇全书》第3卷,北京:人民出版社2006年版,第249页。
④ 《艾思奇全书》第3卷,北京:人民出版社2006年版,第290页。
⑤ 《艾思奇全书》第3卷,北京:人民出版社2006年版,第292页。

个理论来分析抗战中一切重大问题，结果得到了成功解决。他认为，辩证法唯物论的发展在抗战后的第一个表现，是提出了"马克思主义中国化和辩证法唯物论在中国的具体应用问题，同时这也是抗战以来辩证法唯物论发展上的一个最基本的问题"①，并已经有了不少实际应用和中国化的成果。不仅在解决抗战实际问题上，有了许多辉煌的范例，《如论持久战》《论新阶段》《新民主主义》等，而且在日常生活应用方面也取得许多成绩，如《论共产党员的修养》《论待人接物的态度》等；还在中国固有哲学的研究方面，特别是在发扬中国哲学的唯物论和辩证法因素，批判中国的形而上学和唯心主义方面也取得了很大收获。

五、马克思主义哲学中国化的可能性

如上所述，艾思奇对马克思主义哲学中国化的必要性及内在根据问题，作了深刻的分析和论述，提出了许多在今天看来仍令人佩服的重要观点。马克思主义哲学必须要中国化，那么马克思主义哲学中国化有没有可能？这是紧接着"为什么马克思主义中国化"继起的另一个重要问题。在艾思奇的文本中，他同样对这个问题做出了自己的探讨。

1."马克思主义之所以能中国化，就是因为它是'放之四海而皆准'的"

艾思奇认为，马克思主义哲学中国化之所以成为可能，一个首

---

① 《艾思奇全书》第3卷，北京：人民出版社2006年版，第248页。

要的前提是，马克思主义哲学有"中国化"的内在资质和条件。他认为，马克思主义哲学的内在资质和条件，就是马克思主义有一般的正确性。他说："马克思主义之所以能中国化，就是因为它是'放之四海而皆准'的，是'万能'的。倘若它没有这一般的正确性，倘若它仅仅是特殊的东西，那就完全谈不到'化'的问题。"① 他把马克思主义哲学的一般正确性归结为三个方面，即科学的理论、科学的方法、无产阶级革命行动的科学指南。

首先，马克思主义是科学的理论，特别是关于社会发展和社会变革的科学理论。艾思奇指出，马克思主义精确地揭示了人类社会发展的规律，它在不同的国家和民族中，虽然要以各种不同的方式表现出来，然而并不因此减少了它的一般正确性。相反，一切它的特殊的表现、存在，正证明了它的一般适用性，证明了"在各种条件之下都能发现它的规律作用"②。他说，人类社会的发展史和近代无产阶级运动的历史，证实了马克思主义作为科学理论的一般正确性，证实了它所揭示的规律是真正的科学规律。"因此，就像水向下流的自然规律在任何地理条件下都有一般的必然性一样，马克思主义的科学在任何国家，例如在中国国内，都能表现出它的一般性必然性，虽然这表现必不同于印度或俄国或其他任何国家，正如向下流的水可以有缓急、激湍、瀑布、涓滴等等不同的形式一样。"③

其次，马克思主义又是科学的方法，是客观、具体地研究问题的引导。艾思奇认为，正因为马克思主义的理论揭示了社会发展规律，揭示了一般的有正确性、必然性的规律，所以，它又是我们研究一切实际问题的指南。它给我们一种看事情的基本观点，提示出

---

① 《艾思奇全书》第2卷，北京：人民出版社2006年版，第775页。
② 《艾思奇全书》第2卷，北京：人民出版社2006年版，第776页。
③ 《艾思奇全书》第2卷，北京：人民出版社2006年版，第776页。

来研究的基本方向,因此,马克思主义又是科学的方法。艾思奇指出,马克思主义作为科学方法的特点是,把马克思主义的基本原则当作研究问题的向导,研究新问题,寻求新表现,而不是把"马克思主义的文句和一切个别论点当作绝对不变的信条,无条件地搬到新的情况之中硬套"①。同时,在新的条件情况之下来研究问题,并不是说要丢了马克思主义的基本原则,相反只有站定了马克思主义的基本立场,看清楚了研究的基本方向,"才能够分辨哪一些个别的论点,在哪些条件下是不变的,而另外的一些则要改变了。"② 他认为,"马克思主义的中国化,是只有用辩证法唯物论的既成的方法和理论经济学的既成方法,来研究中国的生产关系及其发展时,才能成功的。"③

2. "马克思主义之所以能中国化,是由于中国自己本身早产生了马克思主义的实际运动"

国内学者对艾思奇关于马克思主义中国化之所以可能的思想,往往仅注意到艾思奇对马克思主义一般正确性的强调,忽视了艾思奇对马克思主义哲学中国化之所以可能的另一个重要条件的强调,即中国革命实践运动的存在和需要,是马克思主义哲学中国化成为可能的基础条件、主体条件。在艾思奇看来,马克思主义哲学固然有中国化的"资质",但是没有中国革命实践的存在和需要,没有中国共产党的正确应用,马克思主义哲学是不可能实现中国化的。这个条件的提出,是与艾思奇与叶青等如何看待中国国情的特殊论战分不开的。叶青等以中国有自己的独特国情为由,认为中国自己有

---

① 《艾思奇全书》第2卷,北京:人民出版社2006年版,第777页。
② 《艾思奇全书》第2卷,北京:人民出版社2006年版,第777页。
③ 《艾思奇全书》第2卷,北京:人民出版社2006年版,第777页。

独特的发展道路,不符合历史发展的一般规律,并由此认为马克思主义不符合中国的特殊国情,进而否定马克思主义中国化。而艾思奇在《论中国的特殊性》等文章中,从一般与个别的辩证关系入手多次批判了这种错误观点,认为中国固有自己的特殊国情,有自己独特的发展道路,但它是符合世界历史发展的一般规律的,进而提出马克思主义符合中国国情。马克思主义在中国有客观的社会基础,马克思主义在中国传播、发展、中国化,是因为中国革命实践的存在和需要才成为可能的。他指出,必须"反对那种认为中国情形不适于马克思主义的国情论"①,中国独特的发展规律,并没有改变世界发展的一般规律性,相反恰恰是世界一般发展在中国的体现。"中国要求进步,必须要追赶先进的国家,要向先进国家学习,而且中国的革命不能不遵循社会发展的一般的科学规律,在中国的具体情形下,通过先进国家所曾通过的阶段。"②"国情论"的实质就是闭关自守,以中国的特殊性来拒绝外来的思想文化。他强调,马克思主义及其哲学"在中国自己的社会经济发展中有它的基础,是在自己内部有着根源,决不是如一般表面的观察,说这是纯粹外来的"③。中国资本主义的发展、无产阶级及中国共产党的不断发展壮大,是马克思主义在中国传播和发展的客观社会基础,"马克思主义和辩证法唯物论在中国之所以能扎根,就是由于社会基础和中国革命实践的需要"④。

他指出,所谓的马克思主义中国化和辩证法唯物论中国化,并不是说,今天以前,马克思主义和辩证法唯物论完全不是中国需要

---

① 《艾思奇全书》第2卷,北京:人民出版社2006年版,第547页。
② 《艾思奇全书》第2卷,北京:人民出版社2006年版,第767页。
③ 《艾思奇全书》第2卷,北京:人民出版社2006年版,第778页。
④ 《艾思奇全书》第2卷,北京:人民出版社2006年版,第777页。

的东西，今天以后才开始要把它中国化了。"马克思主义之所以能够中国化，是由于中国自己本身早产生了马克思主义的实际运动"①，"今天所以能提出中国化的口号，正是因为过去的实践事实已经证明，正确的马克思主义和辩证法唯物论的应用，曾是中国革命胜利的保证。"②

---

① 《艾思奇全书》第3卷，北京：人民出版社2006年版，第30页。
② 《艾思奇全书》第3卷，北京：人民出版社2006年版，第51页。

第四章 马克思主义哲学怎样中国化

上两章,我们分别对艾思奇关于马克思主义哲学中国化的内涵、必要性和可能性的思想进行了论述。马克思主义哲学在中国必须中国化,而且也能够中国化。但最关键的问题是,究竟怎样中国化。正如艾思奇强调马克思主义哲学不仅在于解释世界,重要的是在于改造世界一样,他非常注意实践的重要性,指出"知"从根本上是为了"行"。同样,在对马克思主义哲学中国化问题上,艾思奇把"马克思主义哲学如何中国化"作为重点问题,展开了深入而具体的研究,既为我们提供了马克思主义哲学中国化的总的方向、思路,又具体指出了马克思主义哲学中国化的方法和步骤。

一、被人遗忘的珍贵思想:马克思主义哲学中国化的总体思路

马克思主义哲学中国化究竟应该怎样进行?主要内容和要求是什么?总体的思路和方向是什么?对这些问题,艾思奇做了深入而又具体的阐释。值得注意的是,学界当前对这些思想挖掘不多,亟须我们进一步深入探讨。我们认为,虽然艾思奇并没有明确地提出

一个所谓的马克思主义哲学中国化的总体思路问题,但是通观艾思奇的文本,马克思主义哲学中国化这样的一个总体思路还是存在的。那么艾思奇马克思主义哲学中国化的总体思路是什么呢?先看其有关文本论述,然后再归纳总结。

1. 存不存在总体思路?体现总体思路的文本依据

艾思奇关于"马克思主义哲学怎样中国化"论述的主要文本,按时间顺序,有以下一些:1936年8月的《如何研究哲学》、1939年的《哲学"研究提纲"》、1939年8月的《怎样研究辩证法唯物论》、1941年4月的《关于研究哲学应注意的问题》、1941年8月的《抗战以来的几种重要哲学思想评述》、1941年9月的《反对主观主义》、1942年4月的《不要误解"实事求是"》、1942年9月的《关于唯物论的几段杂记》和1942年10月的《怎样改造了我们的学习》。

2. 存不存在总体思路?体现总体思路的具体论述

艾思奇在上述文本中对马克思主义哲学究竟应该怎样中国化,包括哪些主要方面,做了具体的论述,呈现给我们一个总体的思路:

(1)他在1939年的《哲学"研究提纲"》中说:"总之,马克思主义及其哲学的产生和发展的条件是这样的:以无产阶级每一时期的革命实践为基础,综合这些实践的经验。综合过去及目前一切思想的优良成果(包括自然科学在内),加以批判改造。与一切不正确的落后的思想斗争。"[①] "因此,当无产阶级的新的实践任务被提起,新的进步的和落后的思想的对立产生出来,新的自然科学的发

---

① 《艾思奇全书》第2卷,北京:人民出版社2006年版,第546页。

现增加起来的时候,在这样的时代,马克思主义及其哲学就会在这些新的条件下获得新的进展,增加了新的更丰富的内容。"①

他在谈到辩证法唯物论与其他各派哲学的关系时说:"向各派哲学学习,特别是要向中国过去的民族旧哲学中好的传统学习,使自己的理论丰富和发展起来。因为辩证法唯物论要成为人类思想发展最高的成果,就必须接受过去的遗产及优秀派别中的一切好的东西。"②

他又指出:"在中国研究辩证法唯物论的哲学,是要站在民族的基础上的:要综合抗日民族统一战线的实践经验,作为发展辩证法唯物论的基础;同时用辩证法唯物论去研究解决现实的实践问题,只知道把外国的现成的成果拿来运用是不够的;要联合、学习和发扬中国民族哲学传统中优秀的一切成分;要反对危害民族的一切思想方法。"③

(2) 他在1939年3月的《关于形式伦理学和辩证法》中说,关于哲学中国化原则上不外两点:"第一要能控制中国传统的哲学思想,熟悉其表现形式;第二要消化今天的抗战实践的经验与教训。"④

(3) 他在1941年8月的《抗战以来的几种重要哲学思想评述》中,在指出一般研究辩证法唯物论的人存在的弱点时,很明显地表达了他的马克思主义哲学怎样中国化的思想:"他们(指一般研究辩证法唯物论的人——作者注)对于中国的现实的认识,还不够充分。他们没有能够精密的研究过中国的历史,中国今天的环境,以及中

---

① 《艾思奇全书》第2卷,北京:人民出版社2006年版,第546页。
② 《艾思奇全书》第2卷,北京:人民出版社2006年版,第545页。
③ 《艾思奇全书》第2卷,北京:人民出版社2006年版,第547—548页。
④ 《艾思奇全书》第2卷,北京:人民出版社2006年版,第623页。

国革命的经验,他们也没有充分研究过,中国人的思想意识,中国过去和现在的各种哲学派别。因此,在现在,还看不到一种充分能够以中国历史和革命经验的总结为基础的辩证法唯物论的著作(虽然不能否认也有某些尝试,如胡绳先生,陈唯实先生的有些著作),对于中国哲学思想史的研究,也没有很好的成绩……"①

(4)他在1941年9月的《反对主观主义》中,在谈到我们如何来把握具体的、中国化的、带有民族特性,按照中国的特点来应用的马克思主义理论时说:"这就必须使我们应用马克思主义的基本原则,来研究中国社会中国革命的一切发展规律,就必须使我们的理论当中,包含着丰富的中国社会环境和中国历史的规律知识,而不只是一些仅仅与外国社会有关的结论和原理的把握。"②

从上面这些艾思奇有关马克思主义哲学如何中国化的论述中,我们可以看出,他认为马克思主义哲学要实现中国化,需要做到以下主要几点或几个方面:

(1)是要坚持马克思主义哲学基本原理和基本精神,深入研究中国社会历史现实和社会环境,把握中国社会发展的独特规律;

(2)是要批判继承中国传统文化中的一切优秀的成果;

(3)是要吸收包括自然科学发展成果在内的时代优秀思想成果;

(4)是要实现马克思主义哲学表达形式的民族化,用中国文化的概念、范畴、命题来表达内容,形成具有中国风格、中国气派的马克思主义哲学。

这些主要方面和内容概括起来,就可以说形成了艾思奇对马克思主义哲学如何中国化的总体思路和看法,那就是:以马克思主义哲学为指导,紧密结合中国发展的时代任务,深入研究中国实际

---

① 《艾思奇全书》第3卷,北京:人民出版社2006年版,第259—260页。
② 《艾思奇全书》第3卷,北京:人民出版社2006年版,第288页。

(历史实际和现实实际),全面把握中国社会发展的具体规律,解决实践问题,推动社会进步,并综合提升实践经验和教训,批判继承中国传统文化的优秀思想,吸取包括自然科学在内的时代的一切优秀思想成果,形成充满民族特性和风格的中国自己的马克思主义哲学。

3. 总体思路的广阔视野和历史超越性:实践性、时代性、民族性、世界性的内在统一

艾思奇的这个总体思路,包含两个方面的基本内容:一方面是实践层面的,探讨规律,解决问题,推进实践发展;另一个方面是理论总结和提升的层面,消化实践经验,并与中国传统文化的优秀成果和时代的一切优秀成果相结合,形成中国化的马克思主义哲学。这两个方面互为基础,相互促进。实践的层面是理论提升的重要基础,理论提升又反过来促进实践层面的发展,二者交互作用,不断推进马克思主义哲学中国化。艾思奇的马克思主义哲学中国化总体思路,体现了四个突出特性:一是实践性。他强调,革命实践是马克思主义哲学中国化的主要基础、根本路径和重要源泉,马克思主义哲学中国化的进程与革命实践发展紧密相联、密不可分。革命实践是马克思主义哲学中国化的主渠道,离开革命实践,就无从谈起马克思主义哲学的中国化。二是时代性。他强调,马克思主义哲学要与时俱进,着眼新实践与新的发展,及时吸取时代进步的文明成果,反映时代特征。在思想上不断有新解放,在理论上不断有新发展,在实践上不断有新创造,推进马克思主义哲学的创新和发展,把马克思主义哲学不断推向新阶段、新境界。三是民族性。他把民族性看成了马克思主义哲学中国化的显著特色,强调要把马克思主义哲学的实践品格、时代品格与民族品格相结合,用中国的具体规

律、特色思想内容丰富、发展马克思主义哲学，用中国的传统文化思想补充、完善马克思主义哲学，使之具有浓郁的民族性和"中国味"，使之具有不可或缺的中国特点、中国作风、中国气派。四是世界性。在艾思奇看来，马克思主义哲学发展的基础，是对人类优秀文化的继承。马克思主义哲学的中国化并不仅仅是赋予马克思主义哲学中国特色的内容，重要的是在中国实现马克思主义哲学发展的新阶段、新形态，因此，马克思主义哲学中国化还尤其要注重对世界性文化成果的继承和吸取。要把民族的内容和世界的内容有机统一起来，不能因为强调民族性而走向闭塞和僵化，不能因为注重世界性而贬低自己的民族创造。要在世界文化的交流互动中评估民族内容的价值，要通过民族性和世界性的相互融合而推进马克思主义哲学的不断发展。其马克思主义哲学中国化思路有着开放的全球视野。总的看来，艾思奇的马克思主义哲学中国化总体思路，具有强烈的实践性、浓郁的民族性、鲜明的时代性和开放的世界性。在他的心中，实践特性、民族特色、时代特点和开放特质是一个紧密联系、有机结合的统一体，马克思主义哲学中国化既是一个实践化的过程，也是一个民族化、时代化和世界化的过程，四者在实践的基础上相互交融、相得益彰。

从这个总体思路来看，艾思奇马克思主义哲学如何中国化的思想具有非常开阔的视野，内容深刻、独到。他的马克思主义哲学中国化是要求实践性、时代性、民族性和世界性的辩证统一，是要求民族内容和时代内容的有机结合。这个思想不但超越了同时代的毛泽东，甚至比我们现在许多人对马克思主义哲学如何中国化的理解还要全面。毛泽东有关马克思主义如何实现中国化的内容，我们看到的多是对民族内容的强调。学界现在对马克思主义如何中国化的看法，往往是按照毛泽东对马克思主义中国化的理解而展开的，同样强调马克思主义哲学与中国实际和中国传统文化的结合,而很少讲马克思主义哲学要中国化必须吸收当代一切文明成果。也有学者注意到了马克思主义哲学实现中国化必须吸纳时代的内容,但他们并没有把时代性内容作为马克思主义哲学中国化内在的一部分,而是提出了马克思主义中国化和当代化的看法。我们比较赞同艾思奇和当代学者李君如的看法,他们都认为马克思主义中国化,就内在地包含着时代化的要求,所以不必要再提出一个马克思主义中国化和时代化的概念。① 这也充分说明了艾思奇马克思主义哲学中国化思想的价值和意义,其至今仍是启迪我们思考的重要精神遗产。但略有些令人遗憾的是,由于后来艾思奇更多的是接受了毛泽东的马克思主义中国化思想,也更多的是从研究中国实际和中国传统文化角度来谈马克思主义哲学中国化的要求,所以艾思奇对马克思主义哲学实现中国化的时代性要求,除了仅在《哲学"研究提纲"》等个别文本中做了展现外,其他文本中几乎很少涉及。

二、马克思主义哲学中国化的具体步骤和做法

在艾思奇的文本中,不但蕴含着马克思主义哲学怎样中国化的总体思路和看法,还对具体该怎样做进行了详细的论述。归纳起来,他认为,大概需要以下几个具体步骤:首先是,学习马克思主义哲学基本知识,掌握马克思主义哲学真精神;其次是,要调查研究,把握中国社会发展的具体规律;再次是,批判吸收古今一切思想文化的优秀成果;最后是,综合实践经验和思想文化的优秀成果,形

---

① 有关讨论可参见李君如:《马克思主义中国化若干问题的研究》,载《中共中央党校学报》2008年第2期。

成中国的马克思主义哲学。在艾思奇的文本中，重点是对前两个步骤做了详细的描述和介绍，而对后两个步骤只是做了原则性的描述，所以我们也重点研究其前两个步骤的思想。

1. 学习马克思主义哲学基本知识，掌握马克思主义哲学真精神

艾思奇认为，马克思主义哲学要实现中国化，首先是要学习马克思主义基本观点，掌握马克思主义哲学的真精神。但要真正学习和掌握好马克思主义哲学，又必须先从学习哲学史、哲学概论入手，因为"辩证法唯物论是批判地继承过去一切哲学（不论唯物论的和唯心论的）发展的成果"①，所以"要深刻地了解辩证法唯物论，需要研究过去哲学的发展"②。

（1）学习、研究哲学史和哲学概论。他认为，哲学史和哲学概论都是过去哲学的记录，前者是从时间顺序上讲述哲学的发展，后者则是分类论述不同性质的哲学问题。哲学史让我们了解哲学在过去的发展经过，哲学概论让我们了解哲学内部包含的一些什么问题。因此，"读哲学史和哲学概论，可以把既有的哲学弄明白"③。如何学习、研究哲学史、哲学概论？他认为，学习、研究哲学史和哲学概论的最基本要求，是要把握不同思想家思想的基本内容，能辨别不同哲学思想的优点和弱点。但这还远远不够，更重要的是，不能从纯逻辑的角度学习研究哲学史，而是要把逻辑和历史结合起来，"要把哲学发展的历史的背景和各个时代哲学对于当时社会的反作用也弄明白"④。"由此我们才知道时代发展到现在，我们应该怎样处

---

① 《艾思奇全书》第 2 卷，北京：人民出版社 2006 年版，第 552 页。
② 《艾思奇全书》第 2 卷，北京：人民出版社 2006 年版，第 552 页。
③ 《艾思奇全书》第 2 卷，北京：人民出版社 2006 年版，第 88 页。
④ 《艾思奇全书》第 2 卷，北京：人民出版社 2006 年版，第 90 页。

理自己在现在所遇到的问题，才可以知道过去的哲学家有些什么有价值的遗产值得我们接受，有些什么不对的地方应该批判，不够的地方加以发展。"① 他还就如何辨别正确的哲学提出了自己的看法，认为"要依照现在的状况"来判断哲学的正确与不正确，正确的哲学的标准是站在民众立场上的说真话的哲学。"就是对于今日世界的现实问题，能够指示我们去做正确的认识，对于我们不满意的现实社会结构，能够指示真正的改革的道路。"② 具体到哲学史的学习上，他还对学习、研究哲学史的内容和先后顺序提出了要求。他认为，学习、研究哲学史，关键的是必须全面，既要学习、研究中国哲学史，因为"要了解传统思想，要批判它、克服它，中国哲学史的研究不可少"③，又要学习、研究西方哲学史，因为"中国近代受西洋文化影响极深，而且现代最先进的哲学，也是首先在西洋哲学里产生的，不读西洋哲学史，就不要想了解最前进的哲学"④。就学习、研究哲学史的先后次序问题，他认为先学习、研究西方哲学史为最好。他的主要理由有两个：一个是"西洋哲学史的内容比中国哲学史内容丰富"⑤；一个是马克思主义哲学首先在西洋哲学里产生，并且中国的"新哲学运动"也是在西方哲学史的影响下产生的。他关于先读西方哲学史的理由有一定的科学性，但认为西方哲学史比中国哲学史内容丰富的看法，也值得商榷。

（2）学习社会科学知识。艾思奇认为，学哲学必须兼学社会科学，切不可小看社会科学，因为正确的社会科学是我们认识现实社

---

① 《艾思奇全书》第2卷，北京：人民出版社2006年版，第91页。
② 《艾思奇全书》第2卷，北京：人民出版社2006年版，第97页。
③ 《艾思奇全书》第2卷，北京：人民出版社2006年版，第91页。
④ 《艾思奇全书》第2卷，北京：人民出版社2006年版，第91页。
⑤ 《艾思奇全书》第2卷，北京：人民出版社2006年版，第91页。

会的利器。他指出,学习社会科学知识,主要应该学习四个方面的内容:一是学习社会发展的根本理论,了解社会变化运动的法则以及变化运动的基础;二是学习社会进化史,更具体地了解社会是怎样变化的,人类怎样由野蛮时代进化到文明时代,以至于今日最高程度的文化;三是学习西方历史和中国历史,了解和掌握过去历史发展中的一切具体事实和变化情形,只有这样才能够了解现在的来源;四是学习政治经济学。他认为,学习哲学和社会科学最好的办法,就是二者掺杂着同时学习,具体顺序是先读哲学史,然后再读社会发展根本理论方面的书,并在读哲学史期间,可以读点社会进化史和西方哲学史,最后来读政治经济学。他对如何掌握哲学和社会科学的一般知识,做了如此具体的安排,甚至细到连读书的顺序也做了安排,可见艾思奇是深懂科学读书的真谛的,不得不令人钦佩!

(3) 学习马克思主义哲学基本知识,掌握马克思主义哲学真精神。他认为,在对过去的哲学有了了解和学习后,就应该学习马克思主义哲学的基本内容,并在掌握马克思主义哲学基本观点的基础上掌握其真精神。如何学习马克思主义哲学的基本观点和原理呢?他指出,第一步还是应该从书本入手,"因为辩证法唯物论是几千年人类思想的成果,不是凭空掉到人的脑子里来的东西。只有经过书本,才能接受这样的成果。"① 那么要掌握马克思主义哲学要读哪些书呢?他指出,不但要读马克思主义哲学教科书和马克思、恩格斯、列宁专门研究哲学方面的书,而且同时应该学习他们在其他方面的研究著作,尤其是要注意学习中国马克思主义政党领导人的著作。强调对马克思主义哲学中国化最新成果的学习,是艾思奇的一个突

---

① 《艾思奇全书》第 2 卷,北京:人民出版社 2006 年版,第 724 页。

出特点。他在《抗战以来的几种重要哲学思想述评》中指出，毛泽东同志的《论持久战》《论新阶段》《新民主主义论》等，刘少奇同志的《论共产党员的修养》、洛甫同志的《论待人接物的态度》等著作，都是马克思主义哲学中国化的光辉范例。学习马克思主义哲学，尤其要注意学习和掌握上述这些马克思主义哲学中国化的最新成果。这也说明，他充分肯定和认可马克思主义哲学中国化的最新成果，也期盼着有更多的马克思主义哲学中国化的新成果出现。

他认为，要把握彻底的、革命的辩证法唯物论，就不能不同时把握马克思主义的唯物史观、政治经济学、科学社会主义及革命的战略战术。艾思奇指出，一个人不可能精通马克思主义的"一切"，"然而我们必须尽可能的力量去把握马克思主义的全部理论，尽可能地使我们所研究的辩证法唯物论具体化，以避免公式主义的错误。"① 艾思奇认为，我们学习、研究马克思主义哲学必须从书本出发，但又不能满足于书本知识，满足于仅仅掌握了马克思主义哲学的基本原理、观点、名词和公式。关键在于掌握马克思主义哲学的真精神，化马克思主义哲学的基本知识为智慧，变为在研究实际问题时候的正确态度和方法，从事物本身出发具体研究，掌握事物的特殊发展规律。艾思奇在《怎样研究辩证法唯物论》《反对主观主义》《关于研究哲学应注意的问题》等多个文献中，反复重申、强调学习马克思主义哲学，关键在于掌握马克思主义哲学的真精神，可见其对此的重视程度。比如，他在《关于研究哲学应注意的问题》中说："研究哲学目的，在我们，是为了使自己成为辩证法唯物论者，不是在口头上的，名词上的，仅仅善于引用文献的辩证法唯物论者，而应该是实质上的，懂得辩证法唯物论的真精神的，在实际

---

① 《艾思奇全书》第2卷，北京：人民出版社2006年版，第728页。

问题的解决中,在斗争行动中表现出来的辩证法唯物论者。"① 他在《反对主观主义》中说:"并不是凡能熟读马克思主义书籍的人,都能成为真正的马克思主义者,倘若我们熟读的只是文句,而不能把握它的实质,倘若只能在吹牛的时候从事宏博的引证,而不能应用来解决实际问题,那就不是真正的马克思主义者。"② 艾思奇强调学习马克思主义哲学,重在掌握马克思主义哲学真精神的思想,道出了学习马克思主义哲学的一种很高的境界:即把抽象的马克思主义哲学知识转化为学习者的智慧,成为学习者行动的自觉标准。这个高标准的提出,也反映了艾思奇本人对马克思主义哲学有着真正的理解,不愧是一个真正的马克思主义者。

2. 调查研究,掌握中国社会发展的具体规律

艾思奇指出,学习了马克思主义哲学的基本知识,掌握了马克思主义哲学的立场和方法,还仅是马克思主义哲学中国化的开始和准备,并不能停步于此,重在理论联系实际,对事物做具体的考察。

(1)调查研究。艾思奇认为,我们对事物作具体考察,最好是先丢开学习过的马克思主义哲学的原理和公式,真正从事物本身出发。如何对事物做具体考察,他认为,首先要以调查研究为基本途径和手段,详细收集有关事物的一切事实材料,"尽可能地把它的各方面都观察到、把握到"③。因此,为了获取中国社会发展的具体规律,就必须从中国的一切具体情况的调查研究出发,详细搜集中国社会各方面的材料。他多次引用毛泽东的"没有调查,就没有发言

---

① 《艾思奇全书》第3卷,北京:人民出版社2006年版,第233页。
② 《艾思奇全书》第3卷,北京:人民出版社2006年版,第284页。
③ 《艾思奇全书》第2卷,北京:人民出版社2006年版,第181页。

权"这句话,来强调调查研究的重要性,并指出"仅仅依据书本原理的主观臆测的言论,是应该停止的"①。

(2) 实事求是。艾思奇认为,通过调查研究,我们取得了十分丰富的有关事物的材料,接下来就要以马克思主义哲学的基本观点和方法为指导,分析事实材料,并把握着一切方面的联系,去找出事物发展的具体规律,找出中国社会发展变化的具体规律,也就是要"实事求是"。具体如何实事求是呢?他认为,要做好实事求是,就必须利用分析和综合两种方法。首先是应用分析的方法,在零碎的事实中,找出事物本身各方面的规律和条例。他认为,应用分析的方法,关键要处理好部分和全体的关系。他指出,分析是要求对全体中的各个部分获得明确的认识,但部分是全体中的部分,它只是在全体上居于一定位置和起一定的作用的分子,因此,"要正确认识部分,就不能不照顾全体。认识部分,不外就是要弄清它在全体中的这种地位和作用,离开全体来孤立地看部分,是不会得到正确的结果的。"② 艾思奇认为,我们通过分析的方法仅对事物的部分有了深刻的了解,为了全面把握事物,还需要利用综合的方法,在总体上掌握事物各个方面的自然关系。他指出,综合与分析的方法是分不开的两面,正确的综合,要以正确的分析作基础,愈是正确的分析,愈能引导正确的综合。艾思奇还在《不要误解"实事求是"》中,对怎样做到实事求是提出了四个方面的要求,非常全面地阐释了什么是真正的实事求是:一是必须注意事实的各个方面,而不是只看片面;二是必须从实质上来理解事实,而不应该只就表面现象来看事实;三是必须把事实看作一定具体条件之下的事实,必须依据每一事实所处的条件来确定它的正确意义;四是不但要理

---

① 《艾思奇全书》第3卷,北京:人民出版社2006年版,第289页。
② 《艾思奇全书》第3卷,北京:人民出版社2006年版,第341页。

解事实、认识事实，还要从这理解和认识中求得指导行动，推动工作的方法。

3. 批判继承古今一切优秀思想成果

在艾思奇看来，把握了中国社会发展的具体规律，还只是马克思主义哲学实现中国化的一个方面。要让马克思主义哲学在中国的发展，成为马克思主义哲学发展的新阶段，还必须批判继承古今一切优秀思想成果。对"古"的方面，艾思奇主要强调的是，马克思主义哲学要批判吸收中国传统文化的优秀思想。对"今"的方面，主要强调的是，马克思主义哲学要吸收时代的科学发展成果和各种思想的精华。对"今"的方面，艾思奇只是提出了一个原则性的要求，并没有展开内容，具体论述如何吸收的问题。对"古"的方面，他做了一些初步的探讨。马克思主义哲学中国化要吸收中国传统文化的优秀思想，吸收能够进行的一个前提条件是，必须弄清楚中国传统文化的优秀思想是什么。艾思奇在文本中，对中国文化的优秀传统做了初步分析，指出中国文化中有自然发生的辩证法唯物论传统和共产主义思想传统。关于自然发生的辩证法唯物论传统，他在《哲学"研究提纲"》中认为，中国的墨子、老子等，是自然发生的辩证法唯物论的代表。他说："自然发生的辩证法唯物论是人类哲学史上的最初派别，如希腊的初期哲学，中国的老子、墨子等。"[1]他指出，老子的话"'自然'是'周行而不殆'，'动而愈出'"[2]，表达的就是事物的联系和变化。老子的"'反者道之助'，'有无相

---

[1] 《艾思奇全书》第 2 卷，北京：人民出版社 2006 年版，第 552 页。
[2] 《艾思奇全书》第 2 卷，北京：人民出版社 2006 年版，第 553 页。

生、难易相成'等"①，就是从事物的对立统一中来了解发展变化。他在《五四文化运动在今日的意义》中指出，中华民族的优秀传统中本来早就有着马克思主义的种子。他说："马克思主义是科学的共产主义，而共产主义社会，曾是中国历史上一切伟大思想家所共有的理想。从老子、墨子、孔子、孟子，以至于孙中山，都希望着世界上有'天下为公'的大同社会能够出现。"② 总的来看，艾思奇对中国传统文化的探讨还比较简单，还几乎没有提及中国传统文化的独特思想和精神。与此同时，虽然他认识到马克思主义哲学中国化，必须与中国传统文化、哲学相结合。但从其思想主旨来看，他一贯强调的是马克思主义哲学与中国实践的结合，对马克思主义哲学与中国传统文化的结合自身也很少实践，略显其对传统文化和哲学的重视不够。

4. 综合实践经验和思想文化的优秀成果，形成中国的马克思主义哲学

艾思奇认为，在把握了中国社会发展规律和批判吸收了一切优秀成果后，还应做进一步的综合提升工作，很好地把这两方面的内容融进马克思主义哲学，并采用中国传统哲学思想的表达形式，进而形成充满民族特性的中国化的马克思主义哲学理论形态。关于马克思主义哲学的表达形式问题，他在1939年3月的《关于形式伦理学和辩证法》中曾提及。他说："关于哲学中国化原则上不外两点：第一要能控制中国传统的哲学思想，熟悉其表现形式；第二要消化

---

① 《艾思奇全书》第2卷，北京：人民出版社2006年版，第553页。
② 《艾思奇全书》第2卷，北京：人民出版社2006年版，第683页。

今天的抗战实践的经验与教训。"① 可惜的是，他并没有对这个问题展开探讨。其实，他的《大众哲学》就是探索马克思主义哲学表达形式民族化的重要表现。但他并没有对这方面给予任何评价，这也显示出他本身对表达形式的民族化问题，还没有给予足够的关注。我们看到，他对马克思主义哲学中国化的论述，还多是限于一般意义的总体性论述，对如何利用民族文化的表达形式等问题，比如，如何提炼范畴、概念等，还没有进行深入的研究和探讨。他本人的马克思主义哲学著作，也还不能如毛泽东的著作那样具有明显的中国民族文化特色，也还缺少中国风格、中国气派。这可能与他的知识结构有关，可能本人对中国传统文化、哲学还缺乏深入的理解和把握。

总之，如上所述，我们对艾思奇马克思主义哲学如何实现中国化的总体思路和具体步骤、作法，进行了初步探析。从研究中可以看出，艾思奇马克思主义哲学如何实现中国化思想，既有一般的理论层面的内容，又有具体的操作层面的内容，因而其思想既深刻又实用，确实值得我们好好地继承和发扬。需要指出的是，他的马克思主义哲学如何中国化的几个具体步骤，只是逻辑构建的一种大概顺序，并非是严格意义上的时间继起顺序。

---

① 《艾思奇全书》第2卷，北京：人民出版社2006年版，第683页。

第五章　对艾思奇马克思主义哲学中国化思想的评价

前四章，我们对艾思奇马克思主义哲学中国化思想的主要内容、产生和发展的主客观条件、思想演变的阶段等，做了初步的研究和探讨。正如他本人在《如何研究哲学》中所认为的那样，研究哲学不仅在于"要懂得过去的哲学家说过些什么"①，更重要的是需要知道各时代各派的哲学家怎样处理他们遇到的时代问题。由此，我们才知道在现在的今天怎样处理自己遇到的问题，"才可以知道过去的哲学家有些什么有价值的遗产值得我们接受，有些什么不对的地方应该批判，不够的地方应该发展"②。这一章，我们就将秉承他的这个思想，试图对其思想做一实事求是的评价，指出其思想究竟到了一个什么样的水平，有哪些宝贵思想值得我们继承，有哪些历史局限需要我们超越，企图弄清马克思主义哲学中国化研究的"起跑线"，并超越这个"起跑线"更好地前进。

---

① 《艾思奇全书》第2卷，北京：人民出版社2006年版，第89页。
② 《艾思奇全书》第1卷，北京：人民出版社2006年版，第90页。

一、马克思主义哲学中国化研究的开创者、奠基者

1. 中国化研究的开创者、奠基者

艾思奇把握时代文化演变和马克思主义哲学发展的客观规律，敏锐地反映实践的要求，早在1934年就开始了马克思主义哲学中国化初步工作的研究。他倡导并亲自参与了马克思主义哲学通俗化、大众化运动，撰写了风靡一时、影响深远的中国马克思主义哲学发展史上的名著——《大众哲学》。该书是中国马克思主义哲学发展史上，第一次把马克思主义哲学与人民群众的日常生活结合起来，把马克思主义哲学具体化并加以发展的、中国人自己的马克思主义哲学著作。他响应抗日救亡时代任务的召唤，早在1936年2月，就开始把马克思主义哲学与中国实践问题——民族解放结合起来，改变了过去中国马克思主义哲学研究以介绍为主的弊端，第一次把马克思主义哲学研究的重心几乎全部放在了与中国实际的结合上，把马克思主义哲学通俗化、大众化运动推向了更高的马克思主义哲学中国化阶段。他还是中国马克思主义哲学发展史上第一个提出"哲学中国化、现实化"命题的人，也是中国第一个明确提出马克思主义哲学中国化思想、间接提出"马克思主义哲学中国化"命题的人。他突出强调了马克思主义哲学中国化的实践主路径，就如何学习、研究、应用马克思主义哲学提出了系统的意见，指明了马克思主义哲学中国化前进的基本方向。虽然没有直接证据表明，艾思奇对毛泽东提出马克思主义中国化命题产生的影响，但从二人有关中国化的内涵定义来看，思想的实质是一样的。作为毛泽东比较欣赏的、交往频繁的哲学朋友、战友，可以肯定地说，艾思奇的马克思主

哲学中国化思想,影响了毛泽东,并为毛泽东提出马克思主义中国化命题提供了思想条件。

2. 中国化思想史上不可或缺的重要人物

他独立自主地提出了马克思主义哲学中国化的内涵,还系统论述了有关马克思主义哲学中国化的一些基本问题。比如,马克思主义哲学中国化的必要性、可能性和基本途径等,拥有着关于马克思主义哲学中国化的丰富思想,形成了一个相对完整的马克思主义哲学中国化思想的理论体系。如上所述,不难得出这样的结论:艾思奇不愧是马克思主义哲学中国化研究的开创者、奠基者,为推动马克思主义哲学中国化研究做出了前所未有的贡献。他是马克思主义哲学中国发展史上、马克思主义哲学中国化思想发展史上,一位不可或缺的重要人物,是任何研究马克思主义哲学中国化发展史、马克思主义哲学中国化思想史,都必须充分重视的重要人物。然而,在现实中,研究马克思主义哲学中国化的著作常常舍艾思奇而过,令人感到诧异。这也充分说明,当前学者对马克思主义哲学中国化思想发展史把握的欠缺。

二、艾思奇马克思主义哲学中国化研究达到了相当高的水平

1. 奠定了高的研究起点

随着研究的深入,我们更加对艾思奇表示尊重和敬仰,更加被他对马克思主义哲学的科学把握、对马克思主义哲学中国化的系统论述所折服,更加叹服其思想的超前性和所具有的高水平。他为我们树立起了一个高高的研究起点,然而我们却往往没有借助这个高

的起点，向更高的研究顶峰攀登，还多是徘徊在这个起点周围，甚至没有达到这个起点。有时真为我们不能好好地利用这个起点而感到自责，真为我们不能更多地超越这个起点而感到惭愧。正如我们在第一章所论述的那样，艾思奇认为，马克思主义哲学中国化就是把马克思主义哲学具体应用到中国并发展它，形成充满民族性内容的中国自己的马克思主义哲学。他批判叶青等把"中国化"理解为完全把马克思主义哲学变为中国东西的错误思想，在正确应用、理解、精通的意义上来使用"中国化"概念。艾思奇与叶青关于"中国化"的争论，是 20 世纪 30、40 年代的一个非常重要的争论。通过争论初步解决了有关中国化的理解问题。可是当前学者很少人关注这个学术史上的重要争论，还多是把"化"字当作"完全改造"的意思来理解，进而认为马克思主义哲学不能提中国化，否定马克思主义哲学中国化。其实，如果能好好地了解马克思主义哲学中国化思想史，这种学术认识、学术观点就可以少出，即使出了也可以从新的视角展开质疑，进而促使我们能更加理性对待马克思主义哲学中国化问题。

2. 见解独到深刻

我们知道，艾思奇的马克思主义哲学中国化思想有着开阔的视野，是实践性、时代性、民族性和世界性的有机统一。既高度重视解决实践问题，又强调对民族文化内容和时代文明的吸收。可现在我们讨论马克思主义哲学中国化不是过于强调对实践的结合，忽视了与中国传统文化的结合；就是过于强调民族的文化内容，对时代一般的优秀成果重视不够，往往让人担忧这种过分的民族化，可能会对马克思主义哲学中国化发展带来负面影响。还有一个比较细节的问题是，现在很多人认为，毛泽东建立"民族形式"的马克思主义中的"民族形式",就是指中国传统文化、哲学的表达形式。其实,这是一个不小的误解。如果仔细阅读文本就会发现,在毛泽东、艾思奇那里,这个"民族形式"是一个比较广义的概念,既包括民族文化形式的意思,也包括民族内容(独特的社会发展规律等)的意思。比如,艾思奇在《旧形式运用的基本原则》中,在阐释毛泽东的思想,讲到未来文艺发展的方向时说:"今后的抗战文艺首先是民族的东西。所谓民族的,并不是着重在形式,并不是着重在于民族旧艺术的形式的发展,而主要是内容,在于它能够用适当的形式(每一个作家自己能运用的适当形式)表现民族抗战的生动的力量,发扬民族的自信心、坚决心,写出一切抗战中最优秀的民族的典型人物。"① 虽然艾思奇在这里谈的是新文艺发展的问题,但可以从这里来理解毛泽东的建立民族形式的马克思主义的内涵究竟是什么。艾思奇从马克思主义哲学的实践本性、发展本性、方法论本性,马克思主义哲学现实化自身,特殊的国情,正确革命实践等的需要出发,论述了马克思主义哲学中国化的必要性。理由全面、深刻,特别是他的马克思主义哲学要实现自己就必须中国化,马克思主义哲学要实现自己就必须借助中国传统文化的思想,具有很强的思辨性,见解十分独到。当前关于"马克思主义为什么要中国化"的研究文章,大都还是从马克思主义哲学的实践性、发展性,特殊国情,文化发展一般规律等加以论述的。有关认识尚未超出艾思奇思考的水平,并且还很少有如艾思奇的马克思主义哲学实现自身的需要这样更深刻的理由出炉。艾思奇从一般与个别的辨证角度入手,很好地解决了马克思主义哲学中国化的可能性问题。此论点为马克思主义哲学中国化何以可能,找到了很好的理论依据。现在学者大多还是

---

① 《艾思奇全书》第2卷,北京:人民出版社2006年版,第474页。

采用这个观点，可见其思想的正确性和达到的水平。艾思奇对马克思主义哲学中国化如何实现问题，不但有清晰的总体思路，而且还做了详细的、带有操作性的描述和介绍。这种对如何实现中国化的具体研究，仍对当前如何做好马克思主义哲学中国化，有着十分重要的参考和借鉴意义。

三、艾思奇马克思主义哲学中国化思想的特点

如果要说艾思奇的马克思主义哲学中国化思想有什么特点，那么我们认为从总体上来看有这样几个特点：一是思想以独创性为主导。虽然艾思奇的马克思主义哲学中国化思想受毛泽东的影响很大，思想的发展完善就是在毛泽东的影响下完成的，但我们绝不能把毛泽东的影响绝对化，进而看不到艾思奇本人的独创性。正如我们在第一章所论述的那样，艾思奇马克思主义哲学中国化思想是以独创性为主导的，他有关马克思主义哲学中国化的思想，不但早于毛泽东，而且基本思想贯穿如一，并没有因为受毛泽东的影响而改变自己的认识。这种既坚持自己的见解，又丰富发展自己的思想的做法，对我们来说有很大的启发意义。二是全面性、丰富性、系统性。对什么是马克思主义哲学中国化、马克思主义哲学为什么要中国化、马克思主义哲学怎样中国化，这个马克思主义哲学中国化的核心理论问题，做了全面论述，思想十分丰富。思想的这种丰富性，在马克思主义哲学中国化发展史上，是非常少见的。三是认识深刻、水平高。虽然，他还只是马克思主义哲学中国化早期的探索者、开创者，但其思考问题的深度，却远远超越了其探索者的身份，为我们留下丰厚的精神遗产，为我们提供了一个高的研究、发展的起点。

除了这些总体特点,艾思奇马克思主义哲学中国化思想还有以下几个具体的突出特征:

1. 坚持和发展的统一

这是艾思奇马克思主义哲学中国化思想的一个非常鲜明的特点。艾思奇认为,马克思主义哲学中国化,从根本上讲就是坚持马克思主义哲学、发展马克思主义哲学。坚持和发展内在统一,相互促进。坚持马克思主义哲学是马克思主义哲学中国化的前提,只有坚持马克思主义哲学才能把马克思主义哲学中国化,才能发展马克思主义哲学,才能更好地把马克思主义哲学中国化。艾思奇在其文本中反复强调,坚持马克思主义哲学对马克思主义中国化的重要性。他在《论中国特殊性》中的论述比较有代表性。他说:"愈更要能中国化,就是指愈更能够正确坚决地实践马克思主义的立场的意思,愈更能创造,就是指愈更能够展开真正的马克思主义的意思。"① 同时,又必须发展马克思主义哲学,发展马克思主义哲学是马克思主义哲学中国化的必然产物和结果。从最早展现其中国化思想的1936年2月的《民族解放运动的镜子》开始,直到1942年的《怎样改造我们的学习》等,艾思奇的主要哲学研究文章强调的一个基本思想,是不能教条主义式地对待马克思主义哲学。马克思主义哲学的基本原理、公式,只是我们研究的方法、起点,而不是随意镶嵌事实的万能公式,必须从事物的具体情况出发,寻找规律,解决问题。坚持和发展相互交融、相互推进,循环往复,不断前进,不断推进马克思主义哲学中国化,不断推进马克思主义哲学的发展。

---

① 《艾思奇全书》第2卷,北京:人民出版社2006年版,第774页。

第五章 对艾思奇马克思主义哲学中国化思想的评价

坚持与发展的有机统一，既是马克思主义哲学中国化的基本内涵，又是马克思主义哲学中国化的必然要求。这个观点给予我们深刻的启示。马克思主义哲学中国化、马克思主义中国化，并不是要另辟路径，把马克思主义基本原理化掉、丢掉，去搞一个全新的东西。不坚持马克思主义的基本思想、观点，马克思主义不但实现不了中国化，还将对事业带来巨大的损失。马克思主义发展史上的经验和教训，再次证明了坚持马克思主义的重要性。东欧剧变、苏联解体的原因很多，但其中的一个重要原因，就是放弃了马克思主义的基本原则、基本方向。其结果带来的是社会动荡、经济发展严重下滑、人民生活水平空前下降等。中国是个多民族、发展中国家，中国的发展水平与世界发达国家的发展水平还有相当大的差距，为了民族振兴和人民福祉，我们就必须吸取这些国家的经验教训，就必须坚持马克思主义。任何时候都不能把马克思主义中国化，看作是完全发展自己的东西。坚持马克思主义，但坚持的目的，是为了解决重大实践和发展问题。因此，又必须理性地看待马克思主义，不能奴隶般一字一句奉守马克思主义、奉守已经取得的马克思主义中国化的理论成果。必须把马克思主义与中国的实际结合起来，要根据发展的新情况，具体应用马克思主义，研究自己的具体问题，找出解决自己问题的办法。在这方面，我们有着深刻的教训。不仅革命时期、抗日战争时期，对马克思主义的教条化理解，导致了惨重的革命失败，就是在新中国成立后我们硬搬马克思主义的理论，脱离实际，搞一大二公、纯粹的计划经济，也将社会发展拖到了经济崩溃的边缘。同时，在理论研究上，我们不能过分突出某几个人的中国化思想，这样做不但对其他前人缺乏正确的评价和尊重，也阻碍了马克思主义哲学中国化研究的深入，要实事求是、全面地把握马克思主义哲学在中国的发展史。因此，对待任何马克思主义中国化的成果，我们都要坚持其内在的一致性和统一性，并在坚持的基础上创新，要把"新"与"旧"很好地联系起来。不能把马克思主义的中国化成果凝固起来，要与时俱进地不断实现指导思想的创新。

充分把握马克思主义中国化的内在要求，始终做到坚持与发展马克思主义的统一，既是马克思主义健康发展的保证，是马克思主义中国化健康发展的保证，也是我们的事业发展永葆青春和活力、免受更多挫折和磨难的重要保证，这是摆在我们每一个马克思主义者面前的光荣使命。

2. 民族性和世界性的统一

正如我们在前几章所论述的那样，艾思奇认为，马克思主义哲学中国化，不仅仅是对民族性内容的吸取、融合，还必须吸纳、融合包括科学发展新成果在内的一切时代的优秀思想成果。不但要把马克思主义哲学中国化，还要把马克思主义哲学中国化推到马克思主义哲学发展的新阶段。可见艾思奇马克思主义哲学中国化的开阔视野和"高规格"的要求。艾思奇理解的马克思主义哲学中国化，不像现在许多人理解的那样，把马克思主义哲学中国化等同于马克思主义哲学的民族化，突出强调马克思主义哲学与中国实践、民族文化结合的"本土化"。他是把民族性和世界性，作为了中国化的内在要求和组成部分。世界性和民族性是中国化保持真理性的必然途径，也是马克思主义哲学真正中国化的内在保障。艾思奇的这种思想，对于今天我们科学理解马克思主义哲学中国化，正确推进马克思主义哲学中国化，具有十分重要的意义。

如何处理民族性和世界性问题，是马克思主义哲学中国化的基本问题。马克思主义哲学要在中国发挥指导实践的意义、发挥自己的真理性,真正的扎根发展,就必须综合提升中国实践经验,就必须把自己与中国的传统文化结合起来。但马克思主义哲学之所以成为最正确的世界观和方法论,根本在于它是对历史上一切思想文化成果的批判继承。因此,马克思主义哲学的发展,马克思主义哲学中国化还必须吸取时代一般的优秀文明成果,二者不可偏废、不能割裂。现在很多人认为,越是民族的越是世界的,由此强调民族性的重要性。其实这句话还只是笼统的判断,需要具体的辨析。民族性的东西粗略地可以区分为三个类型:一种的确是我们民族的东西,但是与世界一般文明常识、价值相违背的东西,也是应该淘汰的东西。比如缠小脚、贞节碑、官场文化等;一种是与世界一般文明常识、价值相吻合,但表现形式的确是我们自己的东西。比如中国"和"精神;三是仅用世界一般文明常识、价值现在还没法判断,的确是我们自己独特的东西,是我们自己对多样世界的正确认识。比如中国的书法、茶艺术、天人合一思想等。所以,民族的东西是个复杂的整体,笼统说"是民族的,就是世界的",是不科学的说法。因此,当我们在强调马克思主义哲学与中国传统文化结合时,必须对民族性的东西有个清醒的认识,不是什么民族性东西都要吸取。要吸取的是与世界一般文明价值相适应的优秀传统、吸取我们对世界和社会独特认识的东西。如果把民族文化中的残渣吸收进来,不但没有真正实现了马克思主义哲学中国化,发展了马克思主义哲学,而且还把马克思主义哲学中国化变作了过时的东西。能不能对中国传统文化做个整体性质的评价,学界意见分歧很大。文化相对主义认为,根本不可能把一种文化做整体性质上的评价,更不能把中西文化作对比,分出个优劣来。我们认为,承认文化的特殊性无可厚非,也是正确认识文化的必然要求。虽然时代不同的人对自身的认识不尽相同、民族不同的人对自身的认识也不尽相同，甚至差异悬殊，但是人类对自我的认识是不断发展的，人类的文化可以在分歧中找到统一，形成对人自身发展的一般性认识和价值。作为当下的我们，完全有可能以这种一般的价值为标准，对民族文化做一个整体性质上的评判。近代以来，时代文化发展的一般价值观是由近代西方文化提供的，因此，不承认中国传统文化在整体上落后近代西方文明，就是盲目自大。要追赶西方先进国家，就必须学习世界性的文明成果。马克思主义哲学要中国化，同样要吸取世界一般性文明成果。并且这种吸取又必须是根本的、虚心的吸取，不能是挂着学习、吸取西方文化的招牌，行落后的、腐败的所谓的中华民族"优秀文化"之实。艾思奇与叶青等关于中国特殊性论战的根本，是强调"中国要求进步，必须要追赶先进国家，要向先进国家学习"①。他还在《什么是辩证法》中指出，"学习西洋文化必须使它中国化，然而在学习西洋的时候仍是要彻底学习，不是要以中学为体"②。

近代中国文化发展的主题，就是如何处理世界性和民族性问题。鸦片战争之前，面对西方资本主义的快速发展，当时的人们还陶醉在自己民族性文化的优越之中，对世界性的文明成果不屑一顾。可当敌人的枪炮给我们带来伤痛的时候，我们又不得不被迫开始学习世界性的文明成果。但总体上看，这种学习是肤浅的、不彻底的。更多的时候，我们只是形式主义地学习西方的优秀成果，名为学习西方，实为贩运、兜售中国封建文化的老货。因此，五四以后，各种制度性改革、民主尝试，仿佛是一场场闹剧，令人啼笑皆非，却对社会发展于事无补。这也是一些爱国者忧心忡忡，甚至极端地提

---

① 《艾思奇全书》第2卷，北京：人民出版社2006年版，第767页。
② 《艾思奇全书》第3卷，北京：人民出版社2006年版，第149页。

出全盘西化的重要原因。要真正地追赶、超越西方先进国家，必须真学其先进文化，必须把其文化融会为自己文化的一部分，让它以人们自觉的行为方式和态度表现出来。这在今天看来依旧非常重要，我们离这样的要求，难道不是还有很大的差距吗？

3. 实践主导与理论提升的统一

如果说艾思奇哲学思想的显著特点，我们认为，那就是其强调文化是用来解决问题的，理论是为实践服务的。这个思想几乎贯穿了艾思奇的所有文本，也是他坚持一生的最基本的观点和信条。他对马克思主义哲学实践本性的反复强调，无非也是为了说明这一点。因此，他指出，我们学习马克思主义哲学，关键是为了解决问题。不解决问题的马克思主义哲学没有意义，也不应得到群众的拥护和尊重。马克思主义哲学在中国就必须与中国时代的不同发展主题结合起来，解决中国面临的问题，而不能脱离实际，流于空谈，变成纯粹的书斋哲学。这种对"问题"意识的强调，也让艾思奇把在实践中推进、创造马克思主义事业，作为了马克思主义哲学中国化的主导。他在《论中国特殊性》中强调，马克思主义哲学中国化是指，"要能在一定的具体环境之下实践马克思主义，在一定国家的特殊条件之下来进行创造马克思主义事业"①。"而不是在于从名词上来争执什么才叫做'化'，什么不是'化'的问题"②。实践主导的倾向，并没有使他忽略理论提升、理论总结的重要性。他在文本中，多次批评不重视理论总结、忽视学习理论的经验主义，认为理论能指导我们正确观察事物，改变世界。他更是对马克思主义哲学中国化取

---

① 《艾思奇全书》第2卷，北京：人民出版社2006年版，第774页。
② 《艾思奇全书》第2卷，北京：人民出版社2006年版，第774页。

得的理论成果感到自豪和骄傲。他在《抗战以来的几种重要哲学思想评述》中,对毛泽东、刘少奇等取得的马克思主义中国化理论成果,给予了高度评价,并做了比较详细的介绍。还殷切期望着,多出现"能够以中国历史和中国革命经验的总结为基础的辩证法唯物论的著作"①。

马克思主义哲学中国化要以实践为主战场,"要以中国无产阶级的实践任务为基础"②。艾思奇的这一思想,对今天如何推进马克思主义哲学中国化来说,仍显得"语重心长"。马克思主义哲学中国化需要纯理论的思考和提升,但绝对不能脱离实践,变为知识分子的"游戏"。我们面临的发展问题,实在是太多,太需要用马克思主义哲学的立场和方法来认识、解决问题。同时,也只有在解决问题中,我们才能真正发现中国社会发展的特殊规律,才能使马克思主义哲学中充满民族性的内容,才能真正推进马克思主义中国化。否则,仅靠理论研究、苦思冥想,也不可能"想出"马克思主义哲学中国化来。尤为值得注意的是,如果我们的事业发展不能取得大的进步的话,马克思主义哲学的声誉就必然要受损,面临失去群众的危险。没有群众的选择和支持,马克思主义哲学在中国的生存就会遇到问题,更不要说实现马克思主义哲学中国化了。

实践是马克思主义哲学中国化的主战场。随着实践的发展,马克思主义哲学不断中国化。但这种形式的马克思主义哲学中国化,还多是大量夹杂着感性的东西。要更好地洞察我们的发展方向和前途,就必须做进一步的理论提升和综合工作,形成更为一般的固定性的理论成果。所以理论提升意义重大,轻视理论提升是错误的。把带有明显感性痕迹的经验,提升为高度抽象的一般化的哲学,是

---

① 《艾思奇全书》第3卷,北京:人民出版社2006年版,第262页。
② 《艾思奇全书》第2卷,北京:人民出版社2006年版,第547页。

一个复杂、长期的过程,需要一批专门从事理论研究和思考的专家和学者。做好理论提升工作,其中的一个关键是,我们的提升必须是科学的提升,必须是反映世界客观发展规律的提升。只有这种提升才能经受住历史的考验,这样的马克思主义中国化成果,才能取得存在的价值和获得认可。目前学界喜欢谈创新,动辄就讲创新。创新当然是好事,是马克思主义哲学不断中国化的具体体现。但创新应避免三种错误倾向:一是不能拾人牙慧,把前人早就认识到的,因为自己的不了解,现在提出来的,称之为创新;二是不能把所谓的新、奇、怪的形式新颖,当作创新。这种创新往往是应时的"浮萍",是经受不住风吹雨打的;三是不能把损害群众利益的东西作为创新,这种创新不过是获取自己利益的幌子。理论提升、理论发展、理论创新是一个实事求是的过程,来不得半点虚假。扪心自问,我们感觉,当下的马克思主义哲学中国化还有许多的工作要做。艾思奇马克思主义哲学中国化思想,实践主导和理论提升相统一的特点,值得我们认真学习领会,并更好地将其用在马克思主义哲学中国化的实际过程中。

四、艾思奇马克思主义哲学中国化思想的历史局限

以上,我们对艾思奇马克思主义哲学中国化思想的价值和贡献,做了简单的评价。当然面对丰富而又深刻的思想,由于理解、研究的有限性,这些评价到底到不到位,还有待于大家的批评。研究一个人的思想,指出其思想的价值,便于我们吸收利用,只是研究的一个方面。不为研究对象"讳",同样是研究的重要要求。我们发现,有时候一些研究者对自己的研究对象"珍爱有加",研究对象明

明存在着思想上的不足，但研究者要么遮遮掩掩，要么找理由为之开脱。其实这种做法，并非就是尊重被研究者。基于这样的考虑，我们尝试着对艾思奇马克思主义哲学中国化思想的不足，做一简单探讨。

1. 一些思想的表述还不够准确和缜密

总体上看，艾思奇的马克思主义哲学中国化思想，非常丰富和深刻。但在对一些概念、命题的内涵理解和表述上，还存在过于笼统，不够准确、严谨的瑕疵。比如，他关于马克思主义哲学概念的理解。在1932年到1947年间，受苏联教科书模式的影响，把辩证唯物主义和历史唯物主义内在有机统一的马克思主义哲学，分割为两个部分，仅把马克思主义哲学狭隘地理解为辩证唯物主义，因而他的马克思主义哲学中国化概念的外延也相应受到了很大限制。比如，他的马克思主义哲学中国化思想内容丰富、自成体系，却没有形成马克思主义哲学中国化的固定概念和命题。还经常使用哲学中国化、辩证法唯物论中国化、辩证法唯物论在中国的具体应用、辩证法唯物论的实际应用、马克思主义中国化等多种比较混乱的提法，来表达马克思主义哲学中国化这个概念和命题。虽然其马克思主义哲学中国化内涵是一致的，但由于使用多个概念表达，既不严谨，也很容易形成歧义和误解。再比如，他经常使用一些鲜明的个性化词语，来表达和概括马克思主义哲学。例如，把马克思主义哲学称之为"能干"的哲学、"吃亏"人的哲学。虽然，这些表述有自己的独到之处，也的确抓住和反映了马克思主义哲学的一个方面的深刻本质，但总的看来，还很容易造成对马克思主义哲学的片面理解，进而导致庸俗。他几乎还很少涉及马克思主义哲学最有活力、最具价值的内容——人的自由发展等。

第五章 对艾思奇马克思主义哲学中国化思想的评价

除了概念表述不准确外，他的一些重要思想受意识形态的影响，有时又很难保持一致、坚持到底。比如，他认为，马克思主义哲学中国化要吸收时代文明成果、反映时代特点。这本身是一个很独到的维度，对于正确处理马克思主义哲学与西方文明、自然科学等的关系，推动马克思主义哲学中国化，有着十分重要的意义。但为了承担宣传毛泽东思想的重要政治任务，他经常惯性地使用毛泽东关于马克思主义中国化的定义和理解。这个思想除了在《哲学"研究提纲"》等个别文献中昙花一现外，很少再提及和发展，非常令人惋惜。完全突出领袖人物的思想，使得毛泽东对于马克思主义中国化的认识，具有垄断的话语权，进而也限制了多维度推进马克思主义中国化的可能性。这也使自己的思想经常和毛泽东思想相互纠缠，文本展现出来的、复杂的思想交织局面，往往掩盖了其独特的思想，为后人理清他的思想造成了很大的困难。其思想存在的另外的一个缺点是，一些思想的表述也往往限于一般性的描述，缺乏细致的分析和论证。比如，他认为，形成中国的马克思主义哲学，要吸收实践经验和教训、时代的文明成果和中国优秀的传统文化，但究竟如何使这三者内在融合，提炼并形成概念、范畴、命题和原理，进而形成具有中国风格和气派的马克思主义哲学体系，他言之甚少，只是指明了大概的方向。这显然是个复杂的过程，有着严格的学术要求和步骤的。其实，他在这个方面，已经做出了一些很好的尝试和探索。例如，他在如何把个别经验上升为社会一般规律方面，做了有益的探索，提出许多切实可行的步骤和方法。令人可惜的是，他并没有继续从分析的角度对马克思主义哲学如何中国化，做出更加具体的研究。他的一些思想表述过于笼统的缺点，在当前我们的研究中，也依然存在着。这也是我们推进马克思主义哲学中国化研究迫切需要加强和改进的地方。

2. 主体性文化观不利于对文化的科学评价

正如我们在第四章所分析的那样，艾思奇的主体性文化观，是其马克思主义哲学中国化思想产生的重要主体条件。这种文化观，强调人在文化面前是主体，文化是满足人的需要，帮助人解决问题的。所以，人在文化面前应该有清醒的自我意识，能理性判断文化，不能像奴隶一样完全奉守文化。在这种文化观的指引下，艾思奇特别强调理论对实践的指导意义，强调要把理论原则当作方法，不能当作教条，要在指导实践的过程中加以发展。正是在这些思想的影响下，艾思奇能理性地看待马克思主义哲学，进而指出马克思主义哲学在中国必须与中国实际结合，必须能解决中国面临的问题。可以说，艾思奇马克思主义哲学中国化思想，就是这些思想的必然产物。我们看到，主体性文化观有其很大的合理性。在一定意义上说，人是文化的主人，文化是为人服务的工具，能不能解决问题，也是一种文化、一种理论存在的价值所在。这种文化观，在中国的形成是历史发展的产物，有着非常重要的意义。我们知道，随着西方国家的步步侵略，西方的文化价值日益凸显，而中国的主体性却步步衰落，中国传统文化被逐渐否定。至五四时期，中国的主体性低落到深渊，中国像奴隶对待主人那样看待西方文化，在西方文化面前没有一点判断力，不论黑白美丑一律拿来。随着时间的推移，这种理性被迷蒙的状态逐渐被打破，中国的主体性被重新发现。到了20世纪30年代，伴随着抗日救亡的使命，中国的主体性被重新确立。不再盲目引进外来文化，文化要以我的需要为本的主体性文化观形成。可以说，主体性文化观是对中国近代发展经验教训的科学总结，是近代中国文化发展的珍贵产物，为我国未来文化的发展奠定了一定的基础。

在抗日救亡背景下形成的这种主体性文化观,对于克服五四时期对文化的盲目崇拜,人没有一点判断力和主体性的缺陷,强调主体性是有其合理性的一面。正如与简单地把人与文化的关系看作是主人和奴隶的关系一样,把二者完全对立起来,格外突出人的主体性地位,就又走向了反面,存在着明显的非理性。人与文化的关系,不是绝对对立的关系,人也不是文化面前的绝对主体。文化决定人,人有时就是文化的产物,甚至可以说人本身就是文化。人与文化是决定与被决定的辩证统一关系,相互作用,很难说人是主体。这种主体性文化观的最大弊端,是以能否解决问题、能否满足我的需要,这个比较主观的标准来判断文化的价值,很难真正科学地评估一种文化的价值。文化的价值不一定完全就是以解决问题为自己的存在依据。很多有关世界和自我的认识,是很难对应、转化为指导实践和解决问题的,但这些文化同样价值重大。同样,实践是在不同时间和空间下的主体的实践,因此,人们面临的实践问题有着很大不同。能指导"此"实践的文化、理论,也许就不能指导"彼"实践,但不能因此,以自己的实践判断去否定这种文化的价值。再者,人学习文化很重要的目的,固然是为了解决实际问题。但很多文化的学习、选择,不能仅以解决实际问题为标准。文化有时看起来与人的实践毫无帮助,然而却是人发展完善所必须的,所以不能以自己的好恶为标准。

这种主体性文化观带有明显的缺点,需要进一步向理性的方面完善。一方面,在一定程度的确要显示自己的主体性,有选择性地拿来,不能在文化面前丧失自我;另一方面,又必须降低自己的主体性,要对一切经过人类选择发展下来的各种有价值的文化,给予足够的尊重。即使这种文化看起来,几乎与自己的生活、实践完全无关。特别是,在多元文化发展的今天,如何对各种文化有一个更加理性的认识,是一个从微观上关系个人生活,从宏观上关系国家发展的大问题。需要我们在反思艾思奇的文化观的基础上,再前进一步。

3. 对如何吸取中国传统文化探讨不足

正如上面所论述的那样,艾思奇马克思主义哲学中国化思想,非常重视马克思主义哲学与中国传统文化的结合。他认为,马克思主义哲学中国化实现的一个必经的途径,是与中国传统文化结合,通过传统文化融进中国社会,扎根、发芽、结果。由此,他认为,必须挖掘和继承中国文化的优良传统,丰富和发展马克思主义哲学。他还对什么是中国文化的优秀传统,进行了比较有自己特色的探讨。指出中国传统文化中,有辩证法唯物论和共产主义的传统。艾思奇的这些研究,初步探讨了马克思主义哲学与中国传统文化结合的问题,对后人有着非常强的启发和指导意义。同时,我们也应看到,他的这种探讨还是比较表面的,没有触及马克思主义哲学与中国传统文化如何结合的实质问题。

我们看到,艾思奇在中国文化中找到的优良传统,往往是与马克思主义哲学内容相一致的传统。也就是说,艾思奇是用马克思主义哲学的标准,从中国传统文化中找出与自己相似的内容。这样的马克思主义哲学与中国传统文化的结合,也只能是起到一种对接的作用。实质上,不过是通过中国传统文化的形式,来表达马克思主义哲学的内容。这种结合方式的产生,同样可以看作是艾思奇主体性文化观的必然结果。艾思奇在《关于形式论理学与辩证法》一文中阐释马克思主义哲学中国化的两个基本原则时,很明显地暴露了其对中国传统文化的态度及如何看待马克思主义哲学与中国传统文化关系的。他指出,马克思主义哲学中国化的原则不外两点:"第一能控制中国传统的哲学思想,熟悉其表现方式;第二要消化今天的抗战实践的经验与教训。"① 对中国文化要"控制","控制"一词很生动、鲜明地表明了马克思主义哲学与中国传统哲学地位的不对等性,表明了马克思主义哲学是以一种主体的姿态来凌驾、审视和接受中国传统文化,是根据马克思主义哲学的需要、标准来研究、吸纳中国文化,而不是根据中国传统文化本身的性质、精神来吸取的。这样,中国传统文化自身的独特思想、精神,就不可能被发现。更不要说,马克思主义哲学吸收中国传统文化的独特精神、独特思想了。从某种程度上说,马克思主义哲学为了中国化,需要这种对接式样的结合,也需要用自己的先进性来批判中国传统文化的不足,以利于自己的生存、发展。但这只是初步的。更为关键的是,马克思主义哲学要真正吸取中国传统文化的独特思想,来丰富发展自己,首先就要降低自己的主体性,一定程度上要暂时放下自己的标准,平等地对待中国传统文化,尊重中国传统文化,虚心地学习、研究中国传统文化,进而找出可以弥补自己不足的东西,实现不但形式上的结合,而且是内容上的实质结合。艾思奇的这种不足,也是自马克思主义哲学传到中国来直到今天,马克思主义哲学始终没有解决好的问题,那就是究竟该如何看待、研究中国传统文化问题。在马克思主义哲学对中国传统文化研究的历史上,有很多惨痛的教训。很多时候看似很科学的批判继承,结果成为用固定的标准来肢解中国传统文化的无趣的游戏和反复。也许是时候,该来总结马克思主义哲学研究中国传统文化的历史了,是时候深入研究马克思主义哲学如何对待低于自己的、落后的文化的研究、吸纳问题了。我们应该在艾思奇的这种初步探讨的基础上,再勇敢地迈出一大步。

---

① 《艾思奇全书》第 2 卷,北京:人民出版社 2006 年版,第 623 页。

4. 对思想的精确表达重视还不够

马克思主义哲学中国化，要形成中国气派、中国作风的马克思主义哲学，思想的表达形式问题不得不重视。不同的文化国度，思维的方式和思想表达的方式差异很大。作为从德国文化中产生的马克思主义哲学，它的概念、范畴、思想的表达方式，与中国人的语言、思维习惯有很大的不同。因此，如何用准确的中国的概念、范畴来表达马克思主义哲学，尤其是用中国传统哲学思想的表达形式来表达马克思主义哲学，是马克思主义哲学中国化的重要要求。"悬空的名词，洋式的理论，都不适于大众的胃口，奇僻的故事，舶来的典故，更不在他们的需要范围之内"①，所以，艾思奇对马克思主义哲学的表达形式问题，尤其是马克思主义哲学日常化的表达形式问题，做了探讨。他的《大众哲学》就是这方面的宝贵收获，这种探索对宣传马克思主义哲学的重大意义，可谓家喻户晓。

但是，毕竟马克思主义哲学是高度抽象的一般知识，大众化的表达形式与思想的精确传递之间，还是有着很大的区别。要让大众化不流于庸俗，要让大众化真正做好，还需要探讨马克思主义哲学在中国的学术化的表达形式。需要用更抽象、更严密的中国传统文化的概念、范畴，很好地来表达外来的马克思主义哲学。这也是准确弄清马克思主义哲学究竟是什么的前提。因此，马克思主义哲学的表达形式问题，可分为两个层面：一是学术层面的，从精确化传译马克思主义哲学思想的角度，用中国的概念、范畴来表达马克思主义哲学，这是个极其重要而又充满技术性的工作；二是日常层面的，从宣传马克思主义哲学的角度，用口语化的语言大概化地表达

---

① 《艾思奇全书》第1卷，北京：人民出版社2006年版，第364页。

马克思主义哲学。学术层面是基础性、前提性的工作,它是日常层面发挥正常作用的保证。艾思奇认识到了马克思主义哲学中国化的哲学表达形式问题的重要性。他在1939年3月的《关于形式伦理学和辩证法》中指出,关于哲学中国化原则上不外两点:"第一要能控制中国传统的哲学思想,熟悉其表现形式;第二要消化今天的抗战实践的经验与教训。"① 虽然艾思奇对马克思主义哲学中国化在日常表达形式的探索成绩很大,但对学术层面的研究却明显不够。除了上述的引文,他对此问题几乎没有再深入展开探讨,颇让人感到遗憾。这也从一个侧面说明,他对马克思主义哲学表达形式问题的重视还是不够的。

中国人的思维习惯善于笼统,缺少分析和精确化。这就导致,我们很多的情况下,只在乎了解个大概,不愿对一种思想进行细致地把握。结果往往使我们不能全面、系统地了解一种思想,把准其精神实质。常常是抓住一个方面,来攻击另一个方面。甚至把一种思想的最差的一面,当作最好的一面。坚持马克思主义哲学,是马克思主义哲学中国化的基础和前提。而准确地把握马克思主义哲学,则又是坚持马克思主义哲学的基本要求。准确把握,最终还是要固定化为概念、范畴等建构的逻辑体系。所以,马克思主义哲学的中国化哲学表达形式问题,是一个基础性而又关键性的问题。我们应在艾思奇的日常化表达形式的基础上,在学术层面的马克思主义哲学的表达形式问题上,有所进步。虽然,这是一个较为长期的过程,需要我们不懈的努力。

---

① 《艾思奇全书》第2卷,北京:人民出版社2006年版,第623页。

第六章 《大众哲学》与中国化

在前几章中，我们研究了艾思奇马克思主义哲学中国化思想的主要内容。艾思奇不但在理论上对马克思主义哲学中国化有着科学的认识和思考，在实践上也是一个推动马克思主义哲学中国化的典范。在某种意义上讲，他的一生就是为推动马克思主义哲学与中国革命、中国实际相结合，为推动马克思主义哲学中国化不断发展而奋斗的理论战士。接下来的几章，我们将在对比的基础上，研究艾思奇在实践上为推动马克思主义哲学中国化做出的重要贡献，展现其作为马克思主义哲学中国化开创者和奠基者的风采。

一、苏联哲学教科书撰写的"苏联风格"

学界一般认为，艾思奇在推动马克思主义哲学中国化方面的代表成果有两个：一个是在20世纪30年代上海时期写成的、影响几代人的、今天依旧有着重要意义的著名作品——《大众哲学》；另一个是在20世纪60年代主编的中国高等院校文科哲学教材——《辩证唯物主义历史唯物主义》。该书结束了中国长期使用苏联哲学教材的历史，使新中国真正有了自己的马克思主义哲学教材。要研究这两部著作之所以产生巨大影响、对推动马克思主义哲学中国化的重要意义何在，就需要我们将其与苏联哲学教科书和同时代中国学者写的马克思主义哲学著作对比研究，真正揭示出它们的内在魅力和开创性成就。这方面目前学界研究尚少，亟须加强。

1. "苏联哲学教科书"概念界定

"苏联哲学教科书"、"苏联哲学教科书体系"这两个概念，是中国乃至国际学界比较普遍使用的两个概念。但在对概念的外延界定上，存在着很大的差异。有的学者仅把1938年斯大林著的《辩证唯物主义与历史唯物主义》作为标志。学界多数人的观点认为，苏联哲学教科书不是指某一本苏联哲学教科书，而是大致从20世纪20年代到60年代苏联将马克思主义哲学体系化、教材化而形成的多部著作的统称。其中，又以30年代苏联西洛可夫等著的《辩证法唯物论教程》、米丁等著的《新哲学大纲》、米定等著的《辩证唯物论与历史唯物论》、斯大林著的《辩证唯物主义与历史唯物主义》及50年代康斯坦丁诺夫主编的《马克思主义哲学原理》最为有名。这些著作代表和展示着苏联官方马克思主义理论家对马克思主义哲学的解读和阐释。无论从结构和风格上，还是从内容和体系上，它们都有着极大的一致性和"家族相似性"，打上了深深的苏联"烙印"。只要我们接触和研读这些教材，就能强烈地感受到苏联对马克思主义哲学把握的独特方式和角度。这些著作先后被我国学者译介到中国，并对中国学习研究宣传马克思主义产生了很大的影响。

我们认为，后一种对苏联哲学教科书的认定比较客观和符合实际。苏联哲学教科书有着一个历史发展的过程，是一个伴随着苏联马克思主义理论家对马克思主义哲学理解的深入而不断完善的过程。虽然，斯大林著的《辩证唯物主义与历史唯物主义》，作为官方的权威文本,被翻译、印刷的版本无数,产生的影响也大到几乎难以估计,但作为《联共(布)党史简明教程》第四章的第二节,字数十分有限,内容是高度浓缩和凝练的,不能从广度和根本上反映苏联马克思主义理论家对马克思主义哲学诠释和理解的整体风貌。仅仅把斯大林著的《辩证唯物主义与历史唯物主义》作为标志,就很难看到斯大林《辩证唯物主义与历史唯物主义》产生的思想来源和铺垫,了解苏联哲学教科书体系的丰富内容和多重视角,把握30年代后苏联哲学教科书的进一步完善和发展。因此,研究、把握苏联对马克思主义哲学的解读和阐释,必须从整体上全面地把握苏联哲学教科书的主要代表作,应把它们作为一个内在一致的、不断发展的著作群来看待。要研究艾思奇《大众哲学》对推进马克思主义哲学中国化的开创性贡献,我们必须将《大众哲学》与同时代的苏联哲学教科书作对比研究。看看苏联哲学教科书不能满足中国需要的原因是什么?《大众哲学》为什么能应时而动、脱颖而出?

2. 苏联哲学教科书的撰写风格

学界普遍认为,20世纪30年代在中国影响最大的苏联哲学教科书,是西洛可夫等著的《辩证法唯物论教程》、米丁等著的《新哲学大纲》和《辩证唯物论与历史唯物论》(此书又以《辩证法唯物论》《历史唯物论》分册出版)。通过研读这些书,我们会发现,这些教科书不但在内容和结构上有着很大的一致性和相似性,而且还形成了独特的哲学教科书撰写的体例和范式,呈现着浓浓的"苏联风格"。我们可以粗略地将这种独特的"苏联风格",概括为以下几个方面:

(1)史论结合,注重对哲学史的研究和把握。我们看到,30年代早期的苏联哲学教科书在撰写上,都很注意理论表达与历史总结的辩证统一，注重史论的结合。既注重论证马克思主义哲学新思想、新观点的重要内涵、重大意义等，又注重研究马克思主义哲学这些新思想、新观点产生的历史过程，注重哲学史的研究和概括。较为全面、深入地论述了这些新思想、新观点产生的具体历史条件和思想准备，使读者能顺从哲学史发展的轨迹，把握马克思主义哲学产生的内在必然性和逻辑性，系统了解马克思主义哲学产生、发展的历史，既看到马克思主义哲学植根人类优秀文化、有着丰厚的文化底蕴和精神继承，又看到马克思主义哲学顺应时代发展，概括、总结时代精神，超越以往思想认识，与时俱进的历史性突破和创新。

注重史论结合的撰写风格，使得这些教科书在研究、阐发马克思主义哲学时，一开始就从哲学史的研究入手，在体例、结构安排上都用了较大的篇幅论述、总结哲学史的发展。这些教科书，基本上前面的几个章节都是讲"史"的部分，后面的主要章节是讲"论"的部分。在哲学史的研究和布局上，主要侧重三个方面：一个是马克思主义哲学产生前史的研究，研究马克思主义哲学产生前的辩证法和唯物主义思想的历史发展；另一个是马克思主义哲学创始人马克思、恩格斯自身的思想发展研究，研究马克思、恩格斯自身思想转变、发展、成熟的历史；再一个是马克思主义哲学产生后的思想新发展史的研究，研究马克思主义哲学发展的新阶段——列宁阶段和斯大林阶段。在"论"的部分，主要是从世界观、认识论、辩证法的角度，阐述马克思主义哲学的主要原理和观点。例如，米丁等著的《新哲学大纲》共八章，整体分为两个部分：史的部分——辩证唯物论之历史的准备和发展，多达五章的内容；论的部分——辩证法唯物论，由三章内容构成。该书从古代世界的唯物论、16至18世纪哲学中唯物论和辩证法的诸要素、德国古典观念论哲学中的辩证法三个章节的篇幅，较为详细地介绍和梳理了马克思主义哲学建立之前的唯物论和辩证法思想的历史发展，从正面的角度论证了马克思主义哲学产生的唯物主义和辩证法的历史基础和条件。又用一章的篇幅，从辩证法唯物论的历史根源、从空想到科学、费尔巴哈的影响、辩证法唯物论创始者的马克思和恩格斯等四节，探究了马克思主义哲学产生的时代条件和背景，阐述马克思主义哲学自身的形成和发展。又用一章的篇幅，从金融资本时代，第二国际和辩证法唯物论，梅林、卢森堡、普列汉诺夫、伊里奇对辩证法唯物论的发展，斯大林对辩证法唯物论的发展四节，论述马克思、恩格斯之后的时代发展新形势和革命面临的新问题，论述马克思主义哲学在俄国发展的新阶段。再如，西洛可夫等著的《辩证法唯物论教程》，加上绪论共七章，其中前两章主要是讲史的部分，后四章是论的部分。在史的部分，该书与《新哲学大纲》的写法不同，不是从正面介绍唯物主义和辩证法思想的发展，而是从批判的角度，批判地叙述和研究了历史上观念论的马赫主义、康德主义与新康德主义、黑格尔主义与新黑格尔主义及18世纪的机械唯物论和现代机械唯物论，论述了旧唯物论和观念论的主要思想错误及缺陷等，论述了马克思主义哲学的发展及马克思主义哲学的列宁阶段。而米丁等著的《辩证法唯物论》共六章，其中三章为史的部分，三章为论的部分。与上述的两本书把史的部分放在前面的写法不同，该书把史的部分一分为二，分别放在前面和后面，形成史——论——史的叙事和撰写结构。在史的部分，与《辩证法唯物论教程》写法相同，主要是介绍了观念论和机械唯物论的历史发展，并着重介绍了马克思主义哲学在俄国的新发展——列宁、斯大林对唯物辩证法的新贡献等。

注重史论结合，把马克思主义哲学放在哲学发展史中来研究论述，注重对几千年哲学史的研究和把握，苏联哲学教科书这一显著特点引起了同时代中国马克思主义研究者和中国化马克思主义哲学著作撰写者的关注和认可。作为《新哲学大纲》的主要翻译者——艾思奇关注到了苏联哲学教科书这一显著特点和风格，并给予了很高的称赞。他在《新哲学大纲》译者序中指出："在编辑形式上，这本书有两个显著的特点：第一，是对于几千年的哲学史有深刻而简要的论述，使我们明白辩证唯物论是怎样从过去发展过来。"① 马克思主义哲学大众化的重要代表人物、《辩证法唯物论入门》的作者胡绳，高度认可苏联哲学教科书这一史论结合的撰写风格和特点。他在《辩证法唯物论入门》一书的前言中强调："……为了阐明辩证唯物论是如何在与各派的斗争中发展起来的，哲学史上的问题是有提出的必要的……"② 马克思主义哲学大众化的另一重要代表人物、《新哲学体系讲话》的作者陈唯实，也注意到了苏联哲学教科书这一撰写和编辑的形式和风格。他在《新哲学体系讲话》序言中，介绍自己的这本书的特点时指出："凡关于新哲学所包含的问题，本书都已讲过；不过因为偏重实际，偏重对于我们有关系的问题，企图把新哲学发挥为实用哲学；所以对于哲学史方面，是没有，这是本书的缺点。但那最近出版的新哲学世界观，就是对新哲学史的发展之研究，本来是要把它合并本书，终因某种缘故而仍外刊行，它可以当作本书的续编。"③ 从陈唯实对自己著作的批评，以及注重对哲学史的研究，并出版专门的研究新书来看，他是赞同苏联哲学教科书史论结合的撰写风格的。苏联哲学教科书史论结合的撰写风格得到了同时代中国马克思主义哲学研究者的认可、学习和借鉴，一

---

① 米丁等：《新哲学大纲》，艾思奇、郑易里译，北京：生活·读书·新知三联书店1949年版，第1页。
② 胡绳：《辩证法唯物论入门》，上海：新知书店1939年版，第2页。
③ 陈唯实：《新哲学体系讲话》，上海：作家书店1937年版，第3页。

些同时代的中国化马克思主义哲学著作撰写者,纷纷效仿和采纳这一撰写风格撰写自己的著作,这其中最有代表性的是张如心和李达。中国较早地采用史论结合的方法、系统地介绍马克思主义哲学的当属张如心。早在1932年,他撰写、出版了《哲学概论》一书,该书就是学习、采用苏联哲学教科书史论相结合的方式撰写的,主要就是结合哲学史的发展来阐述马克思主义哲学的基本原理,以讲哲学史为主,并在史的论述基础上讲解马克思主义哲学的新观点新思想。张如心高度重视史论结合的方法,他在《哲学概论》一开始就开门见山地强调了研究马克思主义哲学,必须从研究哲学史着手的重要性:"我们今天第一次开始讲哲学概论,照研究的计划是从古希腊哲学起;为什么研究马克思主义的哲学必须先从哲学史着手呢?这是因为马克思主义的哲学即辩证唯物论并不是19世纪突然发现的而是两千多年哲学史发展的结果,马克思的伟大正是因为他能够综合过去人类思想的贡献加以科学锻炼完成了彻底哲学体系。所以研究哲学史的目的也就是在认识马克思主义哲学的根蒂,这是非常重要的一件事。"① 他后来在该书中又多次强调这一观点的重要性,可见张如心对苏联马克思主义研究者注重从哲学史入手研究马克思主义哲学、注重史论结合撰写马克思主义哲学著作的肯定和认可。被学界称为"中国人自己写的第一本马列主义哲学教科书"的李达的《社会学大纲》,就采用和借鉴了苏联哲学教科书史论结合的撰写方式和风格。该书的第一章以"当作人类认识史的综合看的唯物辩证法"为题,从唯物辩证法的前史、唯物辩证法的生成和发展等环节,系统研究了马克思主义哲学产生和发展的历史。李达的学生陶德麟在2007年武大出版社再版的《社会学大纲》前言中,对李达的《社

---

① 张如心:《哲学概论》,重庆:昆仑书店1932年版,第1页。

学大纲》的主要特色和贡献，做了系统总结，其归纳为 8 条。其中第 2 条就是肯定和称赞李达注重哲学史研究、注重史论结合的撰写方法，他指出："作者发挥了列宁在《哲学笔记》中阐述的深刻思想，以较大的篇幅论述了唯物辩证法的前史，从原始思维讲起，一直讲到马克思主义哲学的直接先导德国古典哲学，予以提纲挈领的分析，给人以深厚的历史感，使人理解马克思主义哲学不是离开世界文明发展大道的学说，而是批判地总结人类认识史上一切积极成果的产物。这与后来苏联教科书的简单化的做法相比，准确得多。"① 陶德麟的评论一方面肯定了李达的史论结合的撰写方法，这也从一个侧面肯定了苏联哲学教科书的撰写风格；另一方面却只是把李达著作与其后来的苏联哲学教科书相对比，没有与其之前的苏联哲学教科书进行联系，没有指出《社会学大纲》对苏联哲学教科书撰写风格的借鉴和学习，这在认识和判定上又存在着明显的不足。

（2）强调哲学的斗争性，注重哲学批判。突出强调哲学的政治性、阶级性和党派性，突出强调哲学的斗争性，在阐述、介绍马克思主义哲学基本原理的同时，注重对唯心主义、宗教思想及各种修正主义、机会主义的揭发、批判，正面叙述、论证与反面批判、斗争有机融合、相互借力、相互支持，是苏联哲学教科书撰写的又一特点。翻开苏联哲学教科书，给人的最强烈印象，莫过于其对政治性的强调。通篇政治挂帅、政治至上、政治贯彻始终，完全把哲学政治化，把哲学看作是从属于政治的、是政治斗争的手段和工具，支持什么、批判什么，是非分明，一目了然。苏联哲学教科书普遍将正面阐述马克思主义哲学的基本原理和反面批判各种错误思想、观念、主义的双重任务担当了起来，以哲学的党派性、哲学两条路

---

① 李达：《社会学大纲》，武汉：武汉大学出版社 2007 年版，第 5 页。

线的斗争为全书的逻辑出发点、核心、依据和标准来组织内容和论述,对于政治斗争、思想理论斗争给予了较大的篇幅和较为详细的论述。可以说,强调哲学的政治性、党派性是苏联马克思主义哲学研究者解读、诠释马克思主义哲学的最突出的特点,也是理解苏联马克思主义哲学的一把钥匙。由此,也可以说,强调哲学的斗争性,注重哲学的批判性,是贯彻苏联哲学教科书的一条红线,是苏联哲学教科书编纂的显著风格。

注重理论批判,注重发挥马克思主义哲学的战斗性,注重有关政治斗争、理论斗争的叙述和总结的原因,归根结底在于苏联马克思主义哲学研究者和领导人对哲学、科学等意识形态各种形式性质的认定上。苏联马克思主义哲学研究者和领导人,从社会存在决定社会意识的原理出发,把哲学、科学等意识形态形式完全阶级化、政治化,突出强调哲学的党派性,把哲学划分为相互对立的阵营。他们认为,各种哲学都产生于具体的社会环境并被此种社会环境决定,它们代表和反映着特定阶级的需要和愿望。不同的阶级为维护自己的利益和愿望,都极力巩固和维护代表自己利益和愿望的学说。全部哲学史虽然看似光彩斑斓、绚丽夺目,各种学说纷呈,但实际上是可以划分为唯物主义和唯心主义两大阵营、两大派别。整个哲学史主要就是这两个派别相互斗争和发展的历史。代表着进步阶级的唯物主义是在同代表着反动阶级的唯心主义的斗争中,开拓出自己的道路来。马克思主义哲学作为人类优秀思想发展的必然结果,作为对全部科学研究成果的概括,是科学性和阶级性的统一。马克思主义哲学公开地承认自己的阶级性和党性,是代表和反映着无产阶级的利益和立场的,是为无产阶级和全人类服务的。马克思主义哲学的诞生也不是一帆风顺、自然而然的事情,而是马克思主义创始人及其继承者同各种唯心主义、形而上学,各种机会主义、修正主义，作不妥协斗争的产物和结果。马克思主义哲学日后的不断发展壮大依旧需要强调战斗性，通过对各种错误认识和思想的批判、斗争来巩固自己的基本原理，并开辟新的发展阶段。正是基于此种认识和观点，苏联哲学教科书在撰写上，注重对三种斗争史的描写和梳理：一是马克思主义哲学形成之前的哲学史上的唯物主义与唯心主义、唯物主义与宗教、辩证法与形而上学斗争的历史；二是马克思主义哲学创始人马克思、恩格斯与各种错误思想和观点斗争的历史；三是马克思主义哲学建立后，在发展过程中，列宁、斯大林同各种机会主义和修正主义斗争的历史。

在米丁等著的《新哲学大纲》中，对上述三种斗争历史的描述相对比较简略，有关哲学的党派性、两条路线斗争的论述也相对简单，仅在第六章中以一小部分的篇幅，介绍了马克思主义哲学与资产阶级哲学的对立与不同。该书更多是在具体论述马克思主义哲学的基本观点时，相应有针对性地批判唯心主义、形而上学及修正主义等在具体观点上的错误。而在米丁等著的《辩证法唯物论》中，六章内容中有两章多内容，是专门来论述"哲学中两条路线的斗争"，论述哲学的党派性、政治性、斗争性等。这一安排凸显了苏联马克思主义研究者对这一问题重要性的认识。在该书的第二章第一节中，较为详细地论述了哲学党派性这个问题，主要有以下几个观点：一是哲学史是唯物论与唯心论长期斗争的历史；二是唯物论和唯心论划分的标准问题，是以对思维与存在关系的不同回答为根本标准的；三是分析和研究了唯心主义产生的认识、社会等根源；四是党在哲学中的斗争是阶级斗争的阵线之一。在接着的第二、三、四、五、六节中，又对历史上的机械唯物论、主观唯心论、康德主义与新康德主义、黑格尔主义与新黑格尔主义、费尔巴哈的唯物哲学做了详细的批判。在该书的第六章，用了很大精力和笔墨，详细研究和批判了马克思主义哲学建立后产生和形成的现代机械主义和孟塞维主义化的唯心论及其代表人物、具体表现形式和主要思想观点等。该书的第六章,又论述了列宁在哲学领域内与共产国际内的机会主义和修正主义的论争、与普列汉诺夫的论争等情况。在西洛可夫等著的《辩证法唯物论教程》中,绪论和第一章是有关哲学党派性研究、哲学批判的内容。

苏联以哲学的党派性为标准,划分哲学阵营、研究哲学史的思想和方法,得到了同时代中国马克思主义研究者和中国化马克思主义哲学著作撰写者们的认可和采纳。同时代的中国化马克思主义哲学著作,普遍学习借鉴了苏联哲学教科书先讨论哲学党派性问题,然后分别论述两大对立阵营——唯物主义和唯心主义思想的逻辑构建。这在艾思奇的《大众哲学》和李达的《社会学大纲》中表现得非常明显。艾思奇的《大众哲学》在本体论部分一上来就是论述人们世界观的不同,从根本性质上把世界观分为两大类、两大阵营——观念论和唯物论。然后就以"一块招牌上的种种花样"先是介绍了观念论和二元论的主要思想及其错误所在,接着介绍唯物论、机械唯物主义、新唯物论的主要观点。李达的《社会学大纲》在有关世界观的章节中,也是以哲学的根本问题为逻辑起点的,然后分别论述唯物论、唯心论、折中论或二元论的基本观点,还深入地论述了唯心论产生的社会、认识论根源等。但两书对苏联哲学教科书注重发挥哲学的战斗性、注重对各种错误思想进行批判的主张和撰写风格,采纳的却并不多。主要是正面介绍各种派别的观点,很少涉及马克思主义同各种机会主义和修正主义斗争的历史。

李公朴在《哲学讲话》编者序中评判和介绍艾思奇的《大众哲学》时指出,《大众哲学》的一个缺点是,没有很好地发挥哲学的战斗性,对马克思主义哲学的反对方面进行批评和批判。他说:"自然，因为要节省生活忙的读者的精力时间，篇幅不能过多过长，大部分是正面的叙述，对于新哲学的反对方面的批评，比较少了一点，并不是读了这本书，就可以一切都完全理解。"① 这也从反面例证了当时中国学者对苏联哲学教科书注重哲学批判，注重论述政治、思想斗争史的编辑形式和方法的认可和肯定。当时的中国学者，不但认可苏联哲学教科书的这一作法，还在自己撰写的著作中借鉴和贯彻这一风格和作法。胡绳的《辩证法唯物论入门》和陈唯实的《新哲学体系讲话》是比较注重发挥哲学的战斗性和批判性的典型代表。胡绳对辩证法唯物论战斗的特性高度重视，在自己著作的逻辑安排上凸显其地位和重要性。他的《辩证法唯物论入门》开篇第一章，就是讲辩证法唯物论的战斗性，指出辩证法唯物论是社会斗争的武器，是在近代的尖锐的社会斗争中发展起来的，而且是被在这斗争中进步的人群所掌握的，用来改变现实的武器。同时强调，辩证法唯物论作为思想斗争的武器，是在与反动哲学斗争的基础上形成和发展的。陈唯实在《新哲学体系讲话》序言中介绍自己的这本书的特点时指出，强调新哲学的战斗性、注重理论批判是该书的一个重要特点。他说："新哲学是战斗的。所以这本书对于那些玄学的学说，错误或不正确的理论，都加以批判，使一般人不受那些东西的麻醉。并且互相比较也可以更加明白新哲学的正确性。本书最重要的任务，是在对于新哲学和科学学说之发扬。"② 正是从这一理念和指导思想出发，理论批判在陈唯实的《新哲学体系讲话》中占了较大的篇幅，用了较多的笔墨分别专题对唯神论、不可知论、观念论、形式逻辑、庸俗进化论、均衡论进行了研究和批判。

---

① 《艾思奇全书》第1卷，北京：人民出版社2006年版，第590页。
② 陈唯实：《新哲学体系讲话》，上海：作家书店1937年版，第2—3页。

（3）紧密结合俄国国情，突出马克思主义哲学俄国化最新成果。20世纪30年代早期，苏联的哲学教科书在对马克思主义哲学的理解和阐释上突出了马克思主义哲学的实践性，尤其是在认识论上突出了实践的地位和作用，强调马克思主义"为理论与实践之统一的马克思主义"①，"真正的实践，——它首先就是感官之实际的活动，——就是真理的理论之基础，它是真实理论底推动力，是真实性的标准"②，"生活、实践的观点，应当看作认识论底第一的和基本观点"③。他们认为，马克思主义哲学是世界观和方法论的统一，不是凝固不变、僵死的教条，是随着社会实践、时代的发展而具体化和发展的，不断丰富和充实自己的内容。实践的发展，要求把理论的认识提高到更高的阶段，以便给予实践确信与标定方向的力量。

基于对理论和实践这样的辩证把握，当时的苏联马克思主义研究者比较注重马克思主义哲学的新发展，注重马克思主义哲学俄国化最新成果的概括和总结，注重马克思主义哲学发展的新阶段——列宁阶段思想的介绍和阐释，以马克思主义哲学俄国化的最新成果来丰富和发展马克思主义哲学。西洛可夫、米丁等人的哲学教科书，在编辑和安排中生动地体现了重视马克思主义哲学俄国化的这一特点，主要体现在以下几点：一是在章节安排上突出对马克思主义哲学俄国化最新成果的介绍，都有专门的章节和较大的篇幅论述列宁、斯大林思想，认为他们的思想开辟了马克思主义哲学发展的新阶段，

---

① 米丁等：《辩证法唯物论》，沈志远译，北京：生活·读书·新知三联书店1949年版，第28页。

② 米丁等：《辩证法唯物论》，沈志远译，北京：生活·读书·新知三联书店1949年版，第34页。

③ 米丁等：《辩证法唯物论》，沈志远译，北京：生活·读书·新知三联书店1949年版，第229页。

并探讨了列宁、斯大林思想产生的具体条件和背景及他们与错误思想和主义斗争的历史等。例如,米丁等著的《新哲学大纲》共八章,其中有一章(第五章)就是专门讲"辩证法唯物论发展中的伊里奇(列宁)阶段",介绍伊里奇(列宁)、斯大林对辩证法唯物论的发展。西洛可夫等著的《辩证法唯物论教程》中,也有专门的节目介绍"伊里奇(列宁)为党派哲学与少数派的斗争"的历史,介绍"马克思主义哲学之发展,哲学上的伊里奇(列宁)阶段",详细论述列宁对马克思主义哲学新发展的具体表现等。米丁等著的《辩证法唯物论》,有"列宁主义——马克思主义发展中的更高阶段"、"列宁和唯物辩证法之继续发展"、"斯大林和唯物辩证法"等专门的节目,介绍马克思主义哲学俄国化的最新成果。这几本苏联哲学教科书,都较为一致地把列宁对马克思主义哲学的新贡献概括为政治和哲学两个主要方面:政治方面,主要是强调列宁揭示了资本主义发展新阶段——帝国主义阶段发展的规律性,提出了无产阶级革命和专政的学说。哲学方面,强调列宁利用科学发展的最新发现和成果,批判观念论对马克思主义哲学物质第一性、意识第二性等基本观点的围攻,捍卫马克思主义哲学的基本立场和观点;强调列宁对辩证法的发展,指出列宁把对立统一规律当作辩证法的核心,提出了矛盾的斗争性是绝对的、无条件的,矛盾的统一性是相对的、有条件的著名命题;强调列宁对认识论的发展,指出列宁把反映论作为辩证法的理论而发展起来,辩证地解决了认识和实践、绝对真理和相对真理的相互关系;强调列宁关于哲学、科学党派性的观点,指出列宁揭示了哲学、科学的阶级性和政治性,突出了哲学的斗争性等。二是在内容和结构安排上,以列宁的最新思想为核心和统帅。苏联哲学教科书的主要内容,是论述和阐释列宁对马克思主义哲学的新发展和新认识,来源和依据是列宁的《唯物主义和经验批判主义》《哲学笔记》《马克思主义的三个来源和三个组成部分》《国家与革命》《帝国主义是资本主义的最高阶段》等著作。从实质上讲，是以列宁的视角、列宁的解读来解读和阐释马克思主义哲学，也可以说，是"列宁化"的马克思主义哲学。在结构安排上，也是以列宁的主要思想和认识为逻辑架构，一般是先讲哲学的党派性，论述哲学斗争、发展史，然后是集中论述马克思主义哲学的主要思想和观点，按照世界观、认识论和辩证法的基本线索，讲解列宁在这几方面的最新哲学思想。三是在论述观点时，紧密结合俄国国情，力图具体化。苏联哲学教科书在论述马克思主义哲学具体观点和思想时，注意与俄国政治、经济、社会、文化、革命发展的现实和形势联系和融合起来，通过列举俄国现实的例子、批判各种错误的认识和思想，来具体化地讲解和阐释马克思主义哲学，力图使哲学教科书贴近俄国实际，使俄国读者能更好地掌握有关论述。

（4）论证严谨、深入，但结构臃肿，观点散布。苏联哲学教科书在阐述、论证思想、观点时相对比较严谨，非常注意观点、思想的来源和出处。论述大量征引马克思、恩格斯和列宁等马克思主义哲学创始人和继承者的文献，力求做到言之有据、言之确凿、言之有力，提高论述的权威性和真理性。同时，论述观点时非常注意逻辑性和深入性，善于从不同的角度、不同的层次，引申、丰富观点的不同内涵。苏联哲学教科书在论证某一观点时，经常采用如下几个步骤：先是树立靶子，举出错误的对立面；然后论述正面观点，阐述主要思想；再深入批判，揭示错误；最后举例深化，丰富观点。比如，米丁等在《新哲学大纲》中论述"对立统一"法则时的行文方法，就是一个很好的例子。作者一开始首先强调人类思想发展史上两种发展观的对立，举出形而上学发展观的主要特点是，只看到事物数量的增减，不能说明事物运动发展的原因；接着以马克思、恩格斯和列宁的思想论述了辩证法唯物主义把事物的发展当作自己的矛盾的运动的核心观点,进而论述矛盾的斗争性、统一性等具体内涵;再批判普列汉诺夫、布哈林等在对立统一问题上的折中主义,从反面论证新发展观的科学性,并以马克思利用对立统一法则研究资本主义社会的基本矛盾为例,指出新发展观是行动的科学指南。为了论证的流畅性和深入性,常常是大篇幅、大段落的连贯性论述,观点具体而丰富的内容就散布、隐藏在这些不同角度的论述中。但从结构上来看往往只有大的章目,而没有具体的节段等,结构臃肿,内容庞杂,重点不突出。

对苏联哲学教科书这一风格的优缺点,同时代的日本学者和中国学者都有着清醒的认识。针对苏联哲学教科书论证严谨的优点,艾思奇在《新哲学大纲》译者序中指出,该书"随便一个什么新哲学的问题,这里面可以说都有解答。而且一切的解答都是完全根据着新哲学创始者的文献的"①。针对结构臃肿,观点散布的缺陷,日本学者在翻译苏联哲学教科书时,针对其结构上只有章、没有节的毛病,力图予以纠正和弥补。有的日译本在每一章的下面,另加小标题,分了节,使教科书的结构更加分明,一目了然。如《新哲学大纲》的日译本就是如此。另外,有的苏联哲学教科书日译本,还针对苏联哲学教科书大的段落和篇幅,概括提炼出思想大意,标示在每一页内容的上面,以便读者掌握论述的重点。如《辩证法唯物论教程》就是如此。中国学者在翻译苏联哲学教科书时,往往是日译本、俄文原本参照着进行的,在翻译过程中吸收了日译本的这一结构上的改变。《新哲学大纲》文本中"章"下面的"节"就来源于日译本。艾思奇在《新哲学大纲》译者序中,指出了这一变化,

---

① 米丁等:《新哲学大纲》,艾思奇、郑易里译,北京:生活·读书·新知三联书店1949年版,第2页。

赞成日译本的改动，似乎也包含着对苏联哲学教科书结构臃肿的批评。他说："我们的翻译，是用日译本和俄文原本参照着的。日译本的好处，是它在每一章里加入分段的小标题（如'伊奥尼亚学派的自然发生的辩证法'等），令人读起来非常醒目，这是原文所没有的，因此，在这些地方，我们就依照了日译本。"① 李达在《辩证法唯物论教程》的译者例言中指出，该书的文本是根据"日译本翻译的"②，并根据苏联哲学教科一贯的风格，似乎可以推断该书中译本书页上面的主要观点概括，可能来至日译本，中文本保持了这一改变。

二、"苏联风格"迫切需要"中国化"

1. 苏联教科书模式的优点

近年来，伴随着中央对马克思主义中国化、时代化、大众化的高度重视，以及艾思奇诞辰100周年、《大众哲学》发表80周年等重大纪念时间节点的到来，国内艾思奇思想、艾思奇的《大众哲学》研究出现难得的一股热潮，大量研究文章涌现。这些研究对深入探讨《大众哲学》的意义、价值起到了很大的促进作用。但多数学者还是从马克思主义哲学通俗化、大众化的视角来认识和探讨《大众哲学》，侧重研究《大众哲学》语言的通俗易懂上。我们认为，这种视角对《大众哲学》意义和价值的认识还偏低，对《大众哲学》

---

① 米丁等：《新哲学大纲》，艾思奇、郑易里译，北京：生活·读书·新知三联书店1949年版，第3页。
② 西洛可夫：《辩证法唯物论教程》，李达、雷仲坚译，笔耕堂书店1935年版，第4页。

超越苏联哲学教科书撰写的"苏联风格",开创中国马克思主义哲学著作的"中国风格",有力地推进马克思主义哲学中国化的认识还不够。应该从推进形成中国风格、中国气派、中国特色马克思主义哲学著作的高度,审视和看待《大众哲学》的意义和价值。

我们知道,马克思主义哲学创始人的思想非常丰富,分布和蕴藏在他们众多的著作中。马克思、恩格斯生前并没有将其思想、理论和主张系统化、体系化,尝试着在一本著作里进行集中表达。苏联创造了马克思主义哲学学习、研究、宣传的新形式,首次利用编写哲学教科书的方式,实现了对马克思主义哲学的观点和思想的系统化和体系化的阐释和表达。这种系统化和体系化的尝试,反映着苏联社会政治经济文化和理论研究的现实,无论在内容上还是在形式上都充满了苏联特色,呈现着鲜明的"苏联风格":内容上多是以列宁的视角和认识阐释马克思主义哲学;编辑、撰写形式上呈现史论结合,注重对哲学史的研究和把握;强调哲学的斗争性,注重哲学批判;紧密结合俄国国情,突出马克思主义俄国化最新成果;论证严谨、深入,观点散布等特点。

从内容上看,虽然打上了深深的列宁烙印,甚至有着对马克思、恩格斯思想错误的解读和阐释,但它反映了对马克思主义哲学理解的一个维度、一个侧面,基本思想是吻合、忠实于马克思主义创始人的思想的。这不仅是苏联哲学教科书在20世纪30年代得以广泛流传、得到人们认可的一个重要原因,也是苏联哲学教科书走过百年,今天依然有着重要影响的一个重要原因。伴随着国际学术界对苏联哲学教科书的质疑和批判,改革开放后,我国学术界也兴起了批判苏联哲学教科书的热潮,全面否定之声蜂起。实事求是地讲,我们可以批评苏联哲学教科书的内容,可能没有反映马克思主义哲学最核心、最有价值的内容,但只要仔细研读苏联哲学教科书著作群，就会发现苏联哲学教科书在强调马克思主义哲学的实践性，在认识论、辩证法等方面的开挖上，是有一定的广度和深刻性的。这些思想，直到今天仍然不过时，仍然保持着自身的活力和价值。对苏联哲学教科书不能全盘否定，要在尊重其合理价值的基础上，推进马克思主义哲学的当代发展。特别是对庞大、复杂、丰富的马克思主义哲学创始人的思想，如何形成更加合理、更有逻辑性的系统化表达，实在是一件不容易的事情，需要一个艰辛的探索过程。我们批评苏联哲学教科书几十年，然而至今尚没有形成对苏联哲学教科书完全超越的、新的中国化马克思主义哲学教科书。仅从这一点来说，我们就应该对首创马克思主义哲学系统化表达、并形成自己独特体系的苏联哲学教科书的撰写者，表示应有的尊重和敬畏！

从形式上看，苏联马克思主义研究者撰写的哲学教科书，有着自己独特的方式和体例，反映了苏联理论研究的特点和传统。基本上适合了内容的需要，为内容的表达和阐释提供了很好的载体和形式，也比较符合苏联人民的特点和需求，有着其合理价值的一面。史论结合，注重对哲学史研究和把握的风格，很好地处理了史和论的关系，坚持了逻辑和历史的统一，具体地阐明了思想发展的继承性和过程性，以人类文化发展的广阔眼光审视和看待马克思主义哲学的发展和突破，道出了马克思主义哲学之所以具有普遍真理性的文化根据。如果重史轻论，马克思主义哲学的主要思想和观点就不能集中表达，彰显力量；如果重论轻史，很容易把马克思主义哲学变成无源之水、无本之木，就不能说明马克思主义哲学的共同性和普适性，也容易遭受各种攻击和批驳；强调哲学的斗争性，注重哲学批判的风格，一定程度上很好地把握了真理和谬论的辩证关系，通过批判和斗争，有利于划清是非界限，促进真理发展；紧密结合俄国国情，突出马克思主义俄国化最新成果的做法，把马克思主义哲学的基本原理现实化和具体化了，使马克思主义哲学贴近了俄国实际和民众，变成了活的世界观和方法论，有利于马克思主义哲学的掌握和传播；苏联哲学教科书论证严谨、深入等特点，确保了理论来源和依据的真实性和可靠性，确保了马克思主义哲学的统一性和科学性。

2. 苏联教科书模式的不足

苏联哲学教科书翻译、传介到中国，是马克思主义哲学在中国传播不断发展、扩大、深入的内在要求和必然现象。五四时期，伴随着西方文化的大量输入，马克思主义哲学也开始被介绍到了中国。但那时马克思主义哲学还没有被知识界和社会民众主流所接受，还是处于小群体、小规模的传播状态。到了20世纪20、30年代，由于中国阶级矛盾和民族矛盾的不断加剧，中国民众陷入极度的生活痛苦中，中国向何处去、出路在何方的发展问题成为社会的普遍关心，人们更加迫切需要新的世界观和方法论的指导和引领。马克思主义哲学的科学性及苏联社会主义建成和迅猛发展的榜样例证，导致了马克思主义哲学历史地、客观地成为了中国人民的普遍选择。在这种时势下，中国迎来了马克思主义哲学在中国传播和发展的高潮，各种有关马克思主义哲学的书籍被大量广泛地翻译、印刷和传播。虽然，当时在中国《资本论》《共产党宣言》《唯物史观解说》等马克思主义的许多经典著作已被翻译介绍过来，但由于这些著作都是高深的专门哲学著作，还没有形成对马克思主义哲学主要思想和观点的系统表述、集中表达，再加上这些著作内容深奥、专业性要求高，因而多是在少数知识分子中间流传，与中国民众普遍渴望较为全面、系统地了解和掌握马克思主义哲学的客观需要不相匹配。作为将马克思主义哲学系统化、体系化的苏联哲学教科书，正是适应了当时中国民众渴望全面、系统地了解和掌握马克思主义哲学的迫切需要，被广泛重视和关注，并被翻译和介绍到中国。西洛可夫等著的《辩证法唯物论教程》、米丁等著的《新哲学大纲》、米丁等著的《辩证唯物论与历史唯物论》等，迅速成为了当时中国传播马克思主义哲学的主要书籍和载体，有力地推进了马克思主义哲学在中国的传播和发展。但很快苏联哲学教科书撰写和编排的"苏联风格"不适应中国国情、不适应中国社会文化和民众要求的弊端，又开始明显地表现出来了，主要为：首先，苏联哲学教科书注重史论结合，注重马克思主义哲学产生前史、马克思主义哲学自身形成史、马克思主义哲学在俄国发展史的撰写，史的部分在书中占有很大的篇幅，这与中国的文化传统与民众的文化教育水平不相适应。中国的文化传统与西方的文化传统不同，文化中很少有像西方那样以概念、范畴等为基础，以严密的逻辑系统为骨架，建构起来的哲学思想或著作。虽然中国并不乏伟大的哲学家和思想家，但这些哲学家和思想家的著作多是语录式的、谈话式的，思想蕴含在日常语言和对话中，是分散的、零落的，很少有对概念和范畴的"精雕细刻"，没有一气呵成、前后连贯的体系。中国人广泛了解、学习西方哲学，也只是近代以来的事情，因此，中国民众一般对以概念、范畴抽象演变为主的思想发展史兴趣不高、热情不大。与此同时，20世纪20、30年代中国教育，特别是高等教育的普及性还比较低，民众的文化水准普遍不高，很多人根本对西方哲学史就不了解、不熟悉，大篇幅的哲学史叙述对他们来说似乎就是一头雾水，反而进一步抑制了他们学习马克思主义哲学的兴趣和动力。冗长、繁琐的史论，成为阻碍苏联哲学教科书吸引中国民众的一个重要原因。其次，苏联哲学教科书注重发挥哲学战斗性，强调对错误思想、主义的批判，特别是在叙述时喜欢正反结合，正面的论证与反面批判相接相成、相互交融。这种撰写风格,一方面造成哲学与政治、特别是与苏联的现实政治斗争过于紧密地联系在一起,哲学著作过度政治化,价值判断绝对、单一,削弱了哲学的学术性和独立性,也容易使不了解苏联政治、思想斗争情况的中国读者、民众产生阅读倦意和疲惫,学习的意趣顿时索然,很难把精力集中到思想的了解和把握上;另一方面,正反杂糅,叙述时很难把马克思主义哲学的基本观点和思想集中起来、系统起来,不能形成正面叙述的层次体系,使读者和民众较为全面、清晰地掌握马克思主义哲学基本观点的丰富内涵,容易造成观点掌握的偏颇、片面。再次,苏联哲学教科书注重"俄国化",紧密结合俄国国情论述、阐释马克思主义哲学基本原理,把中国民众完全带入一个陌生的语境中去理解和学习马克思主义哲学,使得学习和阅读脱离了中国国情和大众的日常生活。马克思主义哲学与现实生活的联系和指导性被活生生地隔断了,中国民众在学习和阅读过程中体会和感受不到学习马克思主义哲学的效用。学习、掌握变成了一种教条式的强制接受和理解,这就从根本上抑制了中国民众学习、追求马克思主义的内在动力和激情。最后,苏联哲学教科书重视论述的流畅性和连贯性,不太重视结构的设计和布局,逻辑安排间杂、重复,常常是把多方面的内容归结为一大章,而不做明显的"节"分,造成结构臃肿,思想表达不清晰、不突出,使读者面对文本很难一下子抓住论述的重点、掌握核心思想,容易造成阅读障碍和疲劳,不利于马克思主义哲学思想、观点的传播。上述苏联哲学教科书撰写风格的"不足",制约了其在中国传播马克思主义哲学的作用,特别是导致其很难走近马克思主义哲学最应该掌握的群体——文化水平比较低的中国无产阶级的工农大众。苏联哲学教科书的这些弊端与中国客观需要表达形式更具中国特点、更具中国风格、更贴近中国民众的马克思主义哲学著作的矛盾日益凸显,马克思主义哲学在中国的传播和发展到了转折关头，到了从简单翻译、介绍外国马克思主义哲学著作的时代转变到撰写、创作具有"中国风格"表达形式的中国化马克思主义哲学著作的时代。

任何思想和文化的存在、传播和发展，都需要一定的表达形式和载体。内容和形式是辩证统一的关系，内容决定形式，形式也有相对的独立性，对内容有着十分重要的反作用。同一内容常常有不同的表达形式，内容选择什么样的表达形式，什么样的形式更有利于内容的表达、传播，更多是取决于内容传播地的社会文化传统环境和内容要掌握的人群自身的文化水平、阅读习惯、审美特点等。马克思主义哲学的传播和发展，同样要遵循这样的要求和规律。马克思主义哲学从内容上讲是普遍统一的，具有一般性，是放之四海而皆准的真理，具有被全世界人民接受的内在潜力和可能性。但是要把这种可能性变为现实性，关键的一个重要条件，就是马克思主义哲学在世界的传播必然要采取不同的民族形式，与不同国家的政治、经济、文化、社会等状况和民众的文化艺术修养、审美阅读习惯和特点等有机结合起来，形成各具特色、不同民众喜闻乐见的表达形式、载体和风格。否则马克思主义哲学的传播和发展，就不能在一个国家和民族的文化及社会心理上扎根、发芽，就会因为表达形式的不善而受到阻碍和影响，不能有效掌握群众，真正发挥作用。苏联哲学教科书探索并形成了具有"苏联风格"的马克思主义哲学表达的形式、结构和体例，总体上是适应苏联社会文化传统和人民的需要的，为马克思主义哲学在苏联的传播和发展提供了有力的形式保障。但是苏联哲学教科书被翻译、传介到中国后，虽然其内容得到了认可，但其自身固有的风格和形式，却因与中国文化传统、社会政治经济状况和民众文化水平等的不适应、不协调，导致其不能广泛地被中国民众接受，只能停留在极少数人的范围内，极大限制了其作为马克思主义哲学在中国传播的载体、媒介作用。苏联哲学教科书撰写"苏联风格"的"中国化",变为了一种客观需要和一项紧迫的任务。

三、《大众哲学》开创的"中国风格"

正如上面所分析那样,20世纪20、30年代,马克思主义哲学在中国的传播进入一个由过去的简单翻译介绍他国的马克思主义哲学著作到撰写具有中国风格的中国人自己的马克思主义哲学著作的新时代。它的主要目标和任务,就是克服以苏联哲学教科书为代表的外国马克思主义哲学著作的表达方式和风格,创作更能让中国大众理解和掌握的具有中国风格的马克思主义哲学著作,以便马克思主义哲学能真正走进中国的普通劳动大众,真正变为人们的思想武器和行动指南。这是一个客观的趋势和要求,20世纪20、30年代大众化运动的蓬勃兴起,就是这样的一个时代到来的重要表征。正如李公朴在《哲学讲话》编者序中所指出的那样:"大众文学和大众科学的呼声,我们已经听得很久了,这是反映着客观的需要。中国方块文字的困难,以及文化水准的低下,使一般人都切望着通俗著作的出现。"① 时代和人民呼唤具有中国风格、通俗化的马克思主义哲学著作的出现,这个历史重担落在中国早期马克思主义哲学研究者的身上。当时的中国马克思主义哲学研究者、著作者虽然认识到这个迫切要求和任务,却没有多少人愿意真正努力实现它。历史最终选择了艾思奇。艾思奇以自己对马克思主义哲学的热忱,对人民群

---

① 《艾思奇全书》第1卷,北京:人民出版社2006年版,第589页。

众的服务、负责精神及自己卓越的才华和学术功底,给予了历史很好的回答。他不顾一切的怀疑,冒着风险,通过艰苦卓绝的努力,用自己的神来之笔,首创了克服马克思主义哲学表达的"苏联风格"、具有浓厚的"中国风格"的马克思主义哲学著作——《大众哲学》,开辟了马克思主义哲学大众化、通俗化的先河。《大众哲学》一经出版,就"洛阳纸贵",轰动一时,成为了革命青年学习理论、思考人生的指路明灯,引导几代人走上了革命道路。它对推进马克思主义哲学中国化、推进中国革命的发展,都产生了深刻而又长远的影响,是一部永载马克思主义哲学中国传播、发展史上的名著。

艾思奇在学习借鉴继承中国早期马克思主义哲学著作和日本马克思主义哲学著作撰写风格的基础上,开创了几个特点明显、内在紧密联系为一体的、具有中国特色和中国风格的马克思主义哲学著作的新形式、体例。虽然这些特点中的某一个特点,其他学者或早于艾思奇开始采用,但是几个特点集中在一起呈现出的这种中国风格是艾思奇首创的。这种"中国风格",主要表现为以下几个方面:

1. 重论略史,以正面论述为主

艾思奇从中国的文化传统和人民大众的文化水平出发,改变了苏联哲学教科书史论并重、多章节专门论述哲学发展史的特点,重点突出了马克思主义哲学基本思想和观点的论述,有关哲学史的论述和谈及比较简略,并且多是在论中穿插进行,不再安排专门的章节。这种以论"一统天下"的总体结构布局,与苏联哲学教科书史论章节篇幅几乎相同的总体结构和布局的差别和不同,表现得十分明显。同时,也一改苏联哲学教科书在撰写时过于突出哲学的战斗性、批判性,将哲学论述与现实政治斗争、思想斗争紧密联系,将正面论述和反面批判相互交融的书写风格，在行文时多是正面集中论述马克思主义哲学主要原理、观点的内涵，很少交叉批判错误观点和思想，使思想表达更集中、更突出。艾思奇在《大众哲学》中选择、论述的马克思主义哲学的基本思想和观点，多是经过长期研究、大家普遍认可、比较成熟的思想和观点。相对与苏联现实政治联系密切、争论比较大的观点，他都没有列入自己的撰写范围。这样既保持了著作观点的科学性、权威性和统一性，也使哲学与现实政治明显地分别开来，凸显了著作的学术性、研究性。在正面论述时，为了保证论述的流畅性、连贯性，不再采用苏联广泛引用马克思、恩格斯、列宁原话来佐证的做法，多是采用观点加上现实具体的例子展开，以使论述更符合中国大众的阅读习惯，更贴近大众的生活实际。

"重论略史，以正面论述为主"的撰写风格，不能说是艾思奇的原创，是20世纪20、30年代文学、科学、哲学等大众化时期，中国学者在尝试撰写自己的哲学著作时较为普遍的选择。早于艾思奇的一些学者在撰写自己的哲学著作时，已经开始自觉地采用这种写法。比如，先于《大众哲学》出版的赵一萍撰写的《社会哲学概论》等，就是如此。但是《大众哲学》的这种风格表现得更加突出、更加系统化。特别是《大众哲学》的巨大成功，使这一风格得以确立、巩固和强化，影响了其后几代人撰写马克思主义哲学著作的方式，变为了一种中国特色和风格。后于《大众哲学》出版的，陈唯实的《新哲学体系讲话》、沈志远的《现代哲学的基本问题》、胡绳的《辩证法唯物论入门》等都借鉴、延续了这种写法。较为成熟的中国人的马克思主义哲学著作——毛泽东同志的《实践论》《矛盾论》，同样受这种风格影响，并使这种中国风格趋于完善和成熟。20世纪60年代，新中国主编的第一部哲学教科书《辩证唯物主义历史唯物主义》16章的内容中，有关史的部分仅仅占一章，有关论述极其概略简要。虽然李达的《社会学大纲》还多是沿袭苏联哲学教科书"史论"并重的写法，但在论述中也非常注意简明扼要，也没有像苏联哲学教科书那样大量征引马克思主义哲学创始人的重要文献。这种写法的重要意义，李公朴在《哲学讲话》编者序中点评《大众哲学》时，给予了阐明。他说："……大部分是正面的叙述，对于新哲学的反对方面的批评，比较少一点，并不是读了这本书，就可以一切都完全了解。但正因为如此，才使本书成为很好的入门书。读者由这里把握到了新哲学正面的全貌，确立正确的观点，然后才好作进一步的高深的研究。"① 胡绳在《辩证法唯物论入门》的前记中，指出了这种写法的原因。他说："哲学史上的问题是有提出的必要的，但是培根、巴克莱、休谟、康德、马赫、德波林……这些人的大名及其理论对于中国读者不是十分熟悉的，所以我宁可不在这本书里提到他们了。"②

2. 结合中国实际，论述表达具体化、现实化

艾思奇《大众哲学》表达方式与苏联哲学教科书的最大不同，最有意义、最有价值的方面，是结合中国实际、中国国情、中国人的日常生活和实践，具体化地论述马克思主义哲学的基本思想和观点。他不是把马克思主义哲学看作脱离生活的"凝固了的死的规范"，而是从当时人们的日常生活中发现马克思主义哲学的"踪迹"，通过对人们再熟悉不过的日常生活事例的观察、分析和概括，活泼泼地生发出马克思主义哲学的基本思想和观点来，以深入、现

---

① 《艾思奇全书》第1卷，北京：人民出版社2006年版，第590页。
② 胡绳：《辩证法唯物论入门》，上海：新知书店1939年版，第2页。

实化地阐明马克思主义哲学。这种写法使马克思主义哲学不再是与中国人民生活无关的"天外之物",变成了就在普通大众身边的人人可见、人人可学、人人可用的鲜活的真理和必然掌握的知识,极大地提高了读者学习掌握马克思主义哲学的兴趣和热情,有助于人们更加深刻地理解、感悟马克思主义哲学的基本思想,把马克思主义哲学真正"种"到人们的心田里。《大众哲学》通篇都是以具体化、现实化、生活化的例子,融化、说明、阐发马克思主义哲学,是马克思主义哲学与中国现实、中国人的日常生活结合得比较好的成功之作。艾思奇对这种论述、表达方式的重要意义,有着深刻地认识。他在《大众哲学》绪论中指出:"最进步的哲学系统是全人类历史的最优良的成果,它可以帮助我们更敏捷、更正确地解决所要解决的问题。当然这里我们仍不能忘记,哲学本身也是从日常生活的基础里产生的,所以我们不能把所研究的看作凝固了的死的规范,还应该随时随地应用到生活的实践中来,与生活中的一切相互印证。也许我们可以由我们的生活中找到新发现,能促进已知道的哲学系统,而使之发展、进步。要这样,我们才可以在哲学中,愈更深刻地认识到最切实的,最不神秘的事物本身的真理。"[①] 艾思奇的这段论述,时至今日读起来,依旧振聋发聩。它指明了,我们推进马克思主义哲学中国化的方向和方法,值得我们每一位马克思主义哲学研究者、著作者好好学习、汲取。

把马克思主义哲学具体化、现实化,应用到日常生活,很容易走向庸俗化,歪曲和误"解"马克思主义哲学的基本思想和观点。《大众哲学》的成功,就在于既实现了表达的具体化、现实化,又做到了表达的科学性和准确性。除了在绝对真理和相对真理关系的理

[①] 《艾思奇全书》第1卷,北京:人民出版社2006年版,第446页。

解上存在个别瑕疵外，《大众哲学》对马克思主义哲学基本思想和观点的表达总体准确、到位。并且值得尊敬的是，艾思奇并不是一味地照搬苏联哲学教科书的内容，而是在学习、借鉴的基础上，有自己的新见解、新认识。《大众哲学》的内容创新主要表现在两个方面：一是在认识论上。苏联哲学教科书在认识论上的见解比较深刻，主要是从辩证法的角度理解、阐释认识论，把辩证法贯穿于认识的全过程，生动地阐明了认识和实践的辩证关系及认识发展的辩证过程等，指出"从生动的直观到抽象的思维，从抽象的思维到实践，这是认识真理的辩证法过程，是达到于客观的实在之认识的路程"①。对认识论的论述，《辩证法唯物论》《辩证法唯物论教程》主要是从宏观上论述认识和实践的关系，《新哲学大纲》则主要是从微观上论述认识发展过程中的感觉、表象、概念、判断、推理等具体形式和内容。艾思奇采用从宏观上表述认识论，首创将感觉和思维的矛盾概括为感性和理性的矛盾，并更加明确地论述了"从感性到理性，从理性到实践，又由实践得到新的感性，走向新的理性"②认识发展全过程。《大众哲学》的认识论思想对《实践论》有直接的影响。二是在矛盾论上。苏联哲学教科书把对立统一规律作为辩证法的核心，认为是辩证法的根本法则，然而在辩证法三大基本规律排列上又有所不同：《新哲学大纲》《辩证法唯物论》从本质和本源的角度排列三大规律，突出对立统一规律，把对立统一规律排在首位，依次是质量互变规律和否定之否定规律，仅仅指出后者是前者的具体化。而《辩证法唯物论教程》则从认识先后的角度排列，把质量互变的规律排在首位，依次是对立统一规律和否定之否定规

---

① 西洛可夫：《辩证法唯物论教程》，李达、雷仲坚译，笔耕堂书店1932年版，第206页。
② 《艾思奇全书》第1卷，北京：人民出版社2006年版，第495页。

律。《大众哲学》采用了《新哲学大纲》《辩证法唯物论》的排列方法，并具体论述、指明了质量互变规律和否定之否定规律是由矛盾统一论展开而成的。这一思想超越了苏联哲学教科书。

结合中国实际，论述表达具体化、现实化，是中国表述风格形成的重要条件，也是马克思主义哲学走向大众、掌握大众的不二法门。陈唯实在其著作《新哲学讲话》中强调："新哲学必须从具体化上努力！要把新哲学和实际问题与具体生活打成一片，从具体上发挥新哲学的真理。"① 胡绳在其著作《辩证法唯物论入门》中指出："用现实的中国的具体事实来阐明理论，这应该是所谓中国化的意义的另一面。"② 《大众哲学》的这一成功尝试，激励和影响着同时代及后来的中国马克思主义哲学研究者、著作者，把这一表达特点作为自己撰写的基本要求和坐标，并带动产生了一大批结合中国实际的优秀的马克思主义哲学著作。《实践论》《矛盾论》之所以深入人心、广受欢迎，其中的一个重要法宝就是具体化、现实化，就是延续和借鉴了《大众哲学》开创的这种风格。

3. 语言回归生活，善于运用形象、生动的阐释手法

《大众哲学》出现之前，无论是翻译过来的马克思主义哲学原著、苏联哲学教科书等，还是中国人自己尝试撰写的马克思主义哲学著作，存在的一个最大的缺点是表述语言的学术化、欧化，远离大众日常语言，词句艰涩拗口，对阅读和理解造成很大障碍。这也是这些马克思主义哲学著作不能被人民大众喜欢的一个重要因素。艾思奇的《大众哲学》将哲学表述语言回归大众化，通过人们日常

---

① 陈唯实：《新哲学体系讲话》，上海：作家书店1937年版，第8页。
② 胡绳：《辩证法唯物论入门》，上海：新知书店1939年版，第2页。

所用、人人易懂的民间鲜活用语来表述、阐释抽象、干涩的马克思主义哲学理论，通俗易懂，深入浅出，大大提高了哲学著作的趣味性和生动性，打破了马克思主义哲学与人民群众的"语言"壁垒，开通了马克思主义哲学走向日常生活，拥抱人民大众的广阔空间。

在注重语言通俗的同时，《大众哲学》非常善于利用人们身边熟知的实例、中国传统文化的素材等，通关比喻、拟人等手法，形象生动地讲解马克思主义哲学，让理论更具体、更直观，使普通民众能够更迅速、更透彻、更全面地掌握马克思主义哲学的要义和内涵。艾思奇是娴熟运用形象生动手法，阐释抽象哲学理论的大师，《大众哲学》是各种形象手法汇总的宝库，有着我们随时可以学习、借鉴、挖掘的丰富"宝藏"。比如，他以"一块招牌上种种花样"说明世界观的多样性，以"牛角尖旅行记"探讨哲学物质概念与自然科学物质概念的不同，以"照相"来比喻讲解认识论，以"卓比林和希特勒的分别"谈感性和理性的矛盾，"由胡桃说起"阐述实践的特征，以"追论雷峰塔的倒塌"论述质量互变规律，以"笑里藏刀"说明形式与内容，以"规规矩矩"讲解法则和因果，以"在劫难逃"表达必然性和偶然性等。这种阐述理论的方法，是何等的生动形象，趣味盎然，何等的高明和有艺术。

《大众哲学》运用日常语言的成功范例，表明马克思主义哲学深邃的哲理与日常语言这个外壳、载体是无碍、通融的。马克思主义哲学不是脱离日常生活语言的高贵的"缪斯"，它本身就来源于日常生活、就存在于日常语言中，日常语言是马克思主义哲学存在和发展的"文化家园"和"精神寄托"。没有抽象的马克思主义，只有具体的马克思主义，只有与民族文化有机结合的马克思主义。一个民族的日常语言，伴随着经济社会发展不断发展演化，表达和蕴含着这个民族丰富的文化累积和精神资源，是马克思主义哲学融入民族文化、扎根民族文化的前提和基础。凡是与大众语言打成一片的马克思主义哲学著作，它必能受到人民的欢迎和喜爱，必能广泛地流行和传播；凡是故装高深，脱离日常生活，语言干瘪无味的著作，它就不能吸引人民，就会被时间淘汰和淡忘。《大众哲学》说明了这一真理，《实践论》《矛盾论》说明了这一真理。

4. 注重总体布局，结构紧凑明了

苏联哲学教科书存在的一个缺点是，重内容表达，轻形式布局。为了论述的严密性和逻辑性，内容常常反复论证，观点散布，重点不突出，结构臃肿。苏联哲学教科书在总体布局上手法不一，有的是史—论结构，有的采用史—论—史的安排。主要内容，虽然比较一致，多是世界观、认识论和辩证法的结合，但在具体安排和表述上，有的是世界观—认识论—辩证法的顺序，有的是世界观—辩证法—认识论的顺序。并且有的内容安排混乱、重复，不同部分的内容穿插出现，逻辑不清。《大众哲学》以绪论、本体论、认识论和辩证法为主体部分，章节内容安排均衡适度，总体框架清晰明了，结构紧凑精巧。为了突出论述重点，使表述更加集中、醒目、内在联结，《大众哲学》又在章节标题上下足功夫，小节标题普遍使用了"主副"双标题，主标题概括论述主旨，副标题进一步补充说明，勾勒重点。比如，"哲学并不神秘——哲学与日常生活的关系"、"哲学的真面目——哲学是什么?"、"两大类的世界观——哲学的两大阵营"等等。书本的目录把全书要表达的内容，逻辑有序、提纲挈领地呈现了出来，可谓先声夺目，第一印象胜人。同时，还注意文本中论述内容的提炼和概括，对重要的段落、部分，以段左加概括大意方框的形式，进一步画龙点睛，突出主旨，书中有大意方框200多个。这种方式，不但美化了文本结构、避免了视觉疲劳，也可以降低阅读疲倦、增强内容的吸引力和呈现力，有利于读者和民众更好地掌握全书的重要内容。

《大众哲学》匠心布局全书，注重总体结构设计的风格和特征，对后人撰写马克思主义哲学著作产生了重要影响，成为了马克思主义哲学中国表达风格的一个重要方面。其后的陈唯实的著作《新哲学体系讲话》，有的标题就效仿《大众哲学》，采用双标题结构。例如，"生活和哲学的关系（生活的哲学化）"、"哲学不是神秘的东西（新哲学的通俗和具体）"、"新哲学研究的对象（宇宙、社会、人生、思想）"、"新哲学所担负的任务（解释真理与实践真理）"。李达的《社会学大纲》精心设计布局，改变了苏联哲学教科书辩证唯物主义和历史唯物主义两大块的编辑结构，全书分为五大篇十二章，自成一体，使结构更加平衡和分明，具有开创性。《社会学大纲》像《大众哲学》一样，对重要的段落和内容，以在段左加概括大意方框的形式予以明示。胡绳的《辩证法唯物论入门》更是以结构设计的讲究、精巧出名。该书共五章，内容以绪论、唯物论、辩证法和认识论为序安排，突出了章与章之间的逻辑对应关系，比如"辩证法的唯物论"、"唯物论的辩证法"，为了使各部分均衡适度，特意将唯物论辩证法分为两章进行论述，使整本书结构小巧、灵动。毛泽东的《矛盾论》更是巧于篇章布局的典型代表，全文分为七个小部分，部分与部分之间逻辑明了，内在一贯，结构精致，赏心悦目。特别是注意全文的提炼和总结，最后一个部分归纳总体，以一统多，升华主题，可以说也是对《大众哲学》风格的一个延续。

《大众哲学》开创的注重总体布局、注重结构安排的特点，经过陈唯实、李达、胡绳、毛泽东等的丰富和发展，大致形成了这一风格的几个重要特征：第一，著作或文章都质量第一，以实当先，篇幅简练，字数都相对不多，拒绝空论虚论；第二，整体结构明了，部分之间平衡统一，避免臃肿混乱；第三，论述简明扼要，清晰醒目，特别注意内容的概括和提升。

《大众哲学》原名《哲学讲话》，1934年11月至1935年10月，在《读书生活》杂志上首先连载。1936年1月出版单行本，同年6月出第4版时，改名为《大众哲学》。长期以来，学界普遍高度重视《大众哲学》推进马克思主义哲学大众化的意义和价值，更多把它定位为通俗之作、介绍之作，是马克思主义哲学中国化初步——大众化之作品，并没有从马克思主义哲学中国化的角度定位其学术价值。我们认为，《大众哲学》固然是通俗之作，内容固然多是接着苏联哲学教科书的内容讲的，但从内容的表达形式上看，从它与苏联哲学教科书的风格相比、与早于它的中国人撰写的马克思主义哲学著作来比，它冲破和克服苏联哲学教科书的撰写风格，形成了具有独特中国风格的马克思主义哲学的表达形式，开了一代风气之先，影响了以后中国马克思主义哲学著作的撰写风格和体例，对同时代的马克思主义哲学著作及后来《实践论》《矛盾论》等都有很大的影响。从形成、推进马克思主义哲学表达的民族形式的意义上讲，《大众哲学》也是马克思主义哲学中国化的典型之作。马克思主义哲学中国化，不能仅仅理解为只有增添了中国化的思想，才叫中国化；表达方式的中国化、形成具有民族特点和风格的表达形式，也叫中国化。形式的问题，有时甚至比内容更重要。马克思主义哲学创始人注重理论对群众的武装，指出："批判的武器当然不能代替武器的批判，物质力量只能用物质力量来摧毁，但是理论一经掌握群众，也会变成物质力量。"① 马克思主义哲学只有具有了大众喜闻乐见的形式，才能真正掌握群众，它的真理性才能发挥。否则就会像毛泽东同志

---

① 《马克思恩格斯文集》第1卷，北京：人民出版社2009年版，第11页。

指出的那样,"任何思想,如果不和客观的实际的事物相联系,如果没有客观存在的需要,如果不为人民群众所掌握,即使是最好的东西,即使是马克思列宁主义,也是不起作用的"。① 正是由于我国学界长期以来重视内容创新、轻视形式表达,导致由艾思奇开创的,由陈唯实、胡绳等同时代学者深化,至于毛泽东完善、定型的具有中国风格、中国特点的马克思主义哲学的民族表达形式,在现时代并没有得以很好的继承和发展。马克思主义哲学重回"经院化"、远离日常生活、脱离大众,这种不注重哲学表达形式的弊端正严重影响着中国化马克思主义哲学作用的发挥,影响着中国特色社会主义伟大事业的开拓和前进。今日再谈《大众哲学》,其意义和启示值得我们永远铭记。

---

① 《毛泽东选集》第4卷,北京:人民出版社1991年版,第1515页。

第七章 《大众哲学》与同时期著作比较

正如上章所论,《大众哲学》突破了苏联哲学教科书的撰写风格,开创了具有中国风格的马克思主义哲学表达的新形式。《大众哲学》凭借这一开创性的表达手法,解决了外国马克思主义哲学著作撰写方式与中国实际需求"水土不服"的问题,探索出了马克思主义哲学更加贴近民众的"良方"和"妙径",因此,它一出版就独领风骚,风靡全国。为了进一步解释其成功奥妙,探析这种中国化表达风格的相继相承,我们这一章将把《大众哲学》与同时期中国人撰写的马克思主义哲学著作进行对比,揭示它们之间从内容到风格上的联系、影响、发展与不同。

一、《大众哲学》与《哲学概论》《社会哲学概论》

与《大众哲学》同时期的中国人自己撰写的马克思主义哲学著作,按出现的时间顺序,主要有以下6本:1932年,张如心著的《哲学概论》;1933年,赵一萍著的《社会哲学概论》;1936年,沈志远著的《现代哲学的基本问题》;1937年,陈唯实著的《新哲学体系讲话》;1937年,李达著的《社会学大纲》;1938年,胡绳著的《辩证法唯物论入门》。

1.《哲学概论》的特色和不足

我们首先将《大众哲学》与它产生之前的两部著作——《哲学概论》和《社会哲学概论》进行对比研究。《哲学概论》是20世纪30年代比较早的、具有一定影响力的、中国人自己撰写的马克思主义哲学著作，对广大知识青年学习马克思主义哲学的基本原理起了积极的推动作用。该书1932年由上海昆仑书店出版发行，比《大众哲学》的前身《哲学讲话》早约两年，比《大众哲学》早约四年。作者张如心（1908—1976），广东省梅州兴宁县人，是比较有名的马克思主义理论家、哲学家和教育家，新中国成立后还是中国科学院院士。《哲学概论》作为30年代中国人尝试撰写的比较早的、据有探索性意义的马克思主义哲学著作，虽然在个别方面有所突破，但受时代条件的限制和作者本人主观因素的制约，无论从内容上，还是从形式上，都更多反映着学习、借鉴、模仿苏联哲学教科书的浓厚痕迹，撰写风格的中国化还处于朦胧、自发、萌芽的状态。

《哲学概论》一书共七章，总体结构采用正文加附录的形式，其中正文六章，附录一章。正文的六章分别是古代希腊哲学、复兴时期的唯物论、18世纪的唯物论、德国古典唯心哲学、费尔巴哈的唯物论、马克思恩格斯的辩证唯物论，附录是列宁与哲学。该书的明显特点是，和苏联哲学教科书一样史论结合，重史略论，突出史的探究。正文部分，六章中有五章是讲史的部分，只有一章是讲论的部分。该书的主要内容是，论述了马克思主义哲学产生的准备史，马克思主义哲学自身的产生、形成史，马克思主义哲学在俄国的发展史，并介绍了马克思主义哲学的基本观点和列宁的哲学思想。从总体结构和撰写风格上，该书与苏联的哲学教科书《新哲学大纲》

十分相似。《新哲学大纲》的总体结构就是正文加附录的形式,正文是史论结构,重点也是先论述辩证法唯物论准备和发展的历史,后介绍辩证法唯物论的基本观点,书的目录、结构与内容,和《哲学概论》大部分重合。我们知道,《新哲学大纲》1936年才被艾思奇翻译到中国,才有中文版本,而《哲学概论》写于1932年,由此推断,张如心在撰写《哲学概论》时可能是借鉴和参考了《新哲学大纲》的俄文版或者是日文版、英文版。

《哲学概论》重史略论的撰写安排和风格,与作者对研究马克思主义哲学方法的认识有关。他认为,研究马克思主义哲学必须从哲学史入手。这是因为马克思主义哲学并不是突然发生的,它是综合人类优秀思想的结果,"所以研究哲学史的目的也就是在认识马克思主义哲学的根蒂,这是非常重要的一件事。"① 他指出,《哲学概论》研究哲学史与一般的人研究哲学史不同,是站在马克思主义哲学的立场上去研究哲学史的发展的,主要任务在说明"该时代哲学的客观条件和整个社会发展过程的联系,最后指出该时代哲学思潮在辩证唯物论的形成过程上所占的地位和意义"②。在这种理念的指导下,《哲学概论》在研究某一时期的哲学思潮时,注重从本体论、认识论、辩证法和阶级性等四个主要方面,进行研究评判。《哲学概论》的这些理念和思想,与同时代苏联马克思主义研究者的认识基本上是一致的。

《哲学概论》在介绍马克思主义哲学基本观点时,采用了本体论、认识论、辩证法的排列顺序,这种排法与苏联哲学教科书《辩证法唯物论教程》《辩证法唯物论》的排法相似。张如心在《哲学概论》中阐述了这种安排的原因。他认为,马克思主义哲学的分类

---

① 张如心:《哲学概论》,重庆:昆仑书店1932年版,第1页。
② 张如心:《哲学概论》,重庆:昆仑书店1932年版,第2页。

观点与以往哲学的分类观点不同，马克思主义哲学首先解决物质和精神的关系问题，"如果用一个旧式哲学名词可以说就是本体论"①。哲学解决了本体论后，便进一步研究认识论问题，究竟认识的来源、性质、方式如何，怎样去认识一切事物。除此以外，哲学尚包括有方法论，"这是比较本体论，认识论更加深刻的一部分理论。……以上三个问题可以说是哲学的基本部分"②。

《哲学概论》有关马克思主义哲学的观点和原理的内容，大都来自苏联哲学教科书。但在具体表述上有自己的特色，主要体现在有关认识论和辩证法的论述上。在认识论上，它较早地使用了"感性"和"理性"的概念，这对于后来艾思奇在《大众哲学》中归纳、提炼出"感性认识"和"理性认识"，以及再后来毛泽东在《实践论》中科学、辩证地论述"感性认识"和"理性认识"的关系，都有启发意义，是这些思想的源头。《哲学概论》有关认识的辩证过程，坚持和采用了苏联哲学教科书"从感觉到思维"的观点和看法。在具体表述上，《哲学概论》把感觉等同于感性，把思维等同于悟性与理性，展现出与苏联哲学教科书表述不同的一面。例如，他指出："感性固然是认识的唯一来源，可是认识过程决不停留于感性的范围中，感性不过提供某种经验的材料，这材料仍须以主观思维能力（根据感性提供的材料）加以配制，结合锻炼，然后认识的任务才能够完成。"③ 它强调，在认识论上应该用辩证法去"论断"，把认识的过程看成一个"怎样从不知转到知识，怎样把不完备的不确切的知识变成更完备的更确定的知识"④，"真理也是一种过程"。

---

① 张如心：《哲学概论》，重庆：昆仑书店 1932 年版，第 5 页。
② 张如心：《哲学概论》，重庆：昆仑书店 1932 年版，第 6 页。
③ 张如心：《哲学概论》，重庆：昆仑书店 1932 年版，第 362 页。
④ 张如心：《哲学概论》，重庆：昆仑书店 1932 年版，第 372 页。

第七章 《大众哲学》与同时期著作比较

在辩证法的论述中，《哲学概论》突出强调了辩证法在马克思主义哲学中的重要地位和对立统一法则在马克思主义哲学辩证法中的重要地位。它认为，辩证法在马克思主义哲学中占有异常重要的地位，可以说是马克思主义哲学的"命脉"，辩证法的规律好似铁网一样把马克思主义的各部分理论联结着。矛盾学说在唯物辩证法中占有异常重要的地位，马克思主义哲学的全部都可以说是建筑在这种学说的基础上。正是基于这种认识，它在论述辩证法三大规律时，把矛盾律排在了第一位。《哲学概论》在辩证法论述上，与苏联哲学教科书最大的不同，是在有关辩证法范畴的确定、论述上。该书有关辩证法范畴的论述非常简略，只论述了"联系与交互作用"、"必然与自由"两个范畴。而且前一对范畴，在苏联哲学教科书中似乎没有出现过。"联系与交互作用"似乎也不应作为辩证法对立统一的一对范畴，这表明《哲学概论》对辩证法范畴的认识还比较简单和浅显，还没有缜密的思考和研究。

从总体上看，《哲学概论》的内容和撰写风格主要是沿袭、借用苏联哲学教科书的内容和风格。在风格上，除了上述的重史略论、史论相加的总体结构外，《哲学概论》和苏联哲学教科书一样，不注重章节结构，只有大章而没有分小节，内容臃肿、庞杂；在表述上沿用苏联哲学教科书的做法，注重论证的严谨性，多是利用马克思主义哲学创始人的文献来论证主要观点，每章的后面都列有学习的参考文献；在具体论述上，多是空对空，往往是就学术而学术，还没有把马克思主义哲学的基本观点和中国的现实联系和结合起来，还没有形成观点加例证的论述特点，有限的例子也只是马克思如何运用辩证法分析资本主义社会的例子。因此，《哲学概论》与《大众哲学》呈现的还几乎是完全不同的两种表达风格，前者还是"苏联风格"，还不能适应中国的国情和民众的需求，这也是《哲学概论》影响有限的一个重要因素。

2.《社会哲学概论》的特色和不足

《社会哲学概论》比《哲学概论》晚出版发行一年，1933年8月，由上海生活书店首次出版发行。仅隔一年后，1934年8月，就出了再版。可见此书在当时的影响和受到的关注。作者赵一萍，生平等具体情况不明，国内目前还没有有关作者生平和思想的研究文章。《社会哲学概论》是目前发现的、较早的、比较全面概括性地介绍马克思主义哲学的、中国人自己撰写的马克思主义哲学著作。它涵盖了辩证唯物主义和历史唯物主义，与《大众哲学》《现代哲学的基本问题》《新哲学体系讲话》《辩证法唯物论入门》等著作只包括辩证唯物主义不同，内容更加全面和广泛。比"全面系统地论述辩证唯物主义与历史唯物主义"的李达的著作《社会学大纲》早四年。《社会哲学概论》与《社会学大纲》不同的是，前者更概括、更简略，论述的重点在历史唯物主义，而后者更全面更具体，辩证唯物主义和历史唯物主义的内容保持得比较均衡。

《社会哲学概论》在全书的总体架构上，按照一般、特殊和个别的逻辑顺序安排，由哲学、辩证法唯物论、历史唯物主义三大块内容构成，一共八章。其中历史唯物主义是重点，在八章中占到了五章。第一章主要是介绍哲学的一般性质和任务；第二章、第三章主要是介绍辩证法唯物论的辩证法和世界观；第四章、五章、六章、七章、八章，主要是介绍历史唯物主义的基本观点和几个重要的范畴。在结构安排上，《社会哲学概论》与苏联哲学教科书的不同是，开篇从哲学的一般理论讲起，而不是像苏联哲学教科书那样直接从辩证法唯物论讲起。这种逻辑架构对后来的《大众哲学》《现代哲学的基本问题》等书的总体布局，有着一定的影响。《大众哲学》一开始也是讲哲学的一般问题，再接着过渡到辩证唯物主义。《社会哲学概论》与苏联哲学教科书、同时期中国的同类著作相比，在总体架构上最大的缺陷就是缺少认识论的内容。

《社会哲学概论》在辩证法唯物论内容的论述上，具体采用了辩证法、唯物论的排列方法，更加突出了辩证法在马克思主义哲学中的地位。这种排法与它如何认识哲学、如何认识马克思主义哲学有着内在不可分割的联系。《社会哲学概论》认为，"哲学乃是依据一定的方法论综合各种科学的理论与法则以建立整个的世界观的人类知识之最高总汇"①，它可划分为自然哲学和社会哲学两大组成部分。马克思恩格斯是以批判的精神和辩证方法建立他们自己的哲学体系——辩证法唯物论的，它一般地说来，"是要解释自然世界的变动和运动的基本方式、人类社会的变动和发展的基本原因和人类思维发展等问题的"②。在辩证法唯物论这个总的系统之中，有两个平行而又相互关联的哲学体系，即自然哲学和社会哲学。

在有关辩证法的表述上，它与30年代初期的《辩证法唯物论教程》《新哲学大纲》《辩证法唯物论》等苏联哲学教科书，重点论述三大规律和几大范畴的方法不同，它没有单独论述辩证法的三大规律，而是把三大规律具体内化为了辩证法的三大基本特征：第一，一切事物都是在流变、发展着的，运动是事物的存在形态，静止是事物存在的特殊形式。运动又是事物内部的对立之不绝的相互转变的过程；第二，事物都包含有矛盾，矛盾是事物发展变化的根源和动力，事物的发展是由低级向高级发展的过程；第三，一切现象都是相互联系而发展的，它们不是相互孤立的，自然的世界乃至人类社会都具有统一性。这种表述方法，与1938年斯大林的《辩证唯物主义与历史唯物主义》的表述方法相同，只不过斯大林的《辩证唯

---

① 赵一萍：《社会哲学概论》，上海：生活书店1934年版，第1—2页。
② 赵一萍：《社会哲学概论》，上海：生活书店1934年版，第28页。

物主义与历史唯物主义》将辩证法的基本特征归纳为了四个主要方面，基本内容与《社会哲学概论》差别不大。同时，《社会哲学概论》在苏联哲学教科书的基础上，更加强调马克思主义哲学世界观和方法论的统一，指出"辩证法一方面是显现于客观的现象……另一方面这种法则一经为我们认识以后，就可作为我们思想底方法之准则"①，并较早地将辩证法的思维方法归结为六个方面：第一，从运动和发展的过程中去把握事物，不能把事物当作不变的静止的陈死的东西；第二，从矛盾的发展与其相互转变的过程中把握事物，把事物看作是不断向前发展的过程看待；第三，从相互联系中去把握事物的真相，认定各种事物不是彼此孤立的，而是相互联系、相互影响的；第四，从全体中去观察各个表面分散的现象，不能把全体割裂为部分来考察；第五，从具体环境与相对情况中来观察事物，抽象的真理是不存在的，一种理论与法则都是在一定条件下才能成立的；第六，从实践中把握事物的真相，只有实践是足以证明并加强真理的，离开了实践，正确的理论与法则就不能建立。这些归纳和论述，较之苏联哲学教科书和同时期中国的同类著作，是比较新颖和深刻的，体现了作者的独到之处。

《社会哲学概论》虽然只比《哲学概论》晚出版发行一年，但与《哲学概论》撰写风格上多是沿袭"苏联化"不同，开始主动、自觉地在撰写风格上突破、摆脱苏联模式，形成了一些自己的特色。这些特色，为艾思奇的《大众哲学》开创"中国风格"的表达形式，做了很好的探索。这些突破和特色主要表现为：第一，不再像《哲学概论》那样突出哲学史的研究，较早地采用了以论为主的撰写方法，书中不再安排有关哲学史的专章论述的内容。从《哲学概论》

---

① 赵一萍：《社会哲学概论》，上海：生活书店1934年版，第42页。

到《社会哲学概论》之间，在这个方面有了根本的转变，似乎可以说开创了一种新的风格、传统，影响到《大众哲学》等以后的大多数著作；第二，较早地把形象化和通俗化作为自觉的追求和表达方式。作者在自序中，鲜明地指出了自己的这一努力。他说："我们这本书就是要向国内青年们介绍一新的世界观与社会观，它并没有包含高深的理论，而只是要将基本的关于社会发展与社会构成的理论用通俗的解说陈述出来……"①《社会哲学概论》追求语言的通俗易通，并通过图示、表格等生动、具体、形象的方式表达抽象的内容。用图示、表格的形式表达抽象的理论内容，在同时期中国的同类著作中比较少见，可以说具有开创性和创造性；第三，注重内容表达的系统化、集中化，通过概括等形式凸显主要观点，便于读者掌握论述主旨。比较早地采用了段落右上角加概括大意方框的形式，这种表达形式比《大众哲学》早三年，比《社会学大纲》早五年，可见其对艾思奇、李达等撰写风格的影响。克服了苏联哲学教科书内容庞杂，观点散布的缺陷，以第一、第二……等方式，条例清晰地列举主要内容，使正面论述更加突出、有力量。第四，注重哲学与生活的联系，特别是在第一章中比较早地论述了哲学与生活的关系，从生活中引发出了哲学的阶级性等特征。艾思奇《大众哲学》第一章的论述方式大体与此相似，《社会哲学概论》中的"哲学并不是离奇玄奥的东西"、"哲学并不是凭空从人类的头脑里放射出来的幻影"等句子，在《大众哲学》中也能隐约看到它们的身影。但《大众哲学》更加生活化和具体化，更加生动。

《社会哲学概论》虽然在撰写风格上做了很好的探索，给予了《大众哲学》很好的启示，但这种探索是初步的、有限的。内容有重

---

① 赵一萍：《社会哲学概论》，上海：生活书店1934年版，第3页。

大缺失，整体结构还不是十分清晰明了；语言还是以学术化语言为主；论述还没有具体化，很少生活化的例子。这些都决定了《社会哲学概论》总体还是一部比较抽象的学术著作，与《大众哲学》相比还有着较大的距离和不足。

二、《大众哲学》与《现代哲学的基本问题》《新哲学体系讲话》

1. 两部书从《大众哲学》中得到的借鉴

《现代哲学的基本问题》一书，1936年5月，由上海生活书店首次出版发行，是"青年自学丛书"中的一本。1946年7月，经过作者修订后再版。作者沈志远（1902—1965），浙江萧山昭东长巷村人，原名沈会春，曾用名沈观澜、沈任重、王剑秋。新中国成立后，初任中国科学院上海经济研究所筹备主任，后任上海社会科学院经济研究所研究员。

《新哲学体系讲话》，1937年4月，由上海作家书店出版发行。作者陈唯实（1913—1974），原名陈英光，又名陈励吾、陈悲吾，1913年出生于潮安县官塘乡。他的一生为马克思主义哲学的宣传、研究和教育做出了重要的贡献，是20世纪30年代我国马克思主义理论家的代表人物，学界往往将他与著名马克思主义哲学家艾思奇并称为"南陈北艾"。

《现代哲学的基本问题》比《大众哲学》晚出版四个月，《新哲学体系讲话》比《大众哲学》晚出版一年多。这两本书最鲜明的特点是，学习、借鉴《大众哲学》的撰写风格，自觉地以《大众哲学》开创的中国化的表达风格为撰写指导，突出强调撰写、阐释的

第七章 《大众哲学》与同时期著作比较

具体化、通俗化。可以说是《大众哲学》开创的中国化表达风格的继续和实践,是在《大众哲学》的具体影响和"催化"下"诞生"的,也是当时发挥《大众哲学》撰写风格,把马克思主义哲学具体化、通俗化做得比较好的著作。两本书的作者在自己著作的序言中,都明确地表达了这种愿望和努力。沈志远在自序中指出:"作者写这本小册子的目的,就在于把这种指导大众生活和社会实践的哲学理论,作一番简略而扼要的介绍,以便终日埋头苦干、时间经济两穷的大众朋友们,得在工作余暇当作消闲的读物来随便看看。"① 为了实现这一目的,这本书采用了极其通俗的文字来撰写,并在该书的"每一章每一节中差不多都附着极简明的比喻和例证来帮助各项理论问题底说明"②。陈唯实在《新哲学体系讲话》序言中介绍自己著作的特点时指出:"本书一方面说明新哲学的原理,但是偏重应用方面,把新哲学从客观上、生活上发挥出来……""新哲学内容尽量的具体化,并且要把讲话或文字的形式通俗化,使一般人都能听懂、看懂、理解它、接受它……"③

《现代哲学的基本问题》和《新哲学体系讲话》除了学习、借鉴《大众哲学》,力图做到具体化、通俗化外,在一些具体章节的内容上,也与《大众哲学》的内容高度雷同,这突出表现在第一章中。《大众哲学》的第一章是绪论,主要从哲学与日常生活的关系、哲学的真面目、新唯物主义的研究对象等三个方面展开论述。沈志远的《现代哲学的基本问题》的第一章第一节也是从这三个方面来论述的,不过是将《大众哲学》一章的内容概括、浓缩为了一节。《现代哲学的基本问题》第一章第一节的标题"哲学是什么?",和《大

---

① 沈志远:《现代哲学的基本问题》,上海:生活书店1946年版,第1页。
② 沈志远:《现代哲学的基本问题》,上海:生活书店1946年版,第2页。
③ 陈唯实:《新哲学体系讲话》,上海:作家书店1937年版,第1—2页。

众哲学》第一章第一节的标题完全一样。有些语句也与《大众哲学》中的语句高度相似,比如,"我们每个人都不自觉地受着某种哲学观念底支配"、"在社会上流行的许多观念中,都可以找出哲学底行迹来",等等。《新哲学体系讲话》采用的也是讲话式的体裁,很明显是模仿、借鉴《大众哲学》的前身《哲学讲话》的体裁。该书的第一章与《大众哲学》的论述方式一样,也是从哲学与生活的关系、哲学的本质、新哲学的研究对象等主要方面进行论述的,不过是做了进一步的展开和具体化。"生活和哲学的关系"、"哲学不是神秘的东西"、"新哲学所担负的任务"等标题,都明显地来源于《大众哲学》。

2.《现代哲学的基本问题》的特色和不足

《现代哲学的基本问题》共四章,按照一般与个别的逻辑构建总的体系,先后论述哲学的一般、辩证唯物论的世界观、辩证唯物论的认识论等三大部分内容。该书的结构安排,与《社会哲学概论》《大众哲学》的安排相似。《现代哲学的基本问题》在结构上的一个重大缺陷和不足是,没有辩证法部分的内容,对辩证法唯物论的介绍不全面。这也是该书与《大众哲学》对比存在的一个重要缺点。从内容上看,《现代哲学的基本问题》主要是在认识论的论述上,有自己的两个特色:一是对理性作用的描述更生动、更具体,更加具体地概括了从感性认识上升到理性认识的思维方法;二是比较早地把马克思主义哲学的认识与实践的关系和中国传统文化中的知行关系结合、联系了起来。这两个方面为毛泽东的《实践论》提供了思想滋养。该书和苏联哲学教科书在认识论的基本观点上一致,认为感觉是认识的来源,但认识并不仅仅局限于感觉,认识是有主动性的,还必须从感觉上升到理性。"要从感觉达到真理的认识,必须经过一番理性的'改造'或'制作'（如思考、辨别、比较、分析、归纳、综合）等底功夫。"① 毛泽东在《实践论》中强调，从感性认识飞跃到理性认识，必须经过思考的作用，"将丰富的感性材料加以去粗取精、去伪存真、由此及彼、由表及里的改造制作功夫"。《实践论》进一步深化和丰富了《现代哲学的基本问题》关于从感性认识上升到理性认识的思维方法问题。《现代哲学的基本问题》专节论述了认识和实践的辩证关系，指出理论产生于实践，实践又常常考验理论的真实性；而理论反过来指导实践，推进实践，实践又不断地修正理论、补充理论、推动理论的发展。"由此看来，产生于实践而为实践所规定和推进的理论，本身具有莫大的实践意义。说到这里，知识和行动底一致，理论和实践底一致，这是绝对无可怀疑了。"② 把认识和实践的关系与中国传统文化的知行问题联系起来，在同时期中国的同类著作中比较少见，是作者表述的一个新特点。毛泽东的《实践论》的标题，就是"论认识和实践的关系——知和行的关系"。

《现代哲学的基本问题》一书比较注意论述的具体化问题，通常利用讲故事的方式来生活化地阐述马克思主义哲学的基本理论、基本观点。还比较新颖地在每章论述的后面附上了习题，以通过这种形式让读者更好地把握一章内容的重点。但总体与《大众哲学》比，还不够通俗化、具体化、生活化。作者对本书的缺点有着清醒的认识，他在修订版序言中自我批评说："这本小册子，还是抗战前写成的，曾经已印行过好几版。这次书店为适应当前的迫切需要，嘱我加以修订。经过我仔细校阅之后，觉得这本书的编述体裁上不免旧了点；它的某些部分又不免经院化了一点（即不够通俗），这是我自

---

① 沈志远：《现代哲学的基本问题》，上海：生活书店1946年版，第82页。
② 沈志远：《现代哲学的基本问题》，上海：生活书店1946年版，第98页。

己完全承认的。"①

3.《新哲学体系讲话》的特色和不足

《新哲学体系讲话》共分四个部分，三十多讲。全书主体部分和苏联哲学教科书、同时代中国人自己的马克思主义哲学著作的主体部分基本一致，主要是讲宇宙论、认识论和方法论。但值得注意的是，该书不同于苏联哲学教科书的一个最大特点是，把人生观作为了重要内容，有专讲新哲学的人生观。这一突破把马克思主义哲学有关人的论述纳入了论述视野，克服了苏联哲学教科书的内容局限性。在同时期中国的同类著作中，《现代哲学的基本问题》首版中曾把人生观作为论述的重要内容，修订版中又去掉了这部分内容。《新哲学体系讲话》把人生观作为主要的论述内容，很可能是学习借鉴了《现代哲学的基本问题》的作法。《新哲学体系讲话》之所以这样安排自己的论述内容，根源在于作者对辩证法唯物论研究对象的认识。他认为，新哲学所研究的对象是客观物质世界，是以实在的事物为根据的，可以分为四大对象："研究宇宙的客观真理"、"研究社会的客观真理"、"研究人生的真理"、"研究思想的真理"。"新哲学就是科学的本体论（观点）、认识论、方法论；应用起来就是科学的宇宙观、社会观、人生观、实践论……"②

《新哲学体系讲话》与其他著作内容论述上的不同，主要体现在人生观和辩证法上面。在人生观方面，提出了较为系统的人生观思想，从人生的本质、人生与自然和社会的关系、人生与两性关系、

---

① 沈志远：《现代哲学的基本问题》，上海：生活书店1946年版，第1—2页。
② 沈志远：《现代哲学的基本问题》，上海：生活书店1946年版，第1页。

人生与道德和思想、人生的意义价值、人生之死的意义等6个方面，阐述了作者所认为的马克思主义哲学的人生观。关于人的本质，他认为，新哲学看来，人的本质是劳力，人是制造工具的动物，是劳动生产。关于人与自然和社会的关系，他认为，人类和自然界有着密切的关系，人类就是利用自然、改造自然，使其适合人类的需要。从人和社会关系来看，个人是社会的一分子，人生不能离开社会而存在，没有社会就没有个人，所以人生应该为社会而努力。在人生与两性关系上，他认为，辩证法唯物论重视两性生活，主张男女生活应该由恋爱结合。关于人生与道德和思想，他认为，为大众为社会为世界而奋斗，是最大的道德。关于人生的意义价值，他指出，为人类社会的生存而工作，这样的人生最有意义。关于对人生之死的认识，他强调，既要重生，又要不怕死，为了革命事业应视死如归。总的来看，《新哲学体系讲话》有关人生观的论述，基本精神是符合马克思主义哲学基本原理的。虽然还显得比较粗糙和简单，但对推动辩证法唯物论加强人生观研究、为民众的人生提供理论指引等具有十分重要的作用。可以说，填补了苏联哲学教科书的空白，真正提出了我们自己的对马克思主义哲学的独特认识和解读，很好地丰富和发展了马克思主义哲学。其重大意义，直到今天依旧不能低估。

在辩证法论述上，《新哲学体系讲话》的一个比较独特的贡献是，较早地较全面地论述了辩证法的范畴。它从对立统一的角度，把辩证法的范畴归结为现象和本质、形式与内容、条件和根据、原因和结果、偶然与必然、可能性和现实性等六对。而过去的苏联哲学教科书对有关辩证法范畴的对数及内容认识不一，特别是范畴的表述还没有以单纯的对立统一的形式出现，常常以诸如"法则与因果性"、"诸现象的相互作用。原因与结果"等相混杂的形式出现。

同时期中国的马克思主义哲学著作,对辩证法范畴的论述一般比较简单,仅仅论述六对中的几对。

《新哲学体系讲话》与《大众哲学》等中国同类著作相比,最大的缺陷是,对马克思主义哲学基本观点的认识和把握还不到位,尤为严重的是,常常混淆辩证唯物主义与旧唯物主义的根本区别,把辩证唯物主义的基本观点当作一般唯物主义的基本观点。这些不到位和错误在书中比比皆是。比如,"凡是新的,总就是好的,进步的"①、"人生的本质是劳力"②、"为社会而奋斗,为社会就是为了个人"③ 等,都还存在论述较为片面、不严密的缺点。"唯心论者认为人类对于客观的关系只有思维,唯物论是相反的认为人类对客观的关系是在实践"④、"唯心论哲学是与直接生产过程、生产实践分离的阶级的世界观,反之唯物论哲学是劳动生产阶级——就是本质上实践阶级的世界观的表现"⑤、"唯物论就是现实主义,客观主义,是一种科学的人生观社会观宇宙观,是一种最广泛最具体最正确的新哲学"⑥ 等论述,表明作者对什么是唯物主义、什么是辩证唯物主义还区别得不是十分清楚,经常张冠李戴,混淆彼此。把马克思主义哲学基本原理具体化、生活化、现实化、通俗化,最怕的,也最容易出现的问题就是庸俗化。作者对此有清醒地认识,

---

① 沈志远:《现代哲学的基本问题》,上海:生活书店1946年版,第8页。
② 沈志远:《现代哲学的基本问题》,上海:生活书店1946年版,第44页。
③ 沈志远:《现代哲学的基本问题》,上海:生活书店1946年版,第53页。
④ 沈志远:《现代哲学的基本问题》,上海:生活书店1946年版,第220页。
⑤ 沈志远:《现代哲学的基本问题》,上海:生活书店1946年版,第225页。
⑥ 沈志远:《现代哲学的基本问题》,上海:生活书店1946年版,第157页。

指出:"我们之所谓哲学通俗化,并不是要把它庸俗化。如果把它庸俗化,常常也是不对的,那么就会把新哲学弄成不三不四的东西。"① 即使有这种清醒的认识和把握,《新哲学体系讲话》在某种程度上,还存在庸俗化的一面。这与《大众哲学》娴熟、深刻地把握马克思主义哲学的基本观点和思想相比,其理论水平和功底还待进一步提高。

三、《大众哲学》与《社会学大纲》《辩证法唯物论入门》

1.《社会学大纲》的特色和不足

《社会学大纲》1937年5月,由上海笔耕堂书店首次出版发行,是一部字数多达42万字的、系统讲解辩证唯物主义和历史唯物主义的著作。作者李达(1890—1966),名庭芳,字永锡,号鹤鸣,湖南零陵岚角山镇(今属永州市)人。是中国共产党创始人之一,中共一大代表,新中国成立后历任湖南大学校长、武汉大学校长。本书出版后,引发了社会的普遍关注,短期内再版4次。有史料称,毛泽东把这本书整整看了10遍,并在书眉和空白处写下了1万多字的批注,称赞"这是中国人自己写的第一本马列主义哲学教科书",后来毛泽东在党的六届六中全会上号召党的高级干部都来读这本书。

《社会学大纲》与《大众哲学》等中国同时期同类著作相比,最大的特色和优点在于,它是第一次全面、深入、系统地介绍马克思主义哲学的著作。我们知道,虽然赵一萍的《社会哲学概论》早

---

① 沈志远:《现代哲学的基本问题》,上海:生活书店1946年版,第10—11页。

在 1933 年就开始全面介绍马克思主义哲学的基本理论，但相对比较简单和概略，偏重在历史唯物主义方面。而《大众哲学》《哲学概论》《现代哲学的基本问题》《新哲学体系讲话》《辩证法唯物论入门》等多数书，仅仅论述了马克思主义哲学的辩证唯物主义，对马克思主义哲学的历史唯物主义还没有涉及，内容介绍存在明显的缺陷和不足。另外，这些著作的篇幅和内容都十分有限，多则 10 余万字，少则几万字，对马克思主义哲学基本观点和思想的论述都是力图简明扼要、重点突出，内容的丰富性、系统性和深入性，与《社会学大纲》这部大部头著作相比，还存在很明显的劣势。

虽然《社会学大纲》内容比较丰富，但其思想和观点，实事求是地讲还主要来自于 20 世纪 30 年代的苏联哲学教科书，它在汲取和采纳苏联不同哲学教科书的优势和特点的基础上，做了进一步的综合、丰富和集成。从《社会学大纲》的整体逻辑架构上来看，辩证唯物主义的部分主要是借鉴和采用了苏联《新哲学大纲》的逻辑安排和论述，论述的顺序先后是马克思主义哲学史、唯物论、辩证法、认识论。历史唯物主义的部分，主要是借鉴和采用了苏联哲学教科书《历史唯物论》的结构和内容，大的章节与《历史唯物论》差别不大，只不过是论述更加具体集中、清晰明了。《社会学大纲》的撰写风格受苏联影响比较明显，整体还是史论结合，史的部分在书中占有很大的篇幅。

《社会学大纲》在内容论述上比较有自己特色的地方，主要体现在对马克思主义哲学本质的认识和辩证法、认识论的论述等方面。《社会学大纲》与中国同时期同类著作相比，更加突出强调马克思主义哲学的实践性，首次把马克思主义哲学，称之为"实践的唯物论"。它指出，唯心论和旧的唯物论，把劳动、实践的概念，看成了抽象的东西，因此不能正确说明社会。而在马克思看来，劳动是人类与自然结合的中介，在劳动过程中，人类与自然结合，自然对于人类发生具体的联系。只有社会的人类的这种劳动——实践能够指导自然的认识，才是认识的基础。"马克思基于劳动——实践的意义之正确理解，所以超出旧唯物论的界限建立了实践的唯物论。正因为劳动是人与自然相结合的媒介，所以由于劳动概念之唯物论的把捉，就能够理解人类社会所依以树立的物质的基础，理解基础与上层建筑的关系，因而建立历史观之唯物论的根据。"① "所以实践的唯物论，由于把实践的契机导入于唯物论，是从来的哲学的内容起了本质的变革。"② 可见该书把实践的特征作为了马克思主义哲学区别旧哲学的本质特征，把实践这个概念作为了马克思主义哲学的核心概念，把从实践出发作为了理解马克思主义整个理论的一把钥匙。应该说，这种对马克思主义哲学本质的认识是深刻的、准确的、科学的，表明作者对马克思主义哲学的理解和把握达到了很高的水平。尤其是能明确地将马克思主义哲学概括为实践唯物主义，具有很强的超前性和预见性，不但超越同时代的马克思主义哲学研究者，也比西方马克思主义学者及后来中国学者把马克思主义哲学明确称之为实践唯物主义，要提前几十年。

在认识论上，《社会学大纲》在承继苏联哲学教科书基本观点的基础上，在具体表述上有自己的新认识、新提法、新特点，系统地论述了实践是认识的基础、动力、目的、检验标准，认识与实践的辩证发展过程、感性认识与理性认识的辩证关系等，为毛泽东的《实践论》提供了思想资源。它指出，实践不但是社会科学的范畴，并且是哲学的认识论的范畴。"要懂得实践优于理论的见解，就必须

---

① 李达：《社会学大纲》，武汉：武汉大学出版社2007年版，第42页。
② 李达：《社会学大纲》，武汉：武汉大学出版社2007年版，第45页。

理解实践是认识的出发点和源泉，是认识的真理性的规准。"① 它又指出："认识只有实践的直接作用于客体，才能取得认识的材料，发见客体的法则；并且认识的真理性，也只有实践的直接作用于客体，才能证明。所以实践在个别科学研究上，是认识的出发点，又是认识的终结点。"② 它强调认识是一个过程，并且是一个辩证的过程，"认识的过程，由实践出发，而复归于实践，其中包括着由物质到感觉及由感觉到思维的认识的发展过程"③。它独具特色地将思维阶段的认识称之为"论理的认识"，认为感性的认识与论理的认识互为条件。"人类在其社会的实践上，随着对于外物的感觉的发展，人类对于外物的理解就更趋于深刻；在另一方面，对于外物有了理解，就能更正确、更深刻地感觉外物。"④ 它认为，认识的发展是圆的运动，采取实践——直接的具体——抽象的思维——媒介的具体——实践的过程，是采取"圆形运动而发展的"⑤。有关认识的论述，从艾思奇到李达再到毛泽东，有着一个不断突破、丰富苏联哲学教科书的深化过程。艾思奇较早地提出感性认识和理性认识的概念，并论述了从实践到认识再到实践的螺旋发展。李达在艾思奇的基础上，将认识论更加系统化，并提出了感性认识和论理认识的概念，指出了认识发展的圆形运动。毛泽东在二人的基础上，进一步丰富和发展认识论，写出了著名的《实践论》。《实践论》交叉使用理性认识和论理认识这两个内涵相似的概念，提出的"实践、认识、再实践、再认识"循环往复的发展过程、"知行统一观"等，都表明了《实

---

① 李达：《社会学大纲》，武汉：武汉大学出版社2007年版，第44页。
② 李达：《社会学大纲》，武汉：武汉大学出版社2007年版，第70页。
③ 李达：《社会学大纲》，武汉：武汉大学出版社2007年版，第167页。
④ 李达：《社会学大纲》，武汉：武汉大学出版社2007年版，第187页。
⑤ 李达：《社会学大纲》，武汉：武汉大学出版社2007年版，第214页。

践论》对前人思想的汲取和借鉴,是当时认识论思想发展的一个必然结果和高峰。既要充分肯定《实践论》的创新和突破,又要看到《实践论》产生的思想源头,充分肯定同时期的马克思主义哲学研究者对《实践论》做出的重要贡献。更为重要的是,无论是《实践论》,还是同时期的其他著作,它们认识论的基本观点主要还来源于苏联哲学教科书,苏联哲学教科书是这些著作认识论的"母体"和文化"土壤"。一味地强调同时期的中国马克思主义哲学研究者在认识论上不同于苏联哲学教科书模式,是不符合历史事实的。

在辩证法论述上,《社会学大纲》突出强调对立统一法则的重要性,并具体论述了法则与法则之间、法则与范畴之间的相互关系。苏联哲学教科书也强调对立统一法则的重要性,但对法则之间、法则和范畴之间的相互关系的论述不是十分明确。《社会学大纲》认为,对立统一法则是在自然、社会及思维中普遍存在的客观法则,是事物自己运动和发展的源泉,"所以对立统一法则,是辩证法的根本法则,是它的核心。这个根本法则,包括着辩证法的其余的法则——由质到量及由量到质的转变法则、否定之否定的法则、因果性的法则、形式与内容的法则等。这个根本法则,是理解一切法则的关键。"① 它又具体论述了三大法则之间的关系,指出:"根据对立统一法则的发展,在逐渐的量的变化的形式显现;这种变化,结果引起飞跃的质的转变。质的转变显现之后,更依据于新质而再回到逐渐的量的变化。"② 它认为,"对立物的互相渗透,根本上是由于一极是他极的否定,是自身的肯定。肯定的契机与否定的契机,形成为暂时的相对的统一;由于这否定的契机发展起来,由于对立

---

① 李达:《社会学大纲》,武汉:武汉大学出版社2007年版,第105页。
② 李达:《社会学大纲》,武汉:武汉大学出版社2007年版,第107页。

物的斗争，就引起特定统一的否定。"① 这种用对立统一法则贯串、论述三大法则之间关系的表述，在同时期同类著作中比较少见，反映了作者对马克思主义哲学辩证法的深刻认识和把握。

《社会学大纲》与《大众哲学》相比，学术性味道更浓厚，在论述中还没有很好地实现具体化，和中国实际与生活结合起来，表达的"中国风格"特征不明显、不突出。但是，可以很肯定地说，《社会学大纲》的表述风格受到了《大众哲学》开创的"中国风格"的影响，这从它更加注重总体结构的平衡，更加注重内容的正面表述，尽力避免哲学过度政治化等方面得以说明和佐证。

2.《辩证法唯物论入门》的特色和不足

《辩证法唯物论入门》1937年7月由上海新知书店出版发行，1939年再版，1946年三版，1949年后又有多种版本出版发行。作者胡绳（1918—2000），出生于江苏苏州，原名项志逊，笔名蒲韧、卜人、李念青、沈友谷等，是我国著名的党史专家和马克思主义理论家。

《辩证法唯物论入门》字数不多，是一本不到5万字的小册子。却有着显著的特点，是中国同时期同类著作中论述比较缜密的一部。该书用较小的篇幅，简明扼要地论述了辩证唯物主义的基本思想，对马克思主义哲学观点的把握比较到位和准确，没有出现对马克思主义哲学基本观点理解上的大的错误。与胡绳相比，中国同期的马克思主义研究者在介绍马克思主义哲学基本观点时，都有这样或那样的瑕疵和失误。比如艾思奇对绝对真理和相对真理关系的理解、李达对形式逻辑与形而上学关系的理解等。并且该书在结构和内容

---

① 李达：《社会学大纲》，武汉：武汉大学出版社2007年版，第125页。

上，还在某些方面突破了苏联哲学教科书和中国同时期的著作，形成了自己的鲜明个性。

从结构上看，本书共五章，主体内容按照唯物论、辩证法、认识论的顺序安排。该书结构上的突出特色和独到之处，主要体现在第一章的安排上。该章的总标题是"辩证法唯物论的战斗性"，下设"社会斗争的武器"、"思想斗争的武器"、"唯物论和观念论"、"唯物辩证法与形而上学"四节，较早地把唯物论和唯心论、辩证法和形而上学并列起来论述。而同时期中国的同类著作往往只是单一论述唯物论和唯心论的斗争，还没有明确地把辩证法和形而上学的斗争做专题论述，并且把二者联系起来论述。另外，在"社会斗争的武器"部分，该书突出论述了马克思主义哲学在中国传播发展的历史，指出从1915年到1931年间，马克思主义哲学传播经历了初步传入、为一般人所接受、更深入发展的过程，为我们留下珍贵的历史资料。这在同类著作中独此一家，真正是作者自己认识和研究的成果。

《辩证法唯物论入门》在有关辩证法的论述上，有两个方面的表述具有特色：一是在苏联哲学教科书的基础上，将矛盾思想系统化，为毛泽东的《矛盾论》打下了思想基础，提供了"素材"来源；二是深刻地阐明了辩证法法则与法则之间，尤其是范畴和范畴之间的内在联系，并首次排列范畴的先后顺序，这是同时期著作中所没有看到的。有关矛盾的论述，该书的主要观点来自于苏联哲学教科书，但表述更加集中、条理化和系统化。《矛盾论》中有关矛盾的普遍性和特殊性、矛盾的主要方面和矛盾的主导方面、事物的矛盾是个复杂体等思想，在这里已经有了雏形。《辩证法唯物论入门》将对立统一律归结为四个要点："第一，任何事物在存在中都包含着否定自己的要素"；"第二，矛盾的诸要素是互相结合着，同时又进行着不断的斗争";"第三,矛盾是普遍于一切事物中间的,但各特殊的事物是各具有矛盾的特殊性的";"第四,矛盾的两方面因为是经常在斗争中,所以不是互相均衡的,而是有一方面起着主导的作用……还有,在更复杂的过程中,可以有许多矛盾的同时存在,而在许多矛盾中总有某一种是居于主导的地位。"① 关于辩证法三大法则之间的关系,它把矛盾的统一律作为辩证法的第一个基本法则,把质量互变规律当作第二个基本法则,把否定之否定规律当作第三个基本法则,并具体指明了它们的内在关系:"第一个法则说明了运动发展的根源是在于矛盾的统一,接着,第二个法则说明了矛盾的展开造成事物从量的变化转成质的变化,又从质的变化转成量的变化。但是,这样还没有揭露事物发展的全过程……新的事物正是旧的质,旧的事物的对立物,这一对立仍然要求继续的发展,要求在更进一步的发展中来彻底解决这个矛盾……否定的否定律(辩证法的第三个基本法则)就是说明这一种发展的全过程的……"② 苏联哲学教科书及中国同时期同类著作中,多是比较含糊地论述三者的关系,如此透彻、鞭辟入里地论述辩证法三大法则之间的逻辑关系,应该说本书还是第一次。

更值得肯定的是,《辩证法唯物论入门》还对范畴之间的逻辑关系进行了深入的分析,并排出了先后顺序。同时期的苏联哲学教科书和中国的同类著作,大都论述了"现象和本质"、"形式和内容"、"条件和根据"、"原因和结果"、"必然性和偶然性"、"可能性和现实性"等几对辩证法范畴,但都没有对它们进行逻辑分析和排序,

---

① 胡绳:《辩证法唯物论入门》,上海:新知书店1939年版,第30—32页。
② 胡绳:《辩证法唯物论入门》,上海:新知书店1939年版,第39—40页。

几对范畴的排列方式参差不一，差别很大，一般把"现象和本质"放在第一位。该书首次将六对范畴进行了排序，突出"根据和条件"这个范畴，并把它排在了第一位。接着，依次是"原因和结果"、"本质与现象"、"内容与形式"、"偶然性和必然性"、"可能性和现实性"。该书阐明了范畴排列顺序的理由，它认为，根据与条件的辩证法，说明了内在矛盾和外在矛盾的辩证法。接着就应该研究怎样在矛盾的斗争中、在展开与解决的过程中发展，研究原因与结果怎样地连锁，形成无尽的发展系列。原因和结果形成了矛盾的统一体，它们在发展中相互转化——这便是因果性的辩证法。根据的进一步具体化就表现为本质与现象、内容和形式。"本质与现象的法则是更基本的，内容和形式的法则是更具体化的，但我们还是可以把他们提在一起讲，并且说明这两个法则之间的关系。"① 根据的发展造成原因和结果的连锁，使得事物在一定道路上发展前进，让我们看到事物发展的必然性。必然性是一定要经过一次次偶然性的积累而才能充分实现出来。根据与条件，原因和结果，现象和本质，形式和内容，偶然性和必然性，"这些范畴的结合与转化指示出事物发展的途径，并指示出了新的事物是如何产生"②，所以最后一个范畴应该是"可行性和现实性"。该书对辩证法范畴之间的逻辑分析和排列，以矛盾发展为基本依据和线索，根据矛盾具体化的不同程度，先后排列六对范畴，应该说认识是比较独到和深刻的，也对我们进一步探索辩证法范畴之间的关系有很强的启发意义和指导意义。

《辩证法唯物论入门》继承和发扬《大众哲学》开创的思想表述的"中国风格"，力图使哲学表述更加具体化、现实化和中国化。它与同时期中国的同类著作把哲学与日常生活结合起来，实现具体

---

① 胡绳：《辩证法唯物论入门》，上海：新知书店1939年版，第54页。
② 胡绳：《辩证法唯物论入门》，上海：新知书店1939年版，第63页。

化、现实化的方式不同,其特点是把表述和抗战形势这个中国大事结合起来,和中国的传统文化结合起来,推进马克思主义哲学的中国化,"使之服务于摧毁日寇侵略的势力,建立独立的和平幸福的新的民主共和国的斗争任务"①。在《辩证法唯物论入门》前记中,作者对自己的表述方法作了具体的说明。他指出:"一本真正通俗的,能够工人农人阅读的辩证唯物论的读本,必须根本改变一般的叙述系统,要从现实的具体生活的描写出发,加以分析,逐步达到客观现实的法则性的揭发,最后达到哲学上的最高理论的阐明。"② 作者在书中通过抗战中的具体例子,阐明基本理论,分析抗战形势中的矛盾和特征,为抗战提供理论指导,此类例子遍布全书。比如,在说明物质和精神的关系时举例指出,抗战既要重视精神,又要重视物质基础,反对唯精神论;在分析事物中都包含着否定自己的要素时指出,中国抗战初期的失败中包含着失败的否定的要素,为民众分析抗战的方向,鼓舞士气;在阐述主要矛盾和矛盾的主导方面时,分析了当时中国的复杂矛盾,强调在一切矛盾中居于主导地位的是中华民族和日本帝国主义的矛盾;在论述质量互变规律时,指出经过抗战初期的量变,最终会迎来抗战形势的质变,从防御地位变为优势地位,生动地阐明了抗战发展质量互变的辩证法;在说明根据和条件的辩证关系时指出,抗战主观力量的日益加强,失败因素的日益被克服,是胜利的基本根据。而国际对中国的援助、日本力量的逐渐崩溃就是外部条件,二者对抗战胜利都十分重要。

《辩证法唯物论入门》表述具体化的另一显著特色,就是结合中国传统文化来阐明理论。作者在前记中指出:"我倒是极想在这本书里,于理论的叙述中,随时述及中国哲学史的遗产及近三十年来中

---

① 胡绳:《辩证法唯物论入门》,上海:新知书店1939年版,第3页。
② 胡绳:《辩证法唯物论入门》,上海:新知书店1939年版,第2—3页。

国的思想斗争。"① 该书对马克思主义哲学与中国传统文化的结合，作了很好地探索和尝试。比如，在分析观念论割裂特殊和普遍的认识论根源时，举出了中国哲学史上有关"白马不是马"的争论，加以具体说明；在论述时间和空间的物质性时，利用中国传说中的樵夫入山观仙人下棋，一局棋罢，斧柄已烂，已是几百年的故事，具体说明什么是主观的时空观；在论述事物的位置移动也是有矛盾的思想时，举出中国古代哲人的"飞矢不动"的说法，来加以说明和例证；在论述认识不可脱离实践时，举宋代哲学家王阳明想求得竹子生长的道理，于是对着竹子呆坐半天的例子，来强调脱离具体的实践终究研究不出一个结果来等。

《辩证法唯物论入门》在推进表达风格中国化的过程中，有其不同与《大众哲学》的独特的地方，尤其是开辟了与中国大事、中国传统文化结合的新路径，为探索、推进马克思主义哲学中国化提供了新角度。但是这些结合和具体化，都是比较简单和初步的，书中有关现实的例子还不够丰富，不够多方面。作者在前记中指出了自己的不足，"在我这本书里则仍旧照样地用着一般的书中所用的系统……"②

---

① 胡绳：《辩证法唯物论入门》，上海：新知书店1939年版，第2页。
② 胡绳：《辩证法唯物论入门》，上海：新知书店1939年版，第2页。

第八章 《辩证唯物主义历史唯物主义》与中国化

新中国成立后,艾思奇推动马克思主义哲学中国化的功绩,集中体现在他主编的《辩证唯物主义历史唯物主义》一书上。该书是由中宣部和高教部统一组织,为高等院校文科哲学教学编写的一本教材,也是新中国成立后中央主持编写的第一本马克思主义哲学教材。《辩证唯物主义历史唯物主义》,1961年由人民出版社出版第1版,1962年出版第2版,1978年出版第3版。《辩证唯物主义历史唯物主义》是在学习、借鉴1958年苏联康斯坦丁诺夫主编的《马克思主义哲学原理》教材的基础上,加以补充、丰富、提高而编成的。本章将对《辩证唯物主义历史唯物主义》与《马克思主义哲学原理》进行比较分析,区分异同,着重研究《辩证唯物主义历史唯物主义》在推进马克思主义哲学中国化方面的贡献。

一、《马克思主义哲学原理》与30年代苏联哲学教科书

在对比研究《辩证唯物主义历史唯物主义》与《马克思主义哲学原理》之前,我们首先应对《马克思主义哲学原理》产生的思想

源头和理论基础做一探析。从《马克思主义哲学原理》的逻辑体系安排、主要思想和观点的论述来看，20世纪50年代，苏联主编的这本《马克思主义哲学原理》教材，并不是与30年代的苏联哲学教科书完全不同、另起炉灶撰写的，它的整体框架和主要思想还是来自于30年代的苏联哲学教科书。我们知道，30年代的苏联哲学教科书是一个著作群，主要以早期的《新哲学大纲》《辩证法唯物论教程》《辩证唯物论与历史唯物论》和后期的斯大林的《辩证唯物主义与历史唯物主义》等为代表。由于受50年代苏联批判斯大林的政治斗争的影响，《马克思主义哲学原理》并没有以后期的斯大林的《辩证唯物主义与历史唯物主义》为模本和参照，相反，重返、追随早期的苏联哲学教科书，主要是以30年代早期苏联米丁主编的《辩证唯物论与历史唯物论》为模本，并借鉴、吸收了《新哲学大纲》《辩证法唯物论教程》等教科书的优势和长处，综合集中编写而成的。可以说，是30年代早期苏联哲学教科书模式进一步发展、完善的产物和成果。

《马克思主义哲学原理》与30年代早期的《辩证唯物论与历史唯物论》在总体框架设计、主体内容安排、具体观点表述和撰写风格上，有着显而易见的相似性和延续性。

1. 结构对比

从总体设计和布局上看，《辩证唯物论与历史唯物论》分为辩证唯物论和历史唯物论两大部分，共十五章，另加两个附录。其中，辩证唯物论部分六章，历史唯物论部分九章。辩证唯物论部分的主要内容安排为：马克思主义哲学产生发展史、辩证唯物论、唯物辩证法、认识论；历史唯物论部分的主要内容安排为：生产力与生产关系、经济基础和上层建筑、阶级与国家、社会意识形态、社会变革论等。《马克思主义哲学原理》共十九章,其中辩证唯物主义部分十章,历史唯物主义部分九章。总体布局和主要内容安排与《辩证唯物论与历史唯物论》相似,主要也是分为辩证唯物主义和历史唯物主义两编,核心内容与《辩证唯物论与历史唯物论》基本一致。但《马克思主义哲学原理》对《辩证唯物论与历史唯物论》章节布局、内容安排进行了新的调整,有保留,有删除,有增加,形成了新的更加清晰明了、更加均衡适度、更加逻辑有序的整体结构,主要体现为:第一,把原来作为辩证唯物论一部分的有关哲学基本问题、马克思主义哲学史的论述,单独拿出来成为突出的一部分,作为导论,使整本书形成导论、第一编、第二遍的结构,与《辩证唯物论与历史唯物论》总体布局略显不同。第二,将《辩证唯物论与历史唯物论》一些内容繁杂、结构臃肿的大章进行破拆,把原来作为节的内容变成新的章,使内容论述更加突出,章与章之间更加均衡。比如,将《辩证唯物论与历史唯物论》的"辩证法唯物论"一章变为了"物质及存在形式"、"物质和意识"、"认识过程的辩证法"等三章;"唯物辩证法之诸法则"一章变为了"现实中各种现象的合乎规律的关系"、"辩证法的基本规律。量变到质变的转化"、"对立面的统一和斗争规律"、"否定的否定规律"等四章,由集中论述辩证法三大法则,变为分别论述单个法则;历史唯物论的"社会经济形态·生产力生产关系"一章,分为"物质生产是社会生活的基础"、"生产力和生产关系"、"经济基础和上层建筑"三章。第三,删除、缩写、变更、增加了一些章节。《马克思主义哲学原理》删除了《辩证唯物论与历史唯物论》的"哲学中两条路线的斗争"、"战斗的无神论"、"马克思主义和修正主义"、"科学和技术"等章节。将《辩证唯物论与历史唯物论》的"辩证法唯物论发展的列宁阶段"一章,缩写为"马克思主义的产生和发展"一章中的一节，集中、连贯论述马克思主义哲学发展史，不在单独论述列宁发展阶段；将"为社会斗争之最高阶段的劳工专政"一章缩写为"阶级，阶级斗争，国家"一章中的一节。把《辩证唯物论与历史唯物论》作为附录出现的内容"地理环境在社会发展中的作用"、"人民群众在历史中的作用"，分别变更为"物质生产是社会生活基础"一章中的一节，和"人民群众和个人在历史上的作用"一章，以强化和突出这些内容。同时，对《辩证唯物论与历史唯物论》有关章节的内容，大幅压缩，以使表述更加扼要简练。《马克思主义哲学原理》新增加了"现代资产阶级哲学和社会学的主要流派"一章，作为全书的最后一章。

2. 内容对比

在具体观点和论述上，《马克思主义哲学原理》与《辩证唯物论与历史唯物论》等早期苏联哲学教科书的表述差别不大，同样是以列宁的思想和视角理解、阐释马克思主义哲学。这从《马克思主义哲学原理》的文献征引上，就能得到很好的说明。该书有引文注释几百个，但绝大多数是列宁的文献，马克思主义哲学创始人的文献引用不多，并且还偏重恩格斯的。《马克思主义哲学原理》和《辩证唯物论与历史唯物论》在辩证唯物主义部分内容论述的重合度、相似度最高，二者之间几乎没有差别。而在历史唯物主义部分，在总体观点一致的情况下，二者在对生产方式、生产力、经济基础等核心概念的内涵和外延的理解上，还存在较大的差别。在《辩证唯物论与历史唯物论》中，对"生产方式"的理解不固定、不一致，存在相互矛盾的地方。有的地方，把"生产方式"当作与生产力和生产关系并列的概念，外延还没有包括生产力与生产关系；有的地方，又把"生产方式"理解为"生产力"与"生产关系"的统一。比如，它在论述社会发展变化的根本原因和基础时，指出："随着社会生产力底变化和增长，物质生活之历史上一定的生产方式和与它相适应的、每一种特殊的、历史上一定的社会生产关系，也就发生变化。"① 它在论述社会经济形态概念史时，指出："生产方式和与它相适应的诸生产关系的综合，为社会组织之物质基础。"② 在这些论述中，生产方式显然还是一个单独概念，与生产力、生产关系并列使用。在《辩证唯物论与历史唯物论》中，更多是把生产方式理解为一定社会的取得生活资料的方式、方法。在论述生产力和生产关系的辩证关系时，它又强调："马克思在生产力和生产关系底相互理解中，是以物质生产过程和它底社会形式之一致为出发点的。马克思把每一生产方式看作它里面的劳动过程和特殊的社会形式底统一。"③ 在这里，显然又把生产方式作为生产力与生产关系相统一的一个概念来理解。《马克思主义哲学原理》克服了《辩证唯物论与历史唯物论》对生产方式概念理解的矛盾性和不一致性，把生产方式明确地理解为生产力和生产关系的统一。关于"经济基础"这个概念，《辩证唯物论与历史唯物论》的理解也不统一，有的地方理解为生产关系的总和，有的地方理解为生产力和生产关系的总和。例如，在论述社会经济形态这个概念时，指出："历史地变动着的、历史上一定的生产关系底体系，一定的经济组织——就是每一社会经济形态客观的、物质的基础。"④ "一定的生产关系底综合、社会

---

① 米丁：《历史唯物论》，沈志远译，上海：生活书店1947年版，第87页。
② 米丁：《历史唯物论》，沈志远译，上海：生活书店1947年版，第88页。
③ 米丁：《历史唯物论》，沈志远译，上海：生活书店1947年版，第168页。
④ 米丁：《历史唯物论》，沈志远译，上海：生活书店1947年版，第87页。

底经济结构，无疑地是社会形态之物质的基础。"① 显然是把生产关系的总和理解为经济基础。而在一些地方又论述到："生产方式和与它相适应的诸生产关系的综合，为社会组织之物质的基础。"② 显然又不单纯地把经济基础归结为生产关系的总和。《马克思主义哲学原理》消除了《辩证唯物论与历史唯物论》对生产关系理解的模糊性、差异性，统一把经济基础理解为生产关系的总和。关于"生产力"的理解，《辩证唯物论与历史唯物论》认为，是劳动工具、劳动力和劳动对象三者的统一。"简单而扼要地讲，社会生产力就是物质资料底生产过程所必须的一切元素底综合，这些元素就是生产工具（或劳动工具）、劳动力和劳动对象。"③《马克思主义哲学原理》却理解为劳动力和劳动资料的统一，并不包含劳动对象。"因此，社会生产力包括社会创造的劳动资料，生产工具，以及掌握一定生产经验和劳动技能并实现物质资料生产的人。"④

由于《马克思主义哲学原理》在《辩证唯物论与历史唯物论》内容的基础上，再次进行了简化和概括，因此，前者在具体观点的论述和证明上，显然没有后者深入、全面。特别是《辩证唯物论与历史唯物论》在历史唯物主义部分依据马克思的原始文献，对劳动过程、生产力、科学技术在生产力发展中的应用等很多方面，作了深刻的阐发和论述，展现了马克思主义哲学历史思想的深厚底蕴。而这些论述在《马克思主义哲学原理》中或被简化或被删除，没有

---

① 米丁：《历史唯物论》，沈志远译，上海：生活书店 1947 年版，第 89 页。
② 米丁：《历史唯物论》，沈志远译，上海：生活书店 1947 年版，第 88 页。
③ 米丁：《历史唯物论》，沈志远译，上海：生活书店 1947 年版，第 118 页。
④ 康斯坦丁诺夫主编：《马克思主义哲学原理》，北京：人民出版社 1959 年版，第 437 页。

得到很好的继承和体现,这是一个重要的遗憾和不足。比如,《辩证唯物论与历史唯物论》对马克思有关劳动过程思想进行深入的阐发,强调劳动是自然性和社会性的统一,劳动在改造自然的同时,也改变着自己的本性。劳动是理解社会发展变化的基础,是人不同于动物、具有目的性和创造性的本质表现等。在有关生产力论述上,强调"死的劳动"和"活的劳动"的对立统一,指出生产手段——技术、机器等,还不是现实的生产力,只有"活的劳动的火焰"总把它们从死的变成活的,突显人在劳动过程中的作用。重视技术在生产力发展和提高生产率上的重要意义和地位,专节论述技术在生产力发展中的作用,深入探究了技术与劳动工具、劳动力与劳动对象之间的紧密关系。有关技术在生产力发展中的地位和作用的论述,可以说敏锐地把握住了生产力发展的关键因素,具有很强的洞察力、超前性和预见性,是比较早的有关马克思技术思想的系统"挖掘"和阐发,这与我们后来提出的"科学技术是第一生产力"的思想,是基本一致和吻合的。

3. 风格对比

在撰写风格上,《马克思主义哲学原理》尊崇并继承了《辩证唯物论与历史唯物论》等30年代早期的苏联哲学教科书持有的"苏联风格"。和它们一样,总体采用史论结合的方法,注重马克思主义哲学产生前史,马克思主义哲学自身产生、形成史,马克思主义哲学俄国发展史的研究和论述。不同的是,《马克思主义哲学原理》有关史的论述更加集中、简练,大大压缩了史的内容,尤其是马克思主义哲学俄国发展史的内容,改变了过去史论篇幅相当的作法,史在总体结构占的比例很少。同样是强调哲学的战斗性,注重哲学批判,正面论述和反面批判有机融合,把突出批判性作为编辑的重要指针和基本要求。在本书前言中,主编强调指出了这一特点:"本书在阐述马克思主义哲学基本问题的同时,对唯心主义和形而上学进行了批判。作者给自己规定了一项任务:既反对修正主义(当前工人运动和共产主义内部的主要危险),也反对教条主义,而为创造性地对待马克思主义世界观的问题进行斗争。"① 正因为如此,本书也是把学术与政治紧密联系,以政治立场作为论述的重要取舍和安排,当时批判斯大林的现实政治斗争,也决定和影响了该书的编排方式和内容,去"斯大林化"是该书的一个重要特点。不再像早期的苏联哲学教科书那样,论述马克思主义哲学发展的斯大林阶段和斯大林的哲学思想,全书在论述中没有征引斯大林的有关文献。该书还对斯大林所犯的错误进行了分析和批判,指出"斯大林后期发生和广为流行着个人迷信现象","党坚决谴责斯大林在他晚年所犯的那些给党和人民造成严重损失的重大错误和偏差"。②

和早期的苏联哲学教科书一样,主要是联系俄国实际、特别是俄国经济发展、政治斗争的实际论述、阐明基本观点,重视马克思主义哲学新发展、新思想的概括和介绍。不同的是,前者突出介绍列宁和斯大林的思想,后者突出介绍列宁和毛泽东思想。注意吸收马克思主义哲学中国化的最新成果,注意采用毛泽东的有关思想和中国经验,是《马克思主义哲学原理》的一个重要特征。这主要体现在以下几处:第一,在认识论上,有关认识发展过程的思想,采用了毛泽东《实践论》中关于"实践、认识、再实践、再认识"循环往复,无穷发展的论述,指出"达到真理的过程,是以理论和实

---

① 康斯坦丁诺夫主编:《马克思主义哲学原理》,北京:人民出版社1959年版,第2页。
② 康斯坦丁诺夫主编:《马克思主义哲学原理》,北京:人民出版社1959年版,第691页。

践之间的经常不断的相互作用为前提的"①。但是,《马克思主义哲学原理》对毛泽东有关认识发展过程的思想,也有保留看法的地方。《实践论》在论述认识的发展过程时,提出了一个似乎把认识和实践暂时分离的实践、认识、再实践、再认识的公式。《马克思主义哲学原理》则认为,认识从实践到直观到思维再到实践的运动,"不能理解为一个要素只在认识过程的开头起作用,另一个在中间起作用,第三个在末尾起作用"②,三个要素始终是相互作用的,"这种相互作用自始至终贯穿着全部过程,而在这种相互作用中,实践是基础和决定性的要素"③。第二,在论述社会主义革命的依靠力量时,介绍了中国新民主主义革命和社会主义改造联合民族资产阶级的经验,指出中国新民主主义革命和社会主义改造的经验说明,资产阶级不同阶层的立场是不一样的,工农联盟可以和民族资产阶级保持联盟关系,团结绝大数人民,来实现新民主主义革命和社会主义改造;第三,在论述社会主义改造的方式和途径时,介绍了中国通过赎买等和平方式对民族资产阶级企业进行改造的中国独特经验,用以阐明社会主义经济改造形式的多样性和灵活性;第四,在论述思想的相对独立性和承继性时,引用了毛泽东关于要批判继承一切优秀文学艺术遗产的思想,强调要慎重地对待过去的思想遗产。

《马克思主义哲学原理》继承和发扬了苏联早期哲学教科书论证严密的特点。无论是正面论述,还是反面批判,都力图做到有理有

---

① 康斯坦丁诺夫主编:《马克思主义哲学原理》,北京:人民出版社1959年版,第379页。
② 康斯坦丁诺夫主编:《马克思主义哲学原理》,北京:人民出版社1959年版,第343页。
③ 康斯坦丁诺夫主编:《马克思主义哲学原理》,北京:人民出版社1959年版,第343页。

据，让丰富的事实材料来说话，逻辑性强。与早期苏联哲学教科书主要是通过引用马克思主义哲学创始人及列宁的思想来论证观点的方式不同，观点论述更加注重利用最新科学研究成果，把马克思主义哲学的观点更好地建立在了科学的基础上。这在辩证唯物主义部分表现得非常明显，书中引用了大量的现代物理学、化学、心理学、语言学等研究成果，来证明马克思主义哲学基本观点的科学性，并以最新的科学发展，更有针对性的驳斥各种反马克思主义者对马克思主义哲学基本观点的批评和歪曲。为了使论述更加充分，《马克思主义哲学原理》采用早期苏联哲学教科书不曾用过的主论证和补充论证相结合的论述方式。当一个观点的论证感觉还需要进一步丰富和补充说明时，就采用字体明显区别于主论证的补充论证。补充论证一般有两种情况：一种是补充正面论述，丰富和完善论证；一种是补充反面批判，进一步揭示和分析错误思想的根源。

二、《辩证唯物主义历史唯物主义》与《马克思主义哲学原理》

1. 把握两个思想源头

虽然艾思奇主编的《辩证唯物主义历史唯物主义》主要是在学习、借鉴苏联主编的《马克思主义哲学原理》的基础上编写而成的，但要全面认识、把握《辩证唯物主义历史唯物主义》，就不能仅仅局限在与《马克思主义哲学原理》的比较上，应该看到和把握《辩证唯物主义历史唯物主义》产生的两大思想源头和影响：首先是，20世纪30年代苏联哲学教科书的影响。它们是苏联《马克思主义哲学原理》产生的思想源头，也是同时期中国马克思主义著作的思想源头，同样是《辩证唯物主义历史唯物主义》的思想源头。30年代到50年代，中国人所理解、把握的马克思主义哲学的基本观点，主要就是来自于这些教科书；其次是，20世纪30年代以《大众哲学》为代表的中国人自己撰写的马克思主义哲学著作。虽然，这些著作的基本思想来自于苏联哲学教科书，但在表达风格上又与苏联哲学教科书有着很大的不同，对《辩证唯物主义历史唯物主义》有着深刻的影响。只有把握了这两个源头，我们才能真正弄清《辩证唯物主义历史唯物主义》在内容和形式上的创新之所在，否则就容易出现认识的偏差，把不是创新的地方当作了创新。我们在下面的论述中，就力图把握这两个源头，结合与《马克思主义哲学原理》的对比，来客观、准确地认识和评价《辩证唯物主义历史唯物主义》。

2. 结构和内容对比

如果我们把《辩证唯物主义历史唯物主义》与《马克思主哲学原理》仔细对照阅读的话，我们就会发现二者在总体布局、结构安排、内容论述上，有着高度的相似性。该书的主要思想观点，还是来源于《马克思主义哲学原理》，来源于早期的苏联哲学教科书，还主要是介绍性的教材和著作，没有根本突破苏联模式，形成自己的架构体系和思想表达。从全书的总体布局上看，《马克思主义哲学原理》分为导论、第一编、第二编三大部分，主要内容安排依次为马克思主义哲学发展史、辩证唯物主义、历史唯物主义。这样的逻辑顺序安排，根源于苏联哲学教科书认为辩证唯物主义更根本、更基础，历史唯物主义是辩证唯物主义的"应用、推广"，所以应先讲辩证唯物主义，然后再讲历史唯物主义。"历史唯物主义的产生，是把辩证唯物主义应用于社会的结果，是运用辩证唯物主义来认识社会生活和研究社会历史的结果。"① 《辩证唯物主义历史唯物主义》全书同样是绪论、上编、下编三大部分,主要内容安排也依次是马克思主义哲学发展史、辩证唯物主义、历史唯物主义。对历史唯物主义的认识也采用了苏联哲学教科书的推广论、应用论。"马克思恩格斯把辩证唯物主义推广到对人类社会的认识,从而把唯心主义从社会历史领域驱除出去,建立了完备、彻底的唯物主义哲学。"② 从主要内容安排上,《辩证唯物主义历史唯物主义》与《马克思主义哲学原理》大的章节基本相似或重合。《马克思主义哲学原理》共十九章,《辩证唯物主义历史唯物主义》共十六章,其中后者的十一章与前者的安排几乎一样。剩下的五章,表述的主要思想与《马克思主义哲学原理》基本相同,只不过是在结构安排上有新的调整,主要表现为:第一,章节内容更加概括,把《马克思主义哲学原理》导论的三章内容合并为了绪论的一章内容,把《马克思主义哲学原理》有关规律论述的一章内容,合并为了"世界物质性"一章中的一节内容;第二,拆分大的章节,将《马克思主义哲学原理》有关认识论的一章内容,分为二章内容;第三,新增加一章内容,专门论述辩证法的基本范畴;第四,去掉了《马克思主义哲学原理》最后"现代资产阶级和社会学"一章的内容。经过调整后,《辩证唯物主义历史唯物主义》较《马克思主义哲学原理》内容、篇幅都有很大的减少,从 700 多页减少为 300 多页,表述更加简明扼要、集中系统。之所以这样压缩内容,艾思奇、李秀林在关于《辩证唯物主义和历史唯物主义》教科书的报告中,给予了说明,指出主要是考虑到教学的需要,分量不能太大,"它必须顾及到教学时数,力争

---

① 康斯坦丁诺夫主编:《马克思主义哲学原理》,北京:人民出版社 1959 年版,第 391 页。

② 《艾思奇全书》第 7 卷,北京:人民出版社 2006 年版,第 734 页。

全面又扼要简明"①。

　　从结构上看，《辩证唯物主义历史唯物主义》与《马克思主义哲学原理》有几处差异比较大的地方：首先，在辩证法法则表述上，突出对立统一法则，改变了《马克思主义哲学原理》把质量互变规律放在第一位的安排，把对立统一规律放在了第一位。这种改变和安排，不能说是《辩证唯物主义历史唯物主义》的原创。我们知道，苏联早期的哲学教科书多数都突出对立统一规律，把对立统一规律排在辩证法三大规律之首。30年代中国人的马克思主义哲学著作——《大众哲学》《新哲学体系讲话》《辩证法唯物论入门》等，都是这种排法。《辩证唯物主义历史唯物主义》这一改变，只能说又回归到了苏联及中国马克思主义哲学研究者较为一致的认识和看法上了。其次，把《马克思主义哲学原理》分散论述的辩证法范畴，集中到一块论述，成为专门一章的内容。这种集中论述，也不是《辩证唯物主义历史唯物主义》的原创。虽然，早期苏联哲学教科书对范畴对数的多少认识不一，在论述上还常常不是以对立统一的范畴出现，但在论述上都是集中在一块论述几大范畴的。30年代中国人的马克思主义哲学著作——《大众哲学》《新哲学体系讲话》《辩证法唯物论入门》等，也都是集中在一块论述的。只有50年代的《马克思主义哲学原理》，将几大范畴分散到有关规律和认识论的部分进行论述。《新哲学体系讲话》《辩证法唯物论入门》著作中，把论述的范畴固定为六对，分别是根据和条件、形式和内容、本质和现象、原因和结果、必然和偶然、可能性和现实性。《辩证唯物主义历史唯物主义》去掉了"根据和条件"，只论述其中的五对范畴。《辩证唯物主义历史唯物主

---

① 《关于〈辩证唯物主义与历史唯物主义〉教科书的报告》，上海科大政教组翻印资料，1978年，第2页。

义》有关辩证法范畴的论述，很可能综合参考了早期苏联哲学教科书和30年代中国人的马克思主义哲学著作的有关论述；最后，将认识论分为两章内容论述。这个改变只是技术性的改变，因为一章来写分量太大，"教科书的各章的分量最好平衡一些"①。

三、《辩证唯物主义历史唯物主义》中国化的表现

正如以上论述的那样，《辩证唯物主义历史唯物主义》在总体结构和主要内容上，主要还是模仿和借鉴苏联哲学教科书。但在内容和形式表达上，又有很多不同于苏联哲学教科书的特点，推进了马克思主义哲学中国化，主要表现为两个方面：一是在内容上，注重吸收、论述马克思主义哲学中国化的最新成果——毛泽东思想，用毛泽东思想丰富和发展苏联哲学教科书，形成了对中国实践经验的概括和理论提升，为马克思主义哲学宝库增加了我们自己的新内容；二是在思想表达形式上，借鉴和承继由《大众哲学》开创、《辩证法唯物论入门》等丰富和发展、《实践论》进一步完善的思想表达的"中国风格"，最为突出的是与中国传统文化深入结合，呈现出了具有中国特色、中国风格的表达形式。

1. 对毛泽东思想的吸收

注重马克思主义哲学中国化最新成果——毛泽东思想的吸收，在阐明马克思主义基本原理的基础上，说明毛泽东思想对马克思主

---

① 《关于〈辩证唯物主义与历史唯物主义〉教科书的报告》，上海科大政教组翻印资料，1978年，第2页。

义哲学发展,是《辩证唯物主义历史唯物主义》编写的重要指导思想和中心任务,也是该书不同于苏联《马克思主义哲学原理》教科书的最重要的方面。艾思奇在《关于哲学教科书的若干问题》的报告中,谈到本书的编写方针时,把它作为重要的方针加以阐明。他指出:"我们的中心任务,是结合中国革命和建设的实践,来说明毛主席对马列主义哲学的发展与贡献。"① 但与苏联哲学教科书过于突出列宁的思想不同,《辩证唯物主义历史唯物主义》注意把握阐述马克思主义哲学基本原理与强调毛泽东思想的平衡,既重视马克思主义基本原理,不忽视毛泽东的贡献;又不脱离基本原理,过分突出毛泽东思想。为了达到这个平衡,该书在编写引用文献时,力求做到对马克思恩格斯列宁斯大林著作的引用和对毛泽东著作的引用,在数量上保持基本的平衡。"在引用经典著作时要对马、恩、列、斯的著作引用足够的分量,对主席的思想和著作也引用足够的分量。二者不可偏其一,我们引用的数量根据内容加以计算,基本上是平衡的。"② 正因为注意这个平衡,《辩证唯物主义历史唯物主义》很好地把苏联哲学教科书阐释的马克思主义哲学基本原理和毛泽东思想结合了起来,科学、巧妙地处理了坚持和发展的关系,避免了脱离马克思主义哲学发展史,任意拔高和评价毛泽东思想的错误倾向。这种处理,应该说,是准确、客观、实事求是的,遵循了历史唯物主义的基本观点、立场和方法,也是《辩证唯物主义历史唯物主义》编纂者高明于苏联哲学教科书编纂者的一个重要表现。

---

① 《关于〈辩证唯物主义与历史唯物主义〉教科书的报告》,上海科大政教组翻印资料,1978年,第2页。
② 《关于〈辩证唯物主义与历史唯物主义〉教科书的报告》,上海科大政教组翻印资料,1978年,第2页。

第八章 《辩证唯物主义历史唯物主义》与中国化

《辩证唯物主义历史唯物主义》把阐释毛泽东思想放在了突出的地位,全书有着生动和具体的表现,主要为:(1)在论述马克思主义哲学发展史时,加入了马克思主义哲学在中国新发展的情况介绍,高度评价毛泽东同志的贡献,认为他"是当代最伟大的马克思列宁主义者",毛泽东思想创造性地发展了马克思列宁主义;(2)在论述学习马克思主义哲学的方法时,引用毛泽东的"有的放矢"的比喻,强调唯一正确的方法,是理论联系实际的方法;(3)在论述人的主观能动性和遵循客观规律的关系时,引用毛泽东《实践论》《论持久战》《中国革命战争战略问题》等著作中关于这个问题的论述,强调要有效发挥主观能动性,就必须使自己的思想符合客观情况;(4)在论述矛盾论时,有关矛盾的普遍性和特殊性、主要矛盾和矛盾的主要方面、矛盾诸方面的统一性和斗争性、对抗性矛盾和非对抗性矛盾等观点的阐释,基本采用了毛泽东《矛盾论》《关于正确处理人民内部矛盾的问题》等著作的主要思想和论述方式;(5)在论述质量互变规律时,引用毛泽东的"胸中有数"的有关论述,强调质和量的统一。根据毛泽东《矛盾论》中有关事物发展过程根本矛盾没有改变,而被根本矛盾所规定或影响的大小矛盾暂时或局部被解决的思想,阐明了总的量变过程中发生部分质变的根本原因;(6)在论述辩证的否定观时,引用毛泽东关于批判继承优秀文化遗产的思想,指出辩证的否定不是完全否定过去的虚无主义,是批判和继承的辩证统一;(7)在论述本质和现象范畴时,引用毛泽东《矛盾论》《星星之火,可以燎原》《党委会工作方法》等著作中,有关"事物特殊的矛盾构成事物的特殊本质"、"认识事物要抓住本质"、"分清主流"等思想,阐明透过现象抓住本质的重要意义;(8)在认识论部分,有关"实践是认识的基础"、"认识的辩证过程"、"实践是真理的标准"的论述,主要是依据毛泽东《实践论》的思想。在论述真理的客观性时,引用毛泽东《改造我们的学习》中有关强调调查研究、"没有调查就没有发言权"的思想,指出只有从实际出发,进行客观调查研究,才能发现规律,掌握真理;(9)在论述生产力和生产关系的辩证关系时,突出了毛泽东的"生产力对生产关系一般地表现为主要的决定作用,然而,当着不变更生产关系,生产力就不能发展的时候,生产关系的变更就起了主要的决定作用"的思想;(10)在论述经济基础和上层建筑的关系时,加入了毛泽东《正确处理人民内部矛盾的问题》中有关我国社会主义的上层建筑和经济基础又相适应又相矛盾的论述,指出社会主义上层建筑和经济基础之间也存在矛盾,是不断互相适应和向前发展的;(11)在论述阶级和国家问题时,加入了毛泽东《中国革命和中国共产党》中有关农民起义推动生产力发展的论述,用来阐明阶级斗争对历史的推动作用;加入了毛泽东《新民主主义论》中有关"国体"的思想,来论证国家是阶级统治的工具;(12)在论述社会革命时,集中介绍了毛泽东《新民主主义论》《〈共产党人〉发刊词》等中的关于十月革命的重大意义,中国革命的新民主主义性质,中国新民主主义的总路线、方针、政策,中国革命包括新民主主义和社会主义两个阶段等关于中国革命的系统思想,总结和概括中国革命斗争的基本经验和基本规律。阐述了毛泽东的无产阶级专政思想,特别是正确区分社会主义敌我矛盾和人民内部矛盾、解决两种不同矛盾的方式方法等思想,进一步丰富了苏联哲学教科书有关社会革命的论述;(13)在论述社会意识形态的艺术形式时,加入毛泽东在《在延安文艺座谈会上的讲话》中关于文艺的来源、文艺的性质、文艺发展的方向、文艺发展的方针等的重要思想,使这部分论述凸显中国化;(14)在论述人民群众和个人在历史上的作用时,高度评价毛泽东同志对我国革命事业起到的重大作用，称之为"伟大领袖"，"是我国无产阶级最杰出的代表"。论述了毛泽东的群众路线思想，指出群众路线是无产阶级政党的根本的领导方法和工作方法。

2. 表达风格的特点

《辩证唯物主义历史唯物主义》不同于苏联哲学教科书另一个重要方面，就是在思想表达形式上，承继了20世纪30年代以来中国人撰写马克思主义哲学著作的"中国风格"，但又善于吸取苏联哲学教科书的表达优点，呈现兼容并蓄的特点。它和30年代以来的中国人的马克思主义哲学著作一样，重论略史，以正面论述为主。大大压缩苏联哲学教科书冗长的关于史的论述，将马克思主义哲学发展史的内容集中在一章中，高度概括、简练地论述。书的绝大部分篇幅，都是介绍和论述马克思主义哲学基本原理的核心观点和思想。这与30年代以来的中国人的马克思主义哲学著作风格基本保持一致的基础上，又稍有差异。30年代以来的中国人的马克思主义哲学著作，除了《哲学概论》《社会学大纲》等借鉴苏联表达风格，大篇幅介绍马克思主义哲学史外，《大众哲学》《实践论》等多数著作基本上都没有马克思主义哲学史的专章内容，完全以论贯穿始终。《辩证唯物主义历史唯物主义》借鉴苏联哲学教科书重视马克思主义哲学史研究的传统和史论相加的总体结构布局，整本书采用了"小史加大论"的总体结构。《辩证唯物主义历史唯物主义》与30年代以来的中国人的马克思主义哲学著作一样，在论述观点时，多以正面阐发为主，非常注意语言的简洁和概括，克服了苏联哲学教科书论证繁琐、观点表述零散的不足。它不像苏联《马克思主义哲学原理》那样，从多角度、多层面，利用翔实、丰富的材料和证据，反复论证一个观点和思想。

也抛弃了《马克思主义哲学原理》主证明和补充证明相加的论述方式，删除了其补充证明的繁杂材料和内容，使行文更加流畅、通顺和清晰。

与 30 年代以来的中国人的马克思主义著作相似，注重表达的具体化，紧密联系中国实际来论述理论、阐发思想。30 年代以来的中国人的马克思主义哲学著作实现表达具体化的方式不尽相同，主要可分为两种途径：一种是与人们的日常生活紧密联系，通过人们熟知的生活实例，来具体化、通俗化地阐发理论，这主要是以《大众哲学》《新哲学体系讲话》等为代表；一种是与民族和国家发展的大势、大事联系和结合起来，用马克思主义基本理论分析形势、指导行动，主要是以《辩证法唯物论入门》为代表。《辩证唯物主义历史唯物主义》在联系实际时，采用了后一种的方式和途径，注重联系中国革命实际，注重对中国革命经验的概括、总结和介绍。为了使教科书的内容保持相对稳定，避免经常性的修改，较长时间内使用，《辩证唯物主义历史唯物主义》在联系实际时，主要是联系中国革命和社会主义建设大的实际，"着重概括一些重大的并且已经成熟的经验"，而不是当下具体的实际，"有些很具体的政策和口号就不写进去"①。这与苏联哲学教科书紧跟现实政治斗争，内容过于政治化、简单化、绝对化的特点明显不同。这种联系实际的方法，使教科书远离了当下的政治生活，避免了教科书的过度政治化，确保了其学术性和稳定性。例如，在论述外因和内因的相互作用时，分析称中国革命事业和建设事业取得成功，国际援助是一个重要条件，但关键还取决于共产党和人民群众的自觉努力；在论述矛盾的特殊性和普遍性时，通过举例毛泽东的《中国社会各阶级分析》一文，

---

① 《关于〈辩证唯物主义与历史唯物主义〉教科书的报告》，上海科大政教组翻印资料，1978 年，第 1 页。

与分析半殖民地半封建的旧中国的矛盾特殊性联系了起来；在论述总的量变过程中发生部分质变时，与我国革命发展的形势联系起来，认为在完全建立中华人民共和国前，是处于总的量变过程中，还没有发生根本的质变，但革命根据地的不断扩大、人民民主政权的建立，就是部分质变；在论述帝国主义对殖民地和半殖民地的侵略和压迫时，分析了旧中国的情况，指出帝国主义、封建主义和官僚资本主义，是压在中国人民头上的三座大山；在论述革命发展阶段论和不断革命论时，介绍了中国的历史经验，指出新民主主义革命和社会主义革命是整个中国革命的两个内在统一的阶段，不容许在两个革命阶段中横插一个资产阶级的专政。但总体来看，《辩证唯物主义历史唯物主义》为了保持适当的教学分量，联系实际的例子还比较少，具体化的程度还不够充分和深入，主要是侧重抽象理论的表达。艾思奇等希望，教科书具体化程度还不够的这个缺点，能通过发挥教师教学的主动性来得以弥补，"教师可以联系较多较具体的例子加以发挥论证"。①

3. 与传统文化有机结合

我们知道，30年代以来的中国人的马克思主义哲学著作，注重用中国文化的资料、元素，形象生动地来说明和阐发马克思主义哲学基本理论。比如，艾思奇在《大众哲学》中以中国人熟知的《西游记》中的孙悟空"七十二变"的故事，来说明现象和本质的关系；胡绳在《辩证法唯物论入门》中，以"白马非马"的中国故事，来说明割裂个别与一般辩证关系的错误等。但这些都是比较初

---

① 《关于〈辩证唯物主义与历史唯物主义〉教科书的报告》，上海科大政教组翻印资料，1978年，第2页。

步地探索和阐释,马克思主义哲学与中国传统文化的结合表现得还比较浅,多是零散的个别例子。《辩证唯物主义历史唯物主义》继承并发扬这一传统,第一次系统地、深入地把马克思主义哲学基本原理与中国传统哲学、文艺等有机结合起来,利用马克思主义哲学的基本立场和观点,分析和研究中国传统的哲学思想,并用中国传统的文化思想资料来诠释、论证马克思主义哲学,使全书的表述风格有着浓浓的中国传统文化的"风味"。这是该书在表述风格上的最大特点,为推进马克思主义哲学表达形式的中国化做出了重要贡献。这种结合主要表现为:(1)利用苏联哲学教科书的哲学党派性观点,分析、评判中国思想发展史,认为中国思想史也是唯物主义与唯心主义、辩证法和形而上学斗争的历史。认为,中国古代也有朴素的唯物主义和辩证法思想,唯物主义主要举例"五行说",辩证法主要举例老子的事物相互依存、相互对立的辩证法;春秋和战国时期,主要是以孔子、孟子为代表的儒家唯心主义与墨家、法家为代表的唯物主义的斗争;秦汉到清朝,宗教化的儒家唯心主义是统治思想,但依旧有王充、柳宗元、王船山等唯物主义者与其斗争。(2)在论述主观唯心主义观点时,举例陆象山的"宇宙便是吾心,吾心即是宇宙",王阳明的"心外无物"、"心即理也"来论证;(3)在论述"静止是相对的"时,举例王船山否认有绝对静止的"废然之静",强调"静者静动,非不动也"的思想,加以说明。在批判相对主义和诡辩主义否认事物相对静止时,举例中国庄子的"方生方死,方死方生,方可方不可,方不可方可"的观点;(4)在论述物质第一性、意识第二性时,介绍了我国东汉王充把肉体和精神的关系比作薪和火的关系、南北朝范缜把肉体和精神比作"刃之和利"的关系的有关思想;(5)在论述矛盾双方相互转化时,举例老子的"祸兮福之所倚;福兮祸之所伏"、孙子的"乱生于治,怯生于勇,弱生于强，治乱数也，勇怯势也，强弱形也"，加以论证；（6）在批判循环论观点的错误时，举例战国驺衍的"五德终始"说，认为这种观点就是没有发展，没有进步的历史循环论；（7）在论述形式和内容的关系，反对只注意形式而忽视内容的形式主义时，引用黄宗羲的"心苟未明，劬劳憔悴于章句间，不过枝叶耳，无所附之而生"、刘勰的"本体实而花萼振"、韩愈的"根之茂者其实遂，膏之沃者其光晔"等名句来例证等。把马克思主义哲学基本原理的表达、表述与中国传统文化结合起来，对于推进马克思主义哲学中国化具有重要意义，主要可归纳为以下几点：第一，有利于证明马克思主义哲学真理的普遍性，增强其吸引力和信服力。通过分析、挖掘中国传统文化中蕴涵的马克思主义思想，可以证明马克思主义哲学基本思想并不是来自外国的独特东西，而是就在我们自己的文化中存在、固有的东西，马克思主义哲学是普遍的，适合不同国家和民族的，有力地驳斥马克思主义哲学不适合中国国情的错误认识，更有利于民众认可和接受马克思主义哲学。第二，有利于马克思主义哲学与中国文化的融会贯通，培育马克思主义在中国发展的文化根基和"土壤"。一种外来的学说和主义要想在一个国家和民族中广泛传播、发展，被民众接受，其中一个基础性、前提性的条件，是它必须与当地的民族文化、思想结合起来。通过借助民族文化、思想的阐释、解说、融通，使它真正融入民族文化，成为民族文化的一部分，变为一种走进大众生活的活文化，进而达到发挥指导和制约人们思想和行动的作用。佛教、基督教在中国的传播、发展、生存如此，马克思主义哲学在中国的传播、发展和生存同样也必须如此。第三，有利于形成马克思主义哲学表达的中国风格，更便于马克思主义哲学的传播。马克思主义哲学的内容是普遍的，但在不同民族的文化表述、存在形式上，又各具特色。德国的马克思主义哲学表述更多地展现着思辨性和抽象性，苏联的马克思主义哲学表达更多地凸显着批判性和战斗性。这些不同特点的形成，与本民族的思维传统、文化影响有着深刻的联系。利用中国传统文化的因素来表述、表达马克思主义哲学，就能把马克思主义哲学表述得更加中国化，形成我们自己的马克思主义哲学表达风格，也有利于马克思主义哲学在民众中的传播。第四，有利于进一步吸取中国的独特思想，丰富和发展马克思主义哲学。用中国传统文化的思想、元素来表达、表述马克思主义哲学基本原理，开辟了进一步把马克思主义哲学与中国传统文化有机融合，把我们自己民族文化中的独特思想、认识和观点整理和挖掘出来，丰富和发展马克思主义哲学的正确路径。这是马克思主义哲学中国化的一个重要方面，没有对中国传统文化中有价值思想的吸收和融合，马克思主义哲学中国化就是片面的、不完整的，就很难对马克思主义哲学的发展做出我们自己的独特的思想贡献。虽然《辩证唯物主义历史唯物主义》在利用中国传统文化资源表达马克思主义哲学基本理论、形成表达的中国风格方面，进行了更加深入的探索和尝试。但是，这种探索和尝试也存在着一些显而易见的弊端：第一，它和苏联哲学教科书一样，过分突出哲学的阶级性和政治性，主要以阶级性和政治性来认定和评判哲学思想，简单地把哲学思想划分为唯物主义和唯心主义两种类型，很容易忽视哲学思想远离阶级性和政治性的相对独立性及思想的丰富性和系统性，不利于我们整体认识和把握一个中国哲学家的思想，也不利于我们真正吸取其思想中的合理内容。特别是过分把思想政治化，很容易造成哲学研究独立性的消失，很难形成多元思想相互争辩、相互砥砺、相互促进的思想市场机制，导致思想的僵化、封闭、教条主义，最终反而会阻碍思想的进步和认识的提高，马克思主义哲学也很难真正实现与时俱进。第二，它和苏联哲学教科书一样，用两大阵营对垒的思想，把整个中国哲学史概括和归结为唯物主义和唯心主义斗争的历史，这种总结和划分过于简单化、政治化，不符合中国思想史发展的根本逻辑，也不能展现中国思想发展的丰富性和复杂性。中国传统思想文化相对是一个较为完整的思想文化系统，其发展和演变，受多重因素的影响，有着独特的文化规律和思想发展递进逻辑，需要我们从多个角度、多个侧面来认识和把握。仅仅把中国哲学史归结为唯物主义和唯心主义的斗争，不利于我们客观、全面地把握中国传统文化的发展、演变，不利于我们把握中国传统文化发展的独特规律。第三，《辩证唯物主义历史唯物主义》中的马克思主义哲学与中国传统文化的结合，还主要表现为用马克思主义哲学基本观点、立场来评判分析中国传统思想，用中国传统思想来诠释、注解马克思主义哲学，"中为马用"。这种方式很容易造成对中国传统思想的选择性、倾向性的研究和把握，常常脱离一个思想家的思想整体，抓取认为有用的个别思想观点，不能够深入地发现和把握一个思想家思想的独特性，进而不能充分认识和评价中国传统思想的价值。研究、汲取中国传统思想，不能用现成的模式、框框来套、来取舍中国传统思想，应从中国传统思想自身的逻辑来理解和把握，真正抓住中国传统思想的独特性和个性所在，特别是不同于马克思主义哲学，又有超越民族国家界限广泛适用的有价值的思想，用这些有价值的思想来丰富和发展马克思主义。

4. 辩证地评价《辩证唯物主义历史唯物主义》

正如上面所论述的那样，《辩证唯物主义历史唯物主义》从总体架构和思想观点上来看，主要是学习、借鉴和模仿苏联的《马克思主义哲学原理》。但它在苏联哲学教科书的基础上，又注重毛泽东思想的介绍，注重表达风格的中国化，展现出了不同于苏联哲学教科书的独特方面,为推进马克思主义哲学中国化做出了贡献。评价《辩证唯物主义历史唯物主义》,应坚持辩证的、历史的观点。一方面,不能不顾马克思主义哲学在中国传播的历史发展事实,不顾苏联哲学教科书对中国人理解和接受马克思主义哲学的深刻影响,而过分拔高地评价它的独特性和创新性,要清醒地认识到,其还主要像苏联哲学教科书一样,是以列宁的思想来阐释马克思主义哲学的,主要思想观点和框架结构来源于苏联哲学教科书。但这种不足的形成,是有着深刻的历史原因的。受时局动荡及我们对马克思主义哲学原著研究历史较短等因素的影响,20世纪30年代到50年代,我们还不可能提出对马克思主义哲学较为全面的独特阐释,还只能依靠苏联哲学教科书的理解。再加上编写马克思主义哲学教材是首次尝试,没有现成的中国经验可学习,还只能参考、借助苏联哲学教科书的框架;另一方面,要充分肯定它的独创性和探索性,第一次将毛泽东思想纳入马克思主义哲学,丰富和发展了马克思主义哲学,使马克思主义基本理论中有了中国人自己的思想认识和创造。第一次较为深入地把马克思主义哲学与中国传统文化结合起来,形成了不同于苏联哲学教科书的表达风格,等等。这些独创和探索,具有十分重要的历史意义。特别是,作为新中国成立后编辑的第一本自己的马克思主义哲学教材,它结束了我国大学教学依赖使用苏联哲学教科书的历史,开创了自己编写马克思主义哲学教材的先河,具有划时代的意义。《辩证唯物主义历史唯物主义》曾长期是高等院校马克思主义哲学教学的通用教材,为新中国马克思主义的教育普及、马克思主义在意识形态领域地位的巩固,发挥了巨大的作用。《辩证唯物主义历史唯物主义》编写的整体架构、内容安排、表述风格等,也成为后来编写马克思主义哲学教材学习、借鉴的重要范本，影响了几代人的教材编写工作。虽然，在《辩证唯物主义历史唯物主义》以后，我国又出现多个版本的马克思主义哲学教材，但从内容和形式上均未能对《辩证唯物主义历史唯物主义》有大的突破。

伴随着时代发展，苏联哲学教科书理解模式弊端的不断显现。《辩证唯物主义历史唯物主义》的主要内容和理解框架，也需要不断更新发展。在继承《辩证唯物主义历史唯物主义》优点的基础上，编写出新的更符合马克思主义创始人思想和中国实际的马克思主义哲学教材，是一个紧迫的时代任务。要完成这个任务，需要做好以下几点：第一，要真正改变过去的那种对苏联哲学教科书过度依赖，通过别人对马克思主义哲学的理解而理解马克思主义哲学的方式，要从马克思主义原著本身解读、把握马克思主义哲学的精髓和本质，形成我们自己的阐释、理解马克思主义的维度和方式，真正把马克思主义最优秀、最科学的东西解读出来。尤为重要的是，应系统整理和概括中国传统文化的优秀思想和马克思主义哲学中国化的理论成果，用我们自己的认识、思想和经验，推进马克思主义哲学的中国化时代化大众化。第二，要探索马克思主义哲学系统表达的新架构、新逻辑，形成自己的体系和结构，真正超越苏联哲学教科书的模式框架。虽然，马克思主义哲学创始人否定自己的哲学有什么体系，但是作为一种理论，要全面地传播和被人认知、接受，必须有一个合适的逻辑体系和结构框架。作为教材，更应该有一个较为科学的逻辑架构。不同的概念、范畴、体系的安排，反映着对马克思主义哲学的核心思想究竟是什么、马克思主义哲学的本质究竟是什么等重大问题的认识。苏联哲学教科书把辩证唯物主义和历史唯物主义分开来阐释的结构，虽然有一定的合理性，但似乎不太符合马克思主义哲学创始人的思想本意，也不能反映马克思主义哲学突出实践和人的价值、自由和发展等思想。如何更好地概括、认定马克思主义哲学的核心概念、范畴，如何提炼产生我们自己文化的核心概念和范畴，并把二者有机融合起来，以更好的逻辑安排这些概念和范畴，形成一个更科学、更合理的学说体系，是我们需要长期探索的艰巨任务。第三，要形成马克思主义哲学表述的中国风格和中国气派。每一个民族的哲学著作和教材的表达风格，都不尽相同，各有特点，体现着这个民族的文化传统和思维传统。从《大众哲学》以来，经过《实践论》的丰富和发展，基本形成了马克思主义哲学表述的"中国风格"。这种风格，重视语言的通俗性和鲜活性，重视融合、利用中国传统文化因素，重视利用具体、形象、生动阐释手法，使哲学表述通俗易通、生动活泼、鞭辟入里、入脑入心。目前，这种表述风格有被弱化的趋势，新时期亟待我们发扬光大这种被实践证明了的、十分有效的中国风格。

第九章　对推进马克思主义哲学中国化研究的思考

　　研究艾思奇与马克思主义哲学中国化的根本目的，是为了继承和发展其思想，推进今天的马克思主义哲学中国化研究工作。艾思奇深刻、丰富的马克思主义哲学中国化思想，给予了我们十分有益的启示和思考，也为我们把他的思想作为出发点向更高的目标前进奠定了基础、指明了道路。这一章，我们将在分析马克思主义哲学中国化研究现状的基础上，抓住如何进一步推进马克思主义哲学中国化研究的几个关键问题，进行深入的思考，并提出自己的看法和建议。

一、马克思主义中国化与马克思主义哲学中国化辨析

　　研究如何继承艾思奇的马克思主义哲学中国化思想，推进当前的马克思主义哲学中国化研究，首先要厘清"马克思主义中国化"与"马克思主义哲学中国化"这两个概念。从前几章的论述中，我们可以发现，在艾思奇那里，他很少对"马克思主义哲学中国化"和"马克思主义中国化"加以区分。他认为，二者内涵是一致的。

与艾思奇相似，目前我国学界对这两个概念也基本不加区分，往往从马克思主义内在地包含马克思主义哲学的角度，把有关论述马克思主义中国化的内容，当然地作为论述马克思主义哲学中国化的内容，混淆"马克思主义中国化"与"马克思主义哲学中国化"的现象比较普遍。学界有许多学者指出，还是应该很好地把这两个概念做一区分，明确它们的不同要求和重点。比如，中央党校许全兴教授提出了马克思主义中国化政治层面和学术层面的差别和不同，认为前者主要是指运用马克思主义的立场、观点和方法研究中国历史和现状，解决实际问题，进而形成正确的理论、路线、方针和政策等，而后者重点指的是考虑学科的体系、结构、内容、概念和范畴等。① 此观点非常有启发意义，强调要弄清马克思主义哲学中国化与马克思主义中国化两个概念的异同，认识到从静态的、结果的角度来看，这两个概念还有着很大的不同，需要在理论和实践上高度重视。

1. 二者紧密联系，相互促进

我们认为，马克思主义中国化与马克思主义哲学中国化是存在不同，但又紧密联系，相互渗透、相互促进的两个概念。从联系上讲，我们认为，从内涵角度来看，二者的本质是一样的，都是指马克思主义基本原理和精神在中国的应用、具体化和发展。所以，从实践的角度、动态的角度，马克思主义中国化推动了实践问题的解决，丰富和发展了马克思主义哲学。这个过程，同时也是马克思主义哲学中国化的过程，因此，可以说马克思主义的中国化就是马克思主义哲学的中国化。

---

① 参见许全兴：《马克思主义哲学中国化的若干思考》，载《中央党校学报》2004年第1期。

2. 二者相互区别，有所侧重

由于马克思主义这个概念，是一个包含着丰富内容的较为广泛的概念，是马克思主义哲学、政治经济学和科学社会主义的有机统一。所以，马克思主义中国化不等同于马克思主义哲学中国化，马克思主义中国化的外延更宽泛，包含着除了马克思主义哲学中国化以外的更多的内容，马克思主义哲学中国化只是马克思主义中国化的核心部分和更深层次。从某种意义上讲，马克思主义哲学，特别是辩证唯物主义和历史唯物主义，它的抽象性和一般性是更深层次的，它的提出和产生是几千年来哲学发展的结果，其发展和突破也往往需要百年、千年这样的大时段才能实现。因而，我们所说的马克思主义哲学中国化，一般是强调它的具体化，具体应用，而真正的发展其实很难实现。在中国，马克思主义这个概念更倾向从科学社会主义、政治经济学角度来使用。而科学社会主义理论、政治经济学等的抽象性和一般性，相对马克思主义哲学讲就低了一个层次，具体性的描述和勾画就多了一些，这就使它们中的具体结论，往往会因时间和地点的转移而变化和发展，所以马克思主义中国化，往往是强调在具体运用中发展的一面，用我们的新观点来丰富、发展马克思主义。特别是从中国化的结果、静态的角度来看这两个概念，差别就尤为明显。马克思主义中国化的抽象程度、系统化程度远远低于马克思主义哲学中国化。所以，我们会经常看见马克思主义中国化与马克思主义哲学中国化发展的不一致。一方面，当前的马克思主义中国化取得了很大的进步，而另一方面马克思主义哲学中国化还仅仅是处于起步阶段，任重道远。由此看来，虽然马克思主义哲学中国化和马克思主义中国化的内涵是一致的，但是中国化的具体要求和侧重点，还是有着一定的差别的。在实际的研究中，必须把握好这些具体要求和侧重点的不同,不能把不同要求放在不同的事物上,否则就很难真正实现二者的中国化。但同时,这两个概念的区分又不能绝对化,二者还相互渗透、相互促进。有时马克思主义中国化与马克思主义哲学中国化相互交叉,很难分清,马克思主义中国化本身就是马克思主义哲学中国化,并为马克思主义哲学中国化提供动力、实践基础等;反过来,马克思主义哲学中国化又推进、支持马克思主义中国化的深入发展,二者相互作用,共同推进马克思主义发展水平的提高。

二、当前马克思主义哲学中国化研究的现状

1. 当前马克思主义哲学中国化研究的特点

马克思主义哲学中国化,是当前学术研究的前沿和热点问题之一。学界对此问题产生了浓厚的兴趣,是20世纪后期到21世纪初期以来,马克思主义哲学研究的一个重点和难点问题,也成为了推进马克思主义哲学发展的一个重要生长点,可谓空前繁荣。当前的研究,主要呈现以下两个显著的特点:第一,马克思主义哲学中国化研究成为热门,涌现出了大批著述。马克思主义哲学中国化研究,自20世纪90年代以来,受重视的程度不断得以提升,越来越引人瞩目,不但引起了学界的高度关注,也引起了政界的高度关注,并成为了当今流行和热门的话题。有关马克思主义哲学中国化研究的文章、著作大量涌现,马克思主义哲学中国化研究已经变为了当前的一门"显学",正在产生着巨大的影响力。第二,研究取得了一些重要成果,学界初步达成了一些共识。马克思主义哲学中国化研究的空前火爆,带来的是研究力量的加强和一些重要研究成果的取得。

马克思主义哲学中国化研究获得的突破主要表现为：近年来学界对马克思主义哲学中国化的内涵、必要性、可能性、实现的主客观条件、途径等方面进行了广泛而深入的探讨和争鸣，有了较大的收获，达成了一些基本的共识，形成了研究的合力，为进一步推动马克思主义哲学中国化研究奠定了良好基础。

2. 当前马克思主义哲学中国化研究的局限性

虽然当前的马克思主义哲学中国化研究有了很大的发展，成就也令人欣喜，但总的来看还存在一些不足，亟须深化和加强，主要表现为：第一，虽然研究火热，但创新成果不多。如果以思想的创新性为标准，评价和检阅不断涌现出的马克思主义哲学中国化研究成果的话，其成就并非令人乐观。学界的有关研究和思考大多雷同、重复，人云亦云，缺乏对马克思主义哲学中国化问题本身的深刻把握和缜密思考，因而很少能从新的视角推进马克思主义哲学中国化研究。比如，学界一般从马克思主义哲学与中国实践及文化的结合、反映时代特征等上，认识和定义马克思主义哲学中国化。研究视角较为固定、单一。第二，研究视野狭窄，大多以再阐释毛泽东的相关思想为主。目前，很多的马克思主义哲学中国化研究，视野局限，往往仅盯住毛泽东、艾思奇等极个别思想家的思想，特别是以毛泽东的马克思主义中国化思想的相关文献为研究依据，仅仅满足于对毛泽东的马克思主义中国化思想在现时代的二度阐释。看到的多是参考文献相似，理解角度相同，只是表述少有差异，很多研究难越毛泽东相关思想的"雷池"一步，缺乏新的探索。比如，对马克思主义哲学中国化内涵的认识，也往往千篇一律地从毛泽东的马克思主义与中国实践结合和吸收中国传统文化的角度展开，未能有新的突破。第三，缺乏历史梳理和把握，研究不能深入。当前的马克思主义哲学中国化研究，多还是横向的抽象理论探讨，对马克思主义哲学中国化思想史研究重视不够。很多早期的马克思主义哲学中国化的思想家，如李大钊、陈独秀、瞿秋白、李达等的重要思想，还很少得到挖掘和梳理。马克思主义哲学中国化思想史发展演化的历史阶段、内在逻辑和规律等，还有待深入研究和探讨。即使注意到了历史的线索，也最多只是研究了从毛泽东思想到邓小平理论再到中国特色社会主义理论体系这个有限的时段，而对整个上百年的马克思主义哲学中国化思想史缺乏整体、宏观的把握。第四，马克思主义哲学中国化研究，还没有与近代的社会史、文化史的发展演变紧密结合起来，不能把马克思主义哲学中国化研究放在宏大的社会背景下考察，不能在20世纪中国历史变迁、社会变革、文化转型的发展进程中，来把握马克思主义哲学中国化，并从中把握马克思主义哲学中国化的基本线索、发展格局、经验教训和未来走势等。第五，研究方法单一，亟待多学科综合创新。当前的马克思主义哲学中国化研究的主体比较单一，还主要局限于马克思主义哲学专业，方法也多还是传统的逻辑方法和定性研究。但马克思主义哲学中国化是个时代重大课题，包含的内容和范围十分繁杂和宽广，涉及政治、经济、社会、历史、文化等多个方面，因而要推进马克思主义哲学中国化的研究，仅靠哲学或者是马克思主义哲学显然难以胜任，并且是远远不够的。马克思主义哲学中国化研究要取得大的突破、有影响的创新成果，必须多学科并举、多种研究手段和方法并用，综合攻关，联合创新。这就需要哲学、马克思主义哲学、科学社会主义、经济学、政治学、社会学、文化学、行政管理学、人学等多个学科相互配合与合作，进行多学科、多视角、多层面、多维度的总体性的、跨学科的、综合性的研究，力争通过学科的"合力"推动马克思主义哲学中国化研究上水平，出精品成果。第六，研究还多笼统性的一般论述，缺乏严格逻辑论证和分析。多数研究对概念、命题的提出、严格界定等方面重视不够，常常是马克思主义中国化与马克思主义哲学中国化混淆使用，不加区分。很多论述往往是结论性的论断，缺乏仔细的逻辑推理和论证，显得理论说服力不够。比如，关于马克思主义哲学中国化的必要性，虽然多数研究也从马克思主义哲学的本性、中国的特殊国情、文化发展规律等方面进行论证，但论证往往比较粗略，不能从理论上真正自圆其说。另外，很多对马克思主义哲学如何中国化方面的研究，也多满足从一般性论述上指明方向，强调马克思主义哲学与中国实践和传统文化的结合等。但究竟实践经验如何转化为一般的规律，如何提炼出概念、原理融进马克思主义哲学体系，需要怎样的步骤、什么样的方法，都不加具体研究。再比如，马克思主义哲学中国化要吸取中西文化的优秀成果，但优秀成果的判断标准是什么，吸取、转变和融合的方法和载体是什么，学界一般都对这些涉及马克思主义哲学中国化操作性的实质性的问题很少问津，故而出现了研究与真正推动马克思主义哲学中国化相脱节的尴尬局面。马克思主义哲学很难形成真正的中国形态，最多还是修修补补，马克思主义哲学也难以真正从思想突破的意义上在中国得以丰富和发展，进而推向新的历史阶段。

三、当前马克思主义哲学中国化研究应注意的几个误区

正是上面论述的几个特点，导致当前的马克思主义哲学中国化研究不但水平有待提高，而且还存在着这样或那样的误区，使马克思主义哲学中国化研究面临着严重的干扰和误解，甚至有可能导致

马克思主义哲学中国化的具体实践走向歧途,非常值得重视和关注。当前马克思主义哲学中国化研究存在的误区主要有以下几个:

1. 马克思主义哲学中国化理论研究和亲自实践的严重脱节

我们看到,当前的学者们,都非常注意马克思主义哲学中国化问题,并在理论上对马克思主义哲学中国化问题进行了较为深入的探析。但令人遗憾的是,往往是言胜于行,理论的研究与通过自身的实践来推动马克思主义哲学中国化不相一致。人们多还停留在理论研究的状态,不愿意或不重视通过自己的具体实践来推动马克思主义哲学中国化的发展。这就出现了一方面理论研究上热热闹闹、红红火火,而另一方面在实际推动和效果上,马克思主义哲学中国化却举步维艰、成效不大。这种不一致和脱节,主要有以下两种表现:一是把马克思主义哲学学术"单一化",变成了书斋哲学,脱离实践,远离实际,隔膜群众,不能把马克思主义哲学与中国现今的重大实践问题结合起来,堵塞了马克思主义哲学中国化的主渠道。马克思主义哲学中国化成为了无源之水、无本之木,何谈马克思主义哲学中国化?二是虽然许多马克思主义哲学研究者声称要重视中国传统文化,但在现实中却又不愿下大力气、花大功夫,认认真真研究中国传统文化和哲学,深入挖掘中国文化的优秀精神和思想,并使之与马克思主义哲学相互融合、相互补充,还是把"老祖宗"束之高阁。马克思主义哲学与中国传统文化、哲学的结合,是建构中国化马克思主义哲学的关键之一。不研究中国传统文化,不掌握中国传统文化的精神,面对中国传统文化就好似瞎子摸象,又怎能把马克思主义哲学中国化,形成具有中国风格和中国气派的马克思主义哲学?把研究与实践有机结合,不断探索和发展马克思主义哲学中国化,马克思主义哲学中国化才能真正实现进步。

2. 马克思主义哲学中国化与马克思主义哲学在中国混淆

马克思主义哲学中国化与马克思主义哲学在中国是既有密切联系又区别明显的一对概念。这两个概念的区别在于：前者侧重于"发展"的内涵，除了包含马克思主义哲学在中国传播、介绍的内容外，还有加工制作、综合创新、实践运用、文化转型等，突出强调的是，用新的思想和观点，丰富和发展马克思主义哲学。而马克思主义哲学在中国，一般仅指的是马克思主义哲学在中国的传播和介绍，很少包含发展的意蕴。它们之间的联系是，马克思主义哲学在中国是马克思主义哲学中国化的前提条件和基础，马克思主义哲学中国化是马克思主义哲学在中国传播的基础上的进一步的深入和发展。因此，马克思主义哲学中国化，也可以看作是马克思主义哲学在中国的"升华"。由于马克思主义哲学中国化与马克思主义哲学在中国，是两个既有联系又有区别的概念，所以在研究和使用时必须严格加以限定、加以区分。然而，当前学界一些人却不注意二者的区别，常常混淆使用，经常把马克思主义哲学在中国的研究，当作是马克思主义哲学中国化的研究。这就使"中国化"成为时髦用语，却不能拥有名副其实的内容。常此以往将架空马克思主义哲学中国化研究，导致马克思主义哲学中国化研究偏离应有轨道。这种混淆、错位在马克思主义哲学传播史的研究中最为常见。一些本来是研究20世纪马克思主义哲学在中国传播史和介绍史的书籍，往往也被研究者冠以"马克思主义哲学中国化的历程"、"马克思主义哲学中国化研究"等。显然，在这些研究者的心中，马克思主义哲学在中国与马克思主义哲学中国化是同一概念。不论研究的内容是什么，动不动就加上马克思主义哲学中国化的标签，已经成为当下的一种流行做法，这种做法必须及时得到制止和纠正。

3. 反对教条主义的极端化倾向

我们知道,马克思主义哲学中国化命题提出的主旨,是反对以教条主义的态度对待马克思主义哲学,强调要结合中国的具体实践,加以补充和发展马克思主义哲学。正如艾思奇指出的那样,发展马克思主义哲学,是在坚持基本原理和基本精神的条件下,研究中国的具体规律,给马克思主义哲学补充中国独特的内容,丰富和发展马克思主义哲学。马克思主义哲学的原理、论断究竟是过时了的错误教条,还是充满活力的正确论断,都不能凭主观的臆断,随意判定。马克思主义哲学的原理、论断都有自己成立的条件和范围,只有这些实质条件和依据具备了,并且推翻了建立在这些条件和依据基础上的马克思主义哲学原理和论断时,我们才能说这些原理和论断确实失效和过时了,成为死板的"教条"了。否则,在主要条件不具备的情况下,仅以个别的、暂时存在的条件与马克思主义哲学原理和论断不符合,就把马克思主义哲学原理和论断判为"死刑",实在是过于轻率。这一方面是对马克思主义哲学科学性的肆意篡改,给马克思主义哲学发展带来巨大损害;另一方面,这样建立在个别条件基础上的"中国化"创新也往往只是临时性的策略和措施,不可能真正成为经得起时间考验的一般规律、原理,很快就会变成毫无意义的"快餐"思想。这样的马克思主义哲学中国化与其说是对马克思主义哲学的丰富和发展,不如说是把马克思主义哲学变成了各种货色堆集的杂乱体,马克思主义哲学中国化实际上是走向了歧途。由于马克思主义的许多理论,都是建立在生产力高度发展特定条件下的理论推断。而中国却是在落后的条件下率先进入社会主义国家的,因此,马克思主义的许多理论与我国的实际条件很不符合。但我们不能以自己还未具备马克思主义哲学原理、理论成立的条件,仅以当前的情况，就否定马克思主义哲学的原理和论断，看作是教条。这就既要大胆创新不断实现中国化，又要小心谨慎尊重和维护马克思主义哲学。目前学界和政府部门出现的一个不良倾向，就是反对教条主义的极端化。常常依据十分特殊的个别条件，就随意地否定马克思主义哲学的原理和论断，动辄就把这些原理和论断看作是过时了的教条。反对教条主义极端化倾向的任意发展，不仅在理论层面给马克思主义哲学和马克思主义哲学中国化发展带来严重的负面影响，而且也将在实践层面对马克思主义哲学中国化伟大事业，造成不可低估的损失。

4. 民族化的形式化和复古化倾向

学界一般把民族化作为马克思主义哲学中国化的一个重要特征和品格。但对民族化的理解，学界却又有两种误区和倾向：第一，仅从形式的意义上，谈马克思主义哲学中国化的民族化。这种观点认为，民族化就是马克思主义哲学表达形式的中国化，实质上是认为中国化就是马克思主义哲学的内容加上民族化的表达形式。仅把民族化看作是用"中国语言"翻译、表达马克思主义哲学内容。这种理解极大地限制了民族化的内涵。实际上，民族化不但是形式的，也是内容的，既包括中国社会的独特内容，也包括中国文化的独特内容，是用中国独特的东西来丰富和发展马克思主义哲学。不从内容层面来理解民族化，就会使马克思主义哲学中国化发展的意蕴丧失殆尽，也就不能真正实现马克思主义哲学的中国化。第二，把民族化等同于用传统文化代替和改造马克思主义哲学，实现马克思主义哲学的中国传统文化"化"。这种误区和倾向，伴随着中国经济的快速发展和民族主义的不断抬升，表现得越来越明显。很多人高唱马克思主义哲学中国化，强调要重视和吸收中国传统文化，实际上是想复兴中国传统文化。用中国传统文化代替马克思主义哲学，在新的历史时期开历史倒车，走向复古主义。我们必须对这种马克思主义哲学中国化的民族要求，保持高度警惕。必须在民族主义高涨的时期保持理性的头脑，对自己的传统文化有个清醒的认识，对人类文明特别是西方近现代文明有个基本的认识，必须遵循人类文明发展的大势、大潮流。否则，马克思主义哲学中国化不但不能实现创新和发展，反而会走向封建主义和虚无主义。

四、推进马克思主义哲学中国化研究的几个关键问题

马克思主义哲学及马克思主义要中国化，明确总的方向、思路很重要，以便我们从宏观上、整体上更好地推进马克思主义哲学中国化。我们看到，关于马克思主义哲学中国化的方向问题，其实不论是开创者、探索者艾思奇和毛泽东的认识来说，还是现在学界的认识来说，差别都不是很大。归纳起来，不外是以下两个大的方面：第一，与具体实践结合，探索具体规律，消化实践经验；第二，批判继承一切思想的优秀成果，尤其是中国传统文化的优秀结果。有关方向性问题的讨论固然重要，但如果人们的研究都是泛泛地谈大方向的话，结果反而不能对马克思主义哲学中国化发展产生大的实际的意义。大的方向确定了以后，重要的工作还是在于具体推动，需要关注一些在实现马克思主义哲学中国化过程中的关键性的、又充满技术性的具体问题。只要这些具体问题得到了真正的解决，马克思主义哲学中国化的水平自然就会上去了。故我们对进一步推进

马克思主义哲学中国化研究的思考，不再进行宏大议论，而是就微观问题谈点看法。

1. 关于文本问题

正如我们在上面所分析的那样，坚持马克思主义哲学，是发展马克思主义哲学的前提和基础。而坚持正确的马克思主义哲学，则是坚持马克思主义哲学的最基本的要求。马克思主义哲学的观点、思想，主要体现和蕴含在马克思主义哲学创造者和继承者的文本中。要科学把握马克思主义哲学，必须首先对马克思主义哲学的原始文本，有个全面的研究和把握，要弄清楚马克思主义哲学在其创立者和继承者的文本中到底是什么样的、什么是"原汁原味"的马克思主义哲学。马克思主义哲学界长期来不太重视文本研究，往往认为研究文本是一个"繁琐"的小事，只要能大概把握其思想就行了，不必要花费大量的功夫，从事所谓的繁琐的版本考证工作。这其实完全是一种误解。正是这种误解，导致马克思主义哲学在中国的发展留下许多惨痛的教训。我们知道，马克思主义哲学传到中国的特点是，不是直接从德国引进来的，而是多通过"二传手"从俄国、日本等转介过来的。由于不同的国家对马克思主义哲学的需要和理解的不同，它们对马克思主义哲学基本思想的阐释，也有着很大的不同。我们从这些国家学习来的马克思主义哲学，往往打上了它们的很深的主观"痕迹"，甚至还有许多它们对马克思主义哲学曲解的东西。因此，我们理解的马克思主义哲学往往是不全面的，甚至是失真的。要坚持马克思主义哲学，就必须弄清楚其文本，知道其说了什么、马克思主义哲学的本来面目怎么样。在这个基本的前提下，我们才能深入研究应该坚持什么、割弃什么。马克思主义哲学是一般性和较为具体性内容的复杂统一体，要坚持马克思主义哲学，首先就要分清马克思主义哲学的哪些思想是普遍的,在目前仍然没有过时;哪些是比较具体的论述,在当今的时代条件下,已经失去了效力。究竟该坚持马克思主义哲学的"什么"的研究,是一个具体而又细致的研究。需要有坐冷板凳的功夫,需要严肃和缜密的思考。不能笼统地大谈坚持马克思主义哲学的问题,需要学界务实起来,真正研究一下我们该坚持"什么"。

2. 关于翻译、表达问题

对文本有了整体的把握,对马克思主义哲学有了全面的认识,接下来就是翻译和表达的问题。我们知道,马克思主义哲学创始人的思考方式和表达方式,与我们的思考方式和表达方式有着很大的差异。要把马克思主义哲学介绍到中国来,就必须使用中国人的思维方式和思想表达方式。把马克思主义哲学精确地翻译、传达到中国,的确是一个复杂的问题,既需要对不同种文化的透彻理解,有深刻的把握力;又需要用具体的词汇来准确表达马克思主义哲学,充满着技术性和挑战性。这里的基本难题,大概有两个:一个是马克思主义哲学的基本思想、概念,在我们的文化中很难找到相应的概念、范畴来表达;一个是即使有相应的概念、范畴,但因为文化的底蕴不同,它们其实在我们的文化中有着特定的理解和含义,甚至是表达着与马克思主义哲学本质不同的思想。这就需要发挥、引申这些概念和范畴,以让它们从马克思主义哲学的本身来表达马克思主义哲学。应该说,马克思恩格斯旧版全集在翻译和表达方面,做得已经非常好了,为马克思主义哲学在中国的传播、发展、研究,提供了一个基本前提和条件。但是翻译、表达的瑕疵问题,依然是该全集需要进一步完善的地方。旧版全集的一些概念、范畴表达的思想,有些是与马克思恩格斯的原意不相吻合的。另外，旧版全集的另一个根本问题是，全集并非是从马克思主义哲学的原始文本中翻译过来的。马克思恩格斯新版全集，很好地解决了上述问题，为深入研究马克思主义提供了权威、准确的依据。要坚持马克思主义哲学、要实现马克思主义哲学中国化，必须高度重视马克思主义哲学的翻译和表达问题。但令人担忧的是，目前学者自身的学术、文化素质还存在一些问题，像过去那样能通晓中西文化的人已经很少。这样翻译和表达工作就遇到了很大的障碍，目前翻译水平低下、鱼目混珠，可以说是学界一个普遍存在的现象。随着一批老的精通中西文化的学者的不断离去，专业翻译人才的培养问题已迫在眉睫。马克思主义哲学要实现中国化，就必须从翻译人才的培养等基础性问题抓起，构建马克思主义哲学学习、研究稳固的"底座"。没有这些夯实的基础性工作，马克思主义哲学中国化研究就很难健康发展。

3. 关于研究主体性问题

马克思主义哲学中国化，是马克思主义哲学在中国的应用、具体化和发展。那么当然就有一个把马克思主义哲学应用、具体化、发展的主体性问题，这是一个"谁"在把马克思主义哲学应用、具体化和发展的问题。这个问题有两个基本层面：一个是实践的层面。那当然是中国共产党和人民群众，根本的主体当然应该是人民群众。这就涉及一个领导与群众关系的问题，也就是我们经常说的英雄与群众的关系问题。在理论上，我们对这个关系已经有了很辩证的认识，承认人民是历史的创造者，必须尊重群众的创造。可现实是，随着党从革命党转变为执政党，不得不在某种程度上说，领导干部脱离群众的现象有所增加。权力意识、地位意识往往使一些领导干部，不再把群众的地位和作用放在第一位，不尊重群众的创造和经验，盲目指挥，结果导致人民利益受损和事业发展遭受挫折。能不能把群众的主体性地位真正落到实处，是关系到党的生死存亡和社会主义事业的兴衰成败的大问题，不得不让我们深思。另一个层面就是学术的层面。即谁是哲学发展的主体问题。过去在这个问题上存在的弊端，主要表现为两个方面：一方面是，过于夸大了马克思主义哲学中国化理论成果创造者的地位和作用，把其作为唯一或最重要的主体，其他的人几乎都成了阐发其思想的人；另一方面是，一部分理论权威专家成为了发展马克思主义哲学的主体，他们几乎垄断了马克思主义哲学发展的权力，而一般的学者只能在其规定的方向下进行研究。这种马克思主义哲学发展主体的单一性，直接导致不能把全部学者的智慧、才能和创造性，很好地调动起来、发挥出来，导致马克思主义哲学中国化不能取得更大的成果。我们认为，马克思主义哲学中国化、发展马克思主义哲学的学术主体，应该是每一位马克思主义学者。正因为有每一位马克思主义学者的创造和贡献，马克思主义哲学中国化才能不断推进，并取得新的成果。这个问题的解决，又取决于两个方面：一个是，学术的自由、开放性问题，不能把学术研究完全政治化，要创造学者自由研究、自由辩论的良好环境；另一个是，每一位学者都要有主体意识，敢于坚持自己的见解和批评，切实担当其发展马克思主义哲学的重任，不能人云亦云，只吹喇叭"不"作曲。

4. 关于研究的具体性问题

这里所说的研究具体性问题，主要是指研究内容的具体性问题。我们知道，马克思主义哲学中国化、发展马克思主义哲学的关键，是在解决问题中发展。因此，研究具体问题，是马克思主义哲学中国化的必然要求。只有我们深入研究中国社会历史现实和社会环境，我们才能找出中国经济社会发展的独特规律，才能发展马克思主义哲学；只有我们认真研究中国传统文化和时代的其他思想，我们才能正确地认识它们思想的合理性和价值，才能吸取它们的优秀思想，来丰富和发展马克思主义哲学。但是，现在的马克思主义哲学中国化研究，都比较喜欢宏大的研究，而对具体问题的研究则明显重视不够。我们认为，现在更需要的是踏踏实实的具体研究，通过细致的研究真正推进马克思主义哲学中国化、发展马克思主义哲学。这种具体研究，主要应侧重以下四个方面：一是对中国传统文化的细致研究。中国传统文化的糟粕究竟是什么，中国传统文化的优秀思想究竟是什么，中国传统文化的独特思想和贡献是什么。只有对此有个缜密的研究和区分，我们才能真正做好马克思主义哲学与中国传统文化的结合。二是对西方各派思想的细致研究。研究西方思想，不能仅就其思想的整体做唯物唯心、"既有优点又有缺点"的形式性的判断。要具体研究其丰富的内容，指出其思想的价值究竟是什么，我们究竟该如何继承和发展；其思想的不足到底是什么，我们究竟该怎样吸取经验教训。三是对中国历史发展的细致研究。中国社会发展的历史规律既表现着世界发展一般规律的要求，又有自己的特殊性。我国历史发展的特殊性究竟是什么，从哪些方面丰富和发展了马克思主义哲学的一般规律？要回答这个问题，仅靠理论的纯粹演绎是不可能的，必须从社会学、历史学、考古学等不同方面具体展开才行。这种对中国特殊规律的把握过程，正是马克思主义哲学中国化的过程。没有这样的细致研究，就不可能真正认识和把握中国社会发展的具体规律，也就不能给马克思主义哲学增添新的贡献，就不能形成真正的中国的马克思主义哲学。四是对现实问题的细致研究。解决中国革命、建设和发展中的重大问题，是马克思主义哲学在中国的重要使命，也是马克思主义哲学中国化的基本途径。马克思主义哲学要实现中国化，重要的是以总结、消化、提升实践经验为基础。如果说改革开放以来，有需要认真反思和改进的地方，那就是教条主义，即把西方的现代化思想盲目地搬进来，而不考虑其在中国实现的具体方式和中国的实际情况。比如，医疗改革、住房改革等效果不佳的根本原因，就是照搬西方的模式，而不顾及中国的城乡二元结构和人民的实际承受能力。缺乏对现实问题深入研究的结果，使得我们只能靠摸着石头过河，难免会出现这样或那样的问题。当前，我国社会发展到了一个关键时期，既充满机遇，又风险叠加，各种问题相互交织，发展面临严重挑战。在这样的背景和状况下，尤其需要我们的马克思主义学者，紧密联系实际，抓住与群众切实利益和社会发展有关的重大而具体问题，展开深入研究，特别是要研究解决问题的具体办法、策略。比如，当前的户口改革问题、医疗问题、教育问题、住房问题等，都需要具体研究问题产生的原因和解决办法，为发展提供理论指导。这些看似与马克思主义哲学研究无关的问题，往往是马克思主义哲学研究取得新突破的源泉。一方面，我们的确需要"脱离实际，空谈理论"，另一方面，马克思主义哲学如果对现实问题无动于衷，仅仅是"脱离实际，空谈理论"，那么马克思主义哲学中国化根本就不可能实现。问题意识、百姓立场是我们"科学化"了的马克思主义学者，应该不断反省和努力，要求自己应该做到的地方。

5. 关于大众化问题

马克思主义哲学大众化是由马克思主义哲学的本质、特点和功能所决定的，马克思主义哲学不是书斋理论，而是无产阶级的世界观和方法论，是认识世界和改造世界的锐利武器。马克思主义哲学把无产阶级当作物质武器,无产阶级把马克思主义哲学当作精神武器。马克思主义哲学中国化和马克思主义哲学大众化相互联系、密不可分。大众化是中国化的前提和基础,中国化是大众化的目标和归宿。大众化、中国化相互转变,相互循环,相互促进,相互发展。没有中国化就不能有健康发展的大众化,同时,没有大众化,中国化就不可能得到大的发展。马克思主义哲学的本性及其中国化与大众化的辩证关系都要求,任何时代都必须高度重视和不可回避马克思主义哲学大众化这个重要问题。积极推进当代马克思主义哲学的大众化,是我们面临的紧迫问题。伴随着中国特色社会主义事业发展的伟大实践,马克思主义哲学中国化取得了新的重大理论成果,迫切需要把这些新的重大理论成果大众化,以进一步推进马克思主义哲学的中国化。同时,全球化的发展及社会的变迁,人们的思想观念正发生着多样化的变化,马克思主义的主导地位正受到多元思想的挑战和冲击,亟须通过当代马克思主义哲学的大众化,进一步巩固和树立人们的马克思主义理想和信念,形成稳定的社会主义核心价值观,发挥马克思主义的引导多元思潮、引导社会健康的主导作用。与当代马克思主义哲学亟须大众化要求相悖的是,当前大众化问题并没有引起真正的高度重视。马克思主义哲学写作、宣传、研究的文风"八股",脱离日常语言,干涩无味,让群众对马克思主义哲学望而却步。同时,马克思主义哲学研究的"经院化"发展倾向明显,研究成了学者们品玩的对象、自我陶醉的目标,远离现实,脱离群众。

大众化首先需要改进和创新传播方式,转变文风,形成贴近群众、贴近生活、通俗易懂、喜闻乐见、入耳入心的大众化方式。同时,要遵循大众化发展的规律,吸取历史经验教训,健康引领大众化发展,真正把马克思主义哲学大众化搞好,防止出现大众化走向简单化、庸俗化和形式主义的误区。这就必须不断提升马克思主义哲学大众化的学术含量、防止低质化，否则大众化就会变成轰轰烈烈的运动，适得其反。不但不能用当代马克思主义哲学武装大众、赢得支持，反而会使马克思主义哲学名誉扫地，失去群众，带来恶劣的消极影响。

参考文献

一、著 作

[1]《马克思恩格斯选集》第1—4卷，北京：人民出版社1995年版。

[2]《艾思奇全书》第1—8卷，北京：人民出版社2006年版。

[3]《毛泽东选集》第1—4卷，北京：人民出版社1991年版。

[4]《陈独秀文章选编》（上、中、下），北京：生活·读书·新知三联书店1984年版。

[5]《李大钊全集》第1—4卷，石家庄：河北教育出版社1999年版。

[6]《瞿秋白选集》，北京：人民出版社1985年版。

[7]《李达文集》第1—4卷，北京：人民出版社1980年版。

[8]《恽代英文集》（上、下），北京：人民出版社1984年版。

[9]《蔡和森的十二篇文章》，北京：人民出版社1980年版。

[10]《张闻天选集》，北京：人民出版社1985年版。

[11]《何干之文集》第1—3卷，北京：北京出版社2003年版。

[13] 郭湛波：《近五十年中国思想史》，济南：山东人民出版社1997年版。

[14] 胡秋原：《一百三十年来中国思想史纲》，学术出版社

1983年版。

［15］米丁等：《新哲学大纲》，艾思奇、郑易里译，北京：生活·读书·新知三联书店1949年版。

［16］米丁等：《辩证法唯物论》，沈志远译，北京：生活·读书·新知三联书店1949年版。

［17］西洛可夫：《辩证法唯物论教程》，李达、雷仲坚译，笔耕堂书店出版社1935年版。

［18］米丁等：《历史唯物论》，沈志远译，上海：生活书店1947年版。

［19］张如心：《哲学概论》，重庆：昆仑书店1932年版。

［20］赵一萍：《社会哲学概论》，上海：生活书店1934年版。

［21］陈唯实：《新哲学体系讲话》，上海：作家书店1937年版。

［22］沈志远：《现代哲学的基本问题》，上海：生活书店1946年版。

［23］李达：《社会学大纲》，武汉：武汉大学出版社2007年版。

［24］胡绳：《辩证法唯物论入门》，上海：新知书店1939年版。

［25］康斯坦丁诺夫主编：《马克思主义哲学原理》，北京：人民出版社1959年版。

［26］《关于〈辩证唯物主义与历史唯物主义〉教科书的报告》，上海科大政教组翻印资料，1978年。

［27］张岱年、程宜山：《中国文化与文化论争》，北京：人民大学出版社1990年版。

［28］郭建宁：《20世纪中国马克思主义哲学》，北京：北京大学出版社2005年版。

［29］郭建宁：《当代中国的文化选择》，北京：北京大学出版

社 2004 年版。

[30] 丰子义：《发展的反思与探索——马克思社会发展理论的当代阐释》，北京：人民大学出版社 2006 年版。

[31] 王东：《马克思学新奠基——马克思哲学新解读的方法论导言》，北京：北京大学出版社 2006 年版。

[32] 聂锦芳：《清理与超越 重读马克思文本的意旨、基础与方法》，北京：北京大学出版社 2005 年版。

[33] 卢国英：《智慧之路——一代哲人艾思奇》，北京：人民出版社 2006 年版。

[34] 马汉儒编：《哲学大众化第一人——艾思奇哲学思想研究》，昆明：云南人民出版社 2002 年版。

[35] 杨苏：《艾思奇传》，昆明：云南教育出版社 2002 年版。

[36] 李今山主编：《常青的〈大众哲学〉》，北京：红旗出版社 2002 年版。

[37] 谢本书：《战士学者——艾思奇》，贵阳：贵州人民出版社 2000 年版。

[38]《人民的哲学家——艾思奇纪念文集》，昆明：云南人民出版社 1997 年版。

[39]《一个哲学家的道路——回忆艾思奇同志》，昆明：云南人民出版社 1985 年版

[40] 艾思奇文稿整理小组编辑：《一个哲学家的道路——回忆艾思奇同志》，昆明：云南人民出版社 1981 年版。

[41] 王守常等：《马克思主义哲学在中国》，北京：首都师范大学出版社 2002 年版。

[42] 丁守和：《中国近代启蒙思想》（上、中、下），北京：社会科学文献出版社 1999 年版。

[43] 罗荣渠主编：《从"西化"到现代化》，北京：北京大学出版社1990年版。

[44] 张岱年等编：《回读百年——20世纪中国社会人文论争》第1—5卷，郑州：大象出版社1999年版。

[45] 樊仲云编：《中国本位文化建设讨论集》，1936年版。

[46] 吕学海编：《全盘西化言论集》，1934年版。

[47] 冯恩荣编：《全盘西化言论续集》，广州：岭南大学1935年版。

[48] 李麦麦编：《全盘西化言论三集》，广州：岭南大学1936年版。

[49] 赵立彬：《民族的立场和现代追求：20世纪20—40年代的全盘西化思潮》，北京：生活·读书·新知三联书店2005年版。

[50] 刘集体：《陈序经文化思想研究》，天津：天津人民出版社2002年版。

[51] 郑大华：《民国思想史论》，北京：社会科学文献出版社2006年版。

[52] 宋小庆、梁丽萍：《关于中国本位文化问题的讨论》，南昌：百花洲文艺出版社2004年版。

[53] 张宪文等：《中华民国史》，南京：南京大学出版社2006年版。

[54] 陈崧主编：《五四前后东西文化问题论战文选》（增订本），北京：中国社会科学出版社1989年版。

[55] 陈序经：《中国文化的出路》，北京：商务印书馆1947年版。

[56] 殷海光：《中国文化的展望》，北京：生活·读书·新知三联书店1988年版。

二、文 章

[1] 郭建宁:《关于当代中国马克思主义哲学的几个问题》,载《北京大学学报(哲学社会科学版)》2015 年第 4 期。

[2] 郝立新:《大众哲学之话语与范式》,载《哲学研究》2015 年第 9 期。

[3] 王红梅:《艾思奇批判精神及其当代启示》,载《毛泽东思想研究》2015 年第 6 期。

[4] 张秀琴:《论李达对马克思意识形态概念的解读及其当代意义》,载《马克思主义哲学研究》2010 年第 1 期。

[5] 张华:《艾思奇的"哲学讲话"对马克思主义哲学大众化的贡献》,载《中共云南省委党校学报》2014 年第 4 期。

[6] 沙平:《艾思奇与毛泽东的"哲学情"》,载《百年潮》2013 年第 12 期。

[7] 姜喜咏:《艾思奇"文学笔法"的大众哲学构想》,载《马克思主义研究》2013 年第 12 期。

[8] 汪信砚:《马克思主义哲学在中国的传播与马克思主义哲学中国化》,载《马克思主义研究》2013 年第 8 期。

[9] 欧阳奇:《毛泽东与艾思奇的哲学互动》,载《党的文献》2013 年第 1 期。

[10] 许全兴:《为毛泽东〈矛盾论〉辩诬——对〈《矛盾论》是毛泽东的原创吗?〉的回应》,载《湘潭大学学报(哲学社会科学版)》2012 年第 2 期。

[11] 胡为雄、高语罕:《推进马克思主义哲学大众化的先驱》,载《哲学动态》2012 年第 2 期。

[12] 王玉平:《毛泽东对马克思主义哲学中国化的思维路径创新》,载《马克思主义研究》2012 年第 8 期。

[13] 郭建宁：《在新的起点上推动马克思主义哲学发展创新》，载《现代哲学》2011年第1期。

[14] 从贤：《现阶段的文化运动》，载《解放》周刊1937年第23期。

[15] 李初黎：《十年来新文化运动的检讨》，载《解放》周刊1937年第24期。

[16] 陕甘宁边区文化界救亡协会：《我们关于目前文化运动的意见》，载《解放》周刊1938年第39期。

[17] 陈伯达：《我们继续历史的事业前进》，载《解放》周刊1938年第43、44期。

[18] 陈伯达：《论文化运动中的民族传统》，载《解放》周刊1938年第46期。

[19] 陈伯达：《关于知行问题的研究》，载《解放》周刊1938年第50期。

[20] 艾思奇等：《新哲学会缘起》，载《解放》周刊1938年第53期。

[21] 郝立新：《大众哲学之话语与范式》，载《哲学研究》2015年第5期。

[22] 张华：《艾思奇的"哲学讲话"对马克思主义哲学大众化的贡献》，载《中共云南省委党校学报》2014年第4期。

[23] 沙平：《艾思奇与毛泽东的"哲学情"》，载《百年潮》2013年第12期。

[24] 姜喜咏：《艾思奇"文学笔法"的大众哲学构想》，载《马克思主义研究》2013年第12期。

[25] 汪信砚：《马克思主义哲学在中国的传播与马克思主义哲学中国化》，载《马克思主义研究》2013第8期。

[26] 欧阳奇:《毛泽东与艾思奇的哲学互动》,载《党的文献》2013 第 1 期。

[27] 石仲泉:《中国应当有成千个艾思奇式的大众哲学家》,载《理论视野》2010 第 3 期。

[28] 张静如:《关于"中国化"》,载《党史研究与教学》2006 年第 5 期。

[29] 许全兴:《"马克思主义中国化"的提出与新文化运动》,载《毛泽东邓小平理论研究》2008 年第 3 期。

[30] 许全兴:《"马克思主义中国化"提出的文化背景》,载《西南民族大学学报》2008 年第 2 期。

[31] 袁吉福:《艾思奇马克思主义哲学中国化观述评》,载《中国特色社会主义研究》2008 年第 3 期。

[32] 欧阳小松:《对艾思奇等人阐释马克思主义中国化问题的若干解读》,载《党史研究和教学》2007 年第 6 期。

[33] 鲁振祥:《"马克思主义中国化"解读史中若干问题考察》,载《中国特色社会主义研究》2006 年第 1 期。

[34] 李方详:《二十世纪三四十年代"学术中国化"与"马克思主义中国化"的思潮互动》,载《中共党史研究》2008 年第 2 期。

[35] 雷蒙德·怀利:《毛泽东、陈伯达和"马克思主义中国化"（1936—1938）》,载《现代哲学》2006 年第 6 期。

[36] 康振海:《论艾思奇的马克思主义中国化现实化思想》,载《河北学刊》1992 年第 2 期。

[37] 王寿林:《艾思奇与两次理论学习运动——纪念艾思奇诞辰 100 周年》,载《党史研究与教学》2010 年第 2 期。

[38] 徐素化:《艾思奇、毛泽东与马克思主义中国化》,载《江苏行政学院学报》2008 年第 1 期。

[39] 沙平:《艾思奇与毛泽东的"哲学情"》,载《党史博采》2007年第7期。

[40] 徐素华:《艾思奇研究在国外》,载《哲学动态》1996年第6期。

[41] 张世飞:《李大钊对马克思主义中国化原则的初步探索——兼论马克思主义中国化形成的标准》,载《党史研究与教学》2007年第4期。

[42] 武志军:《瞿秋白对马克思主义中国化的重要贡献》,载《瞿秋白研究论丛》2005年第1期。

[43] 刘友红:《"李达与马克思主义哲学中国化"专题研讨综述》,载《武汉大学学报》2004年第5期。

[44] 王明生:《"问题与主义"之争与马克思主义中国化的萌芽》,载《南京师大学报(社会科学版)》2008年第1期。

[45] 陈师渠:《试论"全盘西化"论和"中国本位文化"论之争》,载《史学月刊》1988年第3期。

[46] 陈崧:《30年代关于文化的论争》,载《历史研究》1991年第2期。

[47] 郑大华:《30年代的"本位文化"与"全盘西化"的论战》,载《湖南师范大学社会科学学报》2004年第4期。

[48] 郑大华、伏炎安:《20世纪90年代以来五四东西文化论战研究综述》,载《广州大学学报》2006年第4期。

[49] 方敏:《论新启蒙运动》,载《中州学刊》1997年第2期。

[50] 苏文慧:《关于马克思主义中国化的几个重要问题——访中央党校原副校长龚育之》,载《上海党史与党建》2006年第12期。

[51] 李君如:《马克思主义中国化若干问题研究》,载《中共中央党校学报》2008年第1期。

[52] 李国兴、邓坤金:《关于马克思主义中国化研究的一些思考》,载《马克思主义研究》2007年第12期。

[53] 周连顺:《马克思主义中国化的内在根据》,载《理论月刊》2008年第2期。

[54] 向燕子南:《新社会科学运动(1920年代末至1930年代中)与中国社会科学的发展》,载《学术研究》2005年第4期。

[55] 罗志田:《西方的分裂:国际风云与五四前后中国思想的演变》,载《中国社会科学》1999年第3期。

[56] 郭德宏:《近十年马克思主义中国化与中国化的马克思主义研究述评》,载《党史研究与教学》2004年第4期。

后 记

本书是在我的博士论文基础上经过较大的修改、补充而形成的,是我多年来研究艾思奇思想的一个学术总结。但由于个人学术能力有限,其中的错误一定不少,还请读者多批评指正。该书的出版得到了北京大学出版基金的资助,感谢北京大学社科部王博、王周谊等老师的热情帮助。我的博士生导师郭建宁先生,在百忙中拨冗为我作序,令我十分感动和深受鼓舞。在长期的学术研究过程中,我得到了北京大学哲学系王东、丰子义、聂锦芳、仰海峰、徐春等诸位老师的指导和点拨,在此一并致谢。中央编译出版社李媛媛女士为本书的出版事宜,付出了艰辛的劳动,对她表示衷心的感谢。

作　者

2016 年 7 月

图书在版编目(CIP)数据

艾思奇与马克思主义哲学中国化研究/罗永剑
著.—北京：中央编译出版社，2016.12

ISBN 978-7-5117-3181-4

Ⅰ.①艾… Ⅱ.①罗… Ⅲ.①艾思奇(1910—1966)-哲学思想-研究
②马克思主义哲学-发展-研究-中国 Ⅳ.①B261 ②B27

中国版本图书馆 CIP 数据核字(2016)第 278406 号

艾思奇与马克思主义哲学中国化研究

出 版 人：葛海彦
出版统筹：贾宇琰
责任编辑：李媛媛
责任印制：尹 珺
出版发行：中央编译出版社
地　　址：北京西城区车公庄大街乙 5 号鸿儒大厦 B 座(100044)
电　　话：(010) 52612345（总编室）　　(010) 52612335（编辑室）
　　　　　(010) 52612316（发行部）　　(010) 52612317（网络销售）
　　　　　(010) 52612346（馆配部）　　(010) 55626985（读者服务部）
传　　真：(010) 66515838
经　　销：全国新华书店
印　　刷：北京溢漾印刷有限公司
开　　本：787 毫米×1092 毫米　1/16
字　　数：194 千字
印　　张：16.25
版　　次：2016 年 12 月第 1 版第 1 次印刷
定　　价：60.00 元

网　　址：www.cctphome.com　　邮　　箱：cctp@cctphome.com
新浪微博：@中央编译出版社　　　微　　信：中央编译出版社（ID：cctphome）
淘宝店铺：中央编译出版社直销店（http://shop108367160.taobao.com）　（010）52612349

本社常年法律顾问：北京嘉润律师事务所律师　李敬伟　问小牛
凡有印装质量问题，本社负责调换。电话：(010) 55626985